中世纪至近代早期

英国啤酒的生产和消费研究

左志军　著

吉林出版集团股份有限公司
全国百佳图书出版单位

图书在版编目（CIP）数据

中世纪至近代早期英国啤酒的生产和消费研究 / 左
志军著 . —— 长春 : 吉林出版集团股份有限公司 , 2021.7
　ISBN 978-7-5731-0044-3

　Ⅰ . ①中… Ⅱ . ①左… Ⅲ . ①啤酒—酿酒工业—生产
管理—研究—英国—中世纪 - 近代②啤酒—消费—研究—
英国—中世纪 - 近代 Ⅳ . F456.168

　中国版本图书馆 CIP 数据核字（2021）第 146288 号

中世纪至近代早期英国啤酒的生产和消费研究
ZHONGSHIJI ZHI JINDAI ZAOQI YINGGUO PIJIU DE SHENGCHAN HE XIAOFEI YANJIU

著　　　者　左志军
责任编辑　冯　雪
封面设计　马静静
出　　版　吉林出版集团股份有限公司
发　　行　吉林出版集团社科图书有限公司
电　　话　0431-81629712
印　　刷　三河市德贤 弘印务有限公司
开　　本　710mm × 1000mm　1/16
字　　数　282 千
印　　张　15.75
版　　次　2022 年 3 月第 1 版
印　　次　2022 年 3 月第 1 次印刷
书　　号　ISBN 978-7-5731-0044-3
定　　价　78.00 元

序

　　左志军博士的著作《中世纪至近代早期英国啤酒生产和消费研究》,在其学位论文的基础上,经过两年的不断修改、充实和打磨,最近将正式出版。作为他的导师,我自然很高兴,乐意写几句话表达心情。

　　选择啤酒生产和消费作为研究主题,其意义是不言而喻的。人类来到世界的首要之事,当然是要生存下来,因此必须保证有基本营养进入体内,保证有足够热量来让身体完成成长、工作、劳动等任务,保证有足够水分来维持身体系统运转,促进新陈代谢,所以在人的生理需求上,进食(吃)和饮水(喝)总是第一位的。从这个意义上讲,啤酒可能是将热量和水分结合于一体的最好的食物性饮料;同时它又含有酒精,足以像其他酒类一样使人兴奋。兼具这三大功能的食品可能舍它再无别物了,难怪现代人特别喜爱,虽然喝起来口感有点怪怪,老派国人不大接受。左君工作在中国的啤酒之乡,对啤酒有亲切感,关注它的生产和消费历史也是很自然的事了。

　　啤酒的原产地是西欧,确切地说,是在西欧的北部(西欧的南部则以葡萄红酒为主产)。人们一般都熟知德国的啤酒品牌繁多,慕尼黑的啤酒节令人向往,殊不知英国也是啤酒的原产地之一。从左君的书中,我们得知英国的自然环境和英国人一些特有的生活习惯,促使其很早就开始普遍酿造啤酒。在早期英国人看来,自然水是不洁之物,喝了不卫生,影响身体健康,因此很早就有教会人士劝诫人们不要喝水,要喝啤酒。英国的纬度较高,雨水又多,不适宜能酿造红酒的葡萄树生长,较适宜种植可作啤酒原料的大麦等谷物。这和德国还略有不同,纬度低一些的德国南部还可栽种葡萄树,能自己满足一部分葡萄酒需要。而英国人需要的红酒等,从中世纪起就主要从法国等地进口,故而啤酒生产和消费在英国更显得重要。由此看来,研究英国啤酒生产和消费可能比研究德国的啤酒更具代表意义。

　　这本书对中世纪至近代早期英国的啤酒生产和啤酒消费的研究,颇为全面,能帮助读者形成这一方面的系统性知识。书中回溯英国啤酒的生产可远至史前的新石器时代。盎格鲁撒克逊人进入后,将啤酒生产带入了一个新的时期。从中世纪到近代早期,几乎各个方面的英国人都卷入了啤酒生产。民间生产者不断尝试改变酿造啤酒的原料成分,尝试添加酵母和草药等植物,酿造各种风味啤酒,不断革新酿酒技术,不断改进酿酒工具,不断改良酿酒工艺。国王政府极为重视,颁布专门法令规定啤酒的原材料和酿造工艺。教会、城市等社会组织也积极介入酿酒生产。酿酒成了一种几乎全民都参与的事业,其生产技术和啤酒品质的提高也就具备了深厚的基础。而全民性消费更是为啤酒提供了最广泛的市场。反过来,啤酒生产和消费本身又牵动着社会和经济生活的各个方面,如近代早期遍及各地城乡的啤酒馆,成了转型时期英国各种经济社会信息的汇聚地、散发地,成了许多新思想新行为的酝酿地;各种类型的酒会,则成了解决许多社会问题的很好平台,等等。基于啤酒生产和啤酒消费,又形成了各种文化认同,啤酒文化甚至成了民族认同的重要标识。

总之,通过研究啤酒生产和啤酒消费,有助于更深入地认识英国经济、社会、生活的各个方面,也有利于从一个侧面来揭示英国社会的转型过程,左君此书是一个很好的开端。当然也只是一个开端,希望他在这一领域继续探索,得出更多的新认识,同时也吸引和带动更多的人来关注这一问题。

是为序。

刘景华

2021 年 6 月 16 日

前　言

因为独特的自然气候条件、饮食观念和习惯等因素,英国人很早就酿造和饮用啤酒。中世纪早期,修道院和贵族家庭主导了啤酒生产,普通家庭的啤酒酿造和消费规模较小。诺曼征服以后,以家庭为单位的啤酒生产逐渐普及,并在此基础上发展起商业酿酒,普通家庭的啤酒消费量日渐增加。黑死病后,英国社会的人均啤酒饮用量出现了较大增长,啤酒酿造呈现出专业化趋势。生产的专业化和啤酒消费量的增长,体现了英国社会物质生活水平不断提高。啤酒消费规模扩大的同时,啤酒馆遍布城市和乡村,成为中世纪英国社会的特有景观。

啤酒生产和消费规模的扩大对英国经济社会产生了重大影响。啤酒生产的扩大刺激了酿酒谷物和啤酒花耕种面积的扩大,促进农业生产进一步商业化;还加速了相关附属产业的发展,促进了社会就业。遍布全国的啤酒馆,不仅成为交通物流的枢纽,而且肩负着重要的经济和社会功能;宗教改革后,啤酒馆代替社区教堂成为英国社会经济中心、社交中心和娱乐中心。

具有深厚大众基础的啤酒生产和消费,在英国各地形成了丰富多彩的啤酒文化。节日和欢庆场合流行的各种酒会,在英国底层社会建立起不可或缺的社会救济体系,具有互助互惠的慈善性质。啤酒馆里广泛开展的社交和娱乐饮酒,不仅延续了自盎格鲁－撒克逊时期以来的饮酒习俗,还被赋予新的社会意义,体现了社会上升时期英国人崇尚勇敢、勤劳和团结,展现了英国人对国家富有、国力强盛的自信心。这正是英国民族国家形成过程中对外斗争所需的精神力量,因此啤酒文化成为英国民族意识的重要组成部分。

在本书撰写过程中,作者不仅参阅、引用了很多国内外相关文献资料,而且得到了同事亲朋的鼎力相助,在此一并表示衷心的感谢。由于作者水平有限,书中疏漏之处在所难免,恳请同行专家以及广大读者批评指正。

作　者

2021 年 5 月

目　录

CHAPTER 1

第一章

绪　论

一、选题的缘起和意义

啤酒是现代生活中最司空见惯的饮料之一。在朋友聚会、娱乐消遣、观赏体育比赛等场合,啤酒是人们最喜爱的助兴剂。然而正因为啤酒是日常消费品,将其作为严肃的历史课题加以研究往往会有小题大做之嫌疑。人们不禁要问,如此寻常的物品真得值得作为学术专著的议题来研究吗? 对此问题的认识需要经历一个由浅入深的过程。

和大多数中国人第一次品尝啤酒的经历一样,笔者年轻时第一次品尝啤酒后,对其味道很不以为然。当时对啤酒的认识纯粹出于感官,认为它是一种口感迥异的外来饮料,仅此而已。后来上大学后,在一节英美文化课堂上,老师首先描述了一个情景——A 对 B 说:"请你给我留点 ____,这样我才能就着它咽下披萨。"接下来,他问如果该对话发生在英国,A 让 B 留下的饮料很可能是什么? 对于这样一个不设固定答案的题目,很多人给出了不同的答案。只有少数人认为这种饮料可能是啤酒。这是笔者第一次意识到啤酒不仅仅是一种饮料,还代表一种饮食文化。2015 年,习近平访问英国期间,时任英国首相卡梅伦邀请他体验英国乡村啤酒文化,品尝特色啤酒。在外交事务中,主人总会将本国最具代表性的文化展现给贵宾。英国首相向习近平主席展示的啤酒文化正是英国人引以为豪的民族文化代表。这件事给很多人留下了深刻的印象,并且足以证明啤酒文化值得作为本书的研究对象加以研究。

英国人饮用啤酒习惯的形成,并非一朝一夕,它经历长期的历史过程,是多方面因素综合作用的结果。一方面,这种饮食习惯的形成受当地特定的地理和自然条件的影响,不列颠岛独特的地理和气候条件适宜于谷物的生长,不适合种植葡萄,这决定了英国人酿酒原料的选择;另一方面,中世纪以来人们对饮水安全的担忧,促使他们寻找比自然水更加可靠的饮料。英国人很早就意识到来自自然界的水并不安全,教会人员也教育人们饮用啤酒,不要饮用水。6 世纪梅兹的圣阿诺德曾劝诫人们"不要喝水,饮用啤酒"。[①] 现实生活中不乏大量饮用不洁净的水而犯病甚至死亡的例子,也不断突显啤酒在安全饮水方面的重要性。黑死病后,英国啤酒消费的进一步普及以及人均消费量的激增,即是人们认为啤酒更加安全的明证。

饮用啤酒是英国人的一种长期饮食习惯,啤酒的生产和消费经历了不

---

① Frank, S. &A. Meltzer. Saints of suds ("When The Saints Go Malting In"). http://www.beerhistory.com/library/holdings/patron_saints.shtml.

同的历史发展阶段;在不同的历史时期,它们会对社会生产和生活产生各种影响。作为经济社会史研究者,这是一个很有意义的课题。首先,可以从啤酒生产本身出发,进而拓展到与之相关的其他产业,从整体上把握啤酒生产和相关产业发展之间的关系和相互影响。啤酒作为一种日常消费品,其主要生产原料来自于土地出产的谷物,啤酒生产和消费规模的变化必然对农业生布局产生巨大的影响,从而改变英国农业生产的面貌。而且,啤酒的生产和销售并不是一个孤立的经济产业,它还影响到了一系列的手工业部门,如制桶、麦芽制作、啤酒花生产和加工、酵母的生产和加工等。这些手工业部门很大程度上依附于啤酒产业,因此从某种程度上看,啤酒生产和消费规模的改变决定了这些产业的发展变化。由此看来,啤酒在日常生活中的普及会对农业和与此相关的手工业部门产生重大影响,研究啤酒业的发展将会展示农业生产变化和相关手工业部门的发展变化。

　　除了研究啤酒的生产原料,啤酒的生产者和消费者都是重要的议题。从中世纪到近代早期的历史进程中,究竟谁是英国啤酒的主要生产者和消费者? 啤酒生产技术经历了哪些变化? 在社会历史不同发展阶段,各类生产者扮演着何种角色? 推动生产者角色转换背后的原因和最终产生的结果是什么? 不同时期的消费群体有何变化? 啤酒消费量出现了何种变化? 这些变化反映了哪些社会现实? 这些问题都值得深入研究。因为这些问题不仅反映英国啤酒酿造业本身的发展历史,而且还反映了生产者和消费者在不同历史阶段的生活现状、历史作用和影响。从生产者的角度进行研究,能够反映啤酒酿造技术发展、生产者的历史地位和社会影响;从消费者的视角切入,则能展示啤酒消费在日常饮食中变化、在社交活动中的作用等。将啤酒生产者和消费者结合起来研究,则能全面反映啤酒生产和消费在英国社会生活的全貌,为还原这一时期英国社会生活提供独特视角。

　　在中世纪的英国,啤酒和面包是社会大众日常饮食的重要内容,啤酒的生产和消费关乎民生,因此一直是国家和社会机构的重要管控对象。从1267年《面包和啤酒法令》颁布实施起,王室和地方政府不断制定出不同类型的法律、法规来规范啤酒的生产和消费。这些法律、法规产生的历史背景是什么? 产生的效果如何? 社会大众对各种法律的反应又如何? 这些问题也是研究啤酒生产和消费不可或缺的一部分。国家和地方的相关立法反映了社会上层对啤酒生产和消费的重视和关切;不同时期出台的不同法律,体现了统治者不同时期的关注重点。相关法律的制定和执行,是中世纪以来英国法律体系的重要组成部分。英国各地的历史档案文献都留下了大量的《面包和啤酒法令》执行记录,对于研究中世纪英国法律体系具有重要价值。

　　除了经济社会史的视角,还需从文化角度来探讨英国啤酒的生产和消费。任何文化都有其形成、发展甚至逐渐消亡的过程。英国人的啤酒文化源于何时? 从中世纪到近代早期的几个世纪中,经历何种发展变化? 各地生产和消费文化具有何种特色? 人们在啤酒消费过程中遵循了何种礼仪和原则? 这些消费礼仪又表达了什么样的社会意义? 这些问题的解决也将极大地拓展该课题的研究意义。

　　在研究啤酒消费文化的过程中,还可以引入社会学中饮食与社会认同感相关理论,来探讨啤酒消费给英国人带来的身份认同感,进而探讨啤酒文化何以成为英国民族文化和民族意识的重要组成部分。英国人在饮用啤酒的同时,还饮用葡萄酒、果酒、蜜酒等,这些酒精饮料的饮用群体究竟是哪些人? 不同群体的饮酒习惯反映出了哪些社会现实? 为什么英国人最终将啤酒视为该民族饮食文化的重要特征,成为区分英国人同法国人的重要依据? 这些问题的解答将会更加深入地揭示英国啤酒文化的民族特性,将对英国啤酒生产和消费的研究拓展到一个更深层次的探讨,让人更加透彻地理解英国啤酒的生产和消费民族文化内涵。

　　鉴于以上考虑,可以看出从历史文化角度来研究中世纪至近代英国啤酒的生产和消费具有重要的历史和现实意义。当今世界正处在全球化日益加速的时代,地球村变得越来越小,世界各国之间的交流也越来越频繁。东西方除了政治、经济等方面的交流以外,文化交流也日渐密切。啤酒作为人们社交活动中的重要饮品,代表着一种特殊的饮食文化。如今啤酒的消费已遍布全球,中国已经成为全球最大的啤酒消费国。来自西方的啤酒文化同中国特有的饮酒文化结合必然形成新的饮酒文化;中国人在继承和发扬自己的饮酒文化的同时,也应该对西方饮酒文化进行深入地了解,才能在同西方的文化交流中更加得心应手。近代以来啤酒产业在中国发展迅速,但中国学者对欧洲啤酒文化的研究则显得较为迟缓。翻遍各大图书馆,很难找到一本专门介绍啤酒历史文化的中文专著,这不能不说有些遗憾。因此,从文化交流来看,研究西欧啤酒文化显得刻不容缓。

　　本书的时间界定为中世纪到近代早期,主要有两个方面的考虑:一方面考虑到啤酒生产和消费规模的扩大,在英国经历了一个长期过程,通过长时段的考量可以看到啤酒的生产和消费在社会变迁进程中动态变化;另一方面,这一时段涵盖了英国啤酒业产生、发展壮大和收紧调整的全过程,是啤酒的生产和消费对英国人的生活影响最深刻的时期。16世纪以后,啤酒在消费市场上受到了其他替代饮料的竞争,在日常饮食中的地位开始下降,啤酒产业开始进入了调整期。本书将在兼顾长时段英国啤酒业的发展变化的同时,重点考查一些重要时期啤酒对社会生活各方面产生的影响。

二、国内外学者对啤酒历史文化的研究现状

　　饮酒文化是人类文明的重要表征之一。在古代和中世纪,啤酒曾经是欧洲北部和西部地区人们日常饮食中不可缺少的一部分,因此欧洲历史上有关啤酒的文献记载出现较早。17世纪以前的文献大多记录撰写人所处时代的啤酒酿造经验和啤酒在医药方面的使用价值,鲜有关注啤酒历史的著作。1668年,约翰·海因里希·梅波姆发表的题为"论葡萄酒以外的啤酒和其他致醉饮料"的论文,开启了学者们对啤酒历史的探讨;1750年,一篇匿名文章"麦酒——论麦酒的起源和古代记忆"再次探讨了啤酒的历史。① 到了19世纪,为了应对英国的禁酒运动,一些反对禁酒而赞美啤酒的书籍开始出现,如1888年W. T.马钱特整理出版了《赞美麦酒》。该书简述了啤酒的历史,记录了大量有关啤酒的歌曲、民谣、名言警句,以及奇闻趣事;② 1889年查尔斯·亨利·库克(笔名:约翰·比克迪克)撰写了《麦酒和啤酒奇闻:一部娱乐史》③,比较详尽地论述英国的啤酒史,是旧文化史的典型著作。该书不仅征引了大量的官方史料,其论证依据还包含大量的市井歌谣、奇闻趣事等,很多史料缺乏确切的考证,存在一些谬误。这一时期的大量类似著作都以赞美啤酒为目的,是对英国禁酒运动的集体反抗。

　　20世纪以后新史学的各个史学流派对啤酒史的研究产生了重大的影响。首先是经济史流派,经济史学家将酿酒业视为一个独立的经济部门来研究。他们利用计量和数据统计的方法来论证酿酒业对西欧国家经济和财政所做的贡献。经济史学家的研究重心大多在啤酒的生产和流通方面。例如,1959年彼得·马赛厄斯的《英国的酿酒业1700—1830》一书,④ 主要探讨1700到1830年间英国啤酒酿造业的生产和贸易问题,啤酒企业面临的竞争、合作和财政问题,以及啤酒业的原材料(如谷物、麦芽和啤酒花等)的生产、贸易和供应。该书六个章节围绕啤酒的生产和贸易,四个章节探讨企

① Nelson, Max. The Barbarian's Beverage [M]. London: Taylor & Francis e-library, 2004: 5-6.

② 参见 Marchant, W. T. In Praise of Ale [M]. London: George Redway, York Street, Covent Garden, 1888.

③ 参见 Bickerdyke, J. The Curiosities of Ale and Beer: An Entertaining History[M]. London: Swan Sonnenschein & Co., 1889.

④ 参 见 Mathias, Peter. The Brewing Industry in England 1700—1830[M]. Cambridge: Cambridge University Press, 1956.

业和财政问题,另外五个章节研究酿酒原材料的供应;书中使用了50多个图表,为读者了解18世纪英国酿酒业提供了很直观的素材。1975年H.S.柯兰的《酿酒史》探讨了啤酒从起源到现代工业化生产整个过程,以及啤酒酿造技术的改进历程。[1] 该书以啤酒酿造为视角,重点论述了啤酒酿酒技术的变化和酿酒工具的改进,反映了不同时期英国的酿酒规模和相关产业的贸易规模。这些作品的共同点是将啤酒酿造作为一个重要的产业来研究,论证重心都放在啤酒的生产和贸易方面。虽然在研究啤酒产业的过程中,作者并没有将之孤立于社会历史背景之外,但他们的研究却忽视了啤酒的销售和消费及其社会影响。

20世纪60年代后,社会史影响日益增加,社会史学家开始从社会史的视角审视啤酒业对社会的影响。70年代后,经济史逐步向社会史靠近,经济-社会史逐渐兴起。经济社会史摆脱了经济史过分依赖计量和技术层面、缺乏历史与人文考量、轻视宏观分析、碎话历史等弊端,提高了历史的解释力。80年代后,从经济社会史角度探讨啤酒发展史的著作逐渐增加。这一时期最具代表性的著作是彼得·克拉克的《英国啤酒馆:一部社会史1200—1830》[2] 和朱迪思·贝内特的《英国的麦酒、啤酒和酿酒女:1300—1600年一个变化中的世界的妇女劳动》。[3] 彼得·克拉克的《英国啤酒馆》是研究啤酒馆历史的开山之作。作者收集了大量的证据,展示了啤酒馆的多种经济社会功能。该书重点探讨了都铎王朝和斯图亚特王朝早期之间酒馆业的发展状况。作者认为这一时期酒馆业的迅猛发展,原因在于人口的快速增长导致社会大多数人生活水平迅速下降,进而迫使很多人从事售酒业以维持生计;同时,人口规模不断扩大的穷人和流浪者群体,不得不通过小酒馆获得廉价的住宿、食物、饮料、娱乐、借贷和麻醉,这也是促进酒馆业快速发展的重要原因。这一时期酒馆业的过度发展引起了社会上层和当局的恐慌,将之视为社会动荡和暴力犯罪的温床;同时期发生的清教运动也促使社会舆论将啤酒馆视为社会不安和性淫乱的集聚地。因此,国家和地方不断强化规范啤酒馆经营行为的立法,然而效果并不明显。彼得·克拉克通过分析反驳了对于啤酒馆的种种指控,认为社会上层和清教徒夸大了啤酒馆的负面效应,并在此基础上指出啤酒馆是维持经济社会秩序的关键,

---

① 参见 Corran, H. S. A History of Brewing [M]. Newton Abbot: David & Charles, 1975.

② 参见 Clark, Peter. The English Alehouse: a social history 1200—1830 [M]. London: Longman Group Limited, 1983.

③ 参见 Bennett, J. M. Ale, Beer, and Brewsters in England [M]. Oxford: Oxford University Press, 1996.

是近代早期"社交界的中心"①。总的看来,该书不仅生动地描绘了都铎王朝和斯图亚特王朝早期英国啤酒馆的全貌,而且还从广泛的时间范围内溯源了啤酒馆产生、发展并最终成为一个独特的社会公共机构的过程,为我们提供了一个审视英国社会长时段演变的新视角。彼得·克拉克将历史学对啤酒业的研究拓展到了消费领域,啤酒消费对社会的影响逐渐受到了越来越多人的关注。

朱迪思·贝内特的《英国的麦酒、啤酒和酿酒女:1300—1600年一个变化中的世界的妇女劳动》一书,将目光投向了中世纪至近代早期英国妇女从事的一项重要工作——酿酒。贝内特以十九个农村社区、五个城市,以及两个城镇市场档案数据为研究对象,详细分析了黑死病前后妇女群体从事酿酒工作的具体状况以及出现的变化,为我们呈现了英国酿酒业商业化的全过程。作者在书中对违反麦酒法令酿酒行为的历史记录进行了详细地分析。作者认为,1300年左右酿酒业的"三低"性质——技能低、地位低、收入低——使得啤酒酿造业成为一项适合于妇女从事的职业,因此妇女承担了大部分的酿酒工作。然而黑死病之后,情况出现了变化,由于啤酒酿酒技术的改进以及酿酒规模的扩大,酿酒业变成了一项更加有利可图的行业,男人逐渐接管这一行业,妇女则被排挤出去。然而本书的重心并非论证妇女如何被排挤出酿酒业,而是论证为何无论社会如何变化,妇女一直承担着"技能低、地位低、收入低"的工作;作者对男权社会将妇女置于不平等地位的种种复杂因素做了强有力的论证。在材料的来源上,作者利用了官方文献、行会记录,甚至文学作品和戏剧;在写作方法上采用"折中混合"②的方法,将定量和文字分析同理论思考结合起来。作者在书中对数据分析细致入微。为了全面分析妇女群体酿酒活动,作者将妇女分为未婚、已婚和寡妇分别进行统计,甚至还对她们的家庭经济和出生背景进行了细分。该书在多个方面取得了突破。一方面作者挑战了中世纪史学家普遍认同的一种观念,即中世纪是妇女获得经济机会的黄金时期,她提出至少在酿酒行业妇女并没有获得良好的就业机会。另一方面从史学研究方法来看,该书将妇女史的研究同经济社会史结合起来,而且还将文献来源从官方途径拓展到了文学等领域,尝试了对中世纪酿酒女的形象进行了文化层面的解读。

以经济社会为视角来研究啤酒史的历史学家还有理查德W.昂格尔。

---

① Clark, Peter. The English Alehouse: a social history 1200—1830 [M]. London: Longman Group Limited, 1983:14.

② Bennett, J. M. Ale, Beer, and Brewsters in England[M]. Oxford: Oxford University Press, 1996:13.

他于2001年和2004年连续出版了两本影响较大的书籍——《荷兰酿酒史，900—1900：经济、技术和国家》[①]和《中世纪和文艺复兴时期的啤酒》[②]。前者从中世纪早期荷兰商业酿酒的开端谈起，一直延续到工业革命后科学酿酒的兴起，对一千年间荷兰酿酒业的发展进行了全方位的探讨。该书将荷兰酿酒业划分为四个阶段——起步、发展壮大、衰落和复兴四个历程。论证过程兼备经济史、社会史和政治史等特征。作者既采用了经济史的论证方法，利用数据统计来论证荷兰酿酒产业业的发展历程。同时兼顾啤酒生产和消费对社会的影响，因为啤酒的消费关系到人们的饮食安全，还同大量的公共节日和私人庆典仪式密不可分，饮用啤酒还体现了消费者的身份地位。作者还论述了妇女在酿酒活动的参与与影响，酿酒公会对酿酒工人的保护，对酿酒工作的规范和监督等，多角度地论证了啤酒酿造行业对荷兰社会生活的影响。鉴于酿酒行业的重要性，政府有责任制定相应的法律来规范和管理该行业，并在此过程中获得大量的财政收入。各级管理者和市镇委员会都热衷于提高啤酒的生产和消费直接税以增加税收；城市参议员还发布保护主义规章制度来鼓励啤酒出口，减少啤酒进口。由此看来，该书从多方位和角度探讨了啤酒酿造业在荷兰历史进程中的作用，是一部名副其实的经济社会史。

《中世纪和文艺复兴时期的啤酒》是一部啤酒酿造业的历史，论述重点在啤酒花技术传播开来以后，啤酒在城市的生产、贸易以及政府对其管控。从地理上看，该书关注的重点在低地国家，德意志北部，其次是英国、斯堪的纳维亚半岛和欧洲北部其他地区。它探索了啤酒酿造业发展多个阶段，总结了啤酒业发展的几个主要趋势和主线。同《荷兰酿酒史》一样，该书不仅是一部经济和技术史，而且还是社会史和政治史。作者在讲述啤酒酿造历史的同时，还利用大量的篇幅探讨了啤酒在各时期的人均消费量、医用价值以及社会交际中的润滑剂作用，国家和地方执政当局对啤酒行业的管理、税收状况以及国家和地方的利益纠葛，分析了酿酒行会形成时间晚、作用有限的原因等。

不难看出，理查德 W. 昂格尔的两部作品，主要以低地国家为研究对象，论证依据为大量的官方税收档案、行业记录等资料。作者在著述过程中注重经济社会相互作用的同时，还非常强调政治与啤酒酿造业的密切关系；

---

① 参见 Unger, R. W. A history of brewing in Holland 900—1900. Economy, technology and the state [M]. Leiden: Brill. 2001.

② 参见 Unger, R. W. Beer in the Middle Ages and the Renaissance [M]. Philadelphia: University of Pennsylvania Press, 2004.

作者甚至还从文化层面对于啤酒的消费进行了解读,虽然篇幅不多,这与20世纪80年代以后人文学科的文化转向有着一定的关联。

20世纪80年代以后,新文化史风靡一时,啤酒史的研究也出现了文化转向。早在19世纪晚期,啤酒生产和消费的旧文化史就已经出现了,正如上文提到的《赞美麦酒》和《麦酒和啤酒奇闻:一部娱乐史》等著作,都用了大量的篇幅描述啤酒在普通民众的日常生活、人际交往、节日习俗中的作用,将酿酒和饮酒作为社会文化的重要组成部分加以论述。这些旧文化史引用了大量的文学作品、歌谣、民间传说、谚语、节日习俗等作为论证依据,在事实的考证方面缺乏准确性,而且带有很明显的写作目的和倾向,这使得这类著作的史料缺乏客观性,甚至有些内容明显夸张甚至是虚构;此外,旧文化史重描写而非论证。研究啤酒和啤酒馆的新文化史作品除了在研究资料来源上试图克服旧文化史的局限,而且还在研究范畴上做了较大的拓展。新文化史整合了不同领域和学科的理论,将社会史、思想史、心态史、政治史等史学范畴联系在一起,覆盖范围更加宽泛,边界更加模糊。除了史学范围内不同史学流派理论和方法的整合,新史学还利用了社会学、人类学、考古学、政治学、地理学等学科的理论和知识来分析历史事件和现象。

20世纪末以来,历史学者对啤酒史的研究主要集中在以下方面。

(一)对啤酒起源的探索

酒精饮料被认为是人类文明产生的标志之一,世界各地的考古学家和历史学家在探究酒精饮料起源的问题上投入了大量的精力。啤酒作为起源最早的酒精饮料之一,也是他们关注的焦点之一。有关啤酒起源的争论较多,先前的历史学家根据考古发现,认为苏美尔人最早学会酿造酒精饮料,包括葡萄酒和啤酒;这些酿酒技术随着地区之间人们的交流,不断向西传播到地中海沿岸地区,进而传播到整个欧洲。近几十年来,根据最新考古发现,历史学家们对这一假说提出了新的见解。例如,历史学家马克斯·尼尔森在《蛮族的饮料:古代欧洲啤酒史》一书中对啤酒在欧洲的分布和传播提出了新的观点。作者依据欧洲新近的考古发现推断,欧洲啤酒起源与东方啤酒起源是相互独立,欧洲的啤酒并不是从西亚传播而来的[1],而是在欧洲独立出现的。历史学家帕特里克 E. 麦戈文在《揭露过去:探索葡萄酒、啤酒和其他酒精饮料》一书中,对酒精饮料以及其所代表的人类文明起源于近东的观点提出了质疑,因为中国发现了七千多年前的酒精饮料,比苏美

---

[1] Nelson, Max. The Barbarian's Beverage [M]. London: Taylor & Francis e-library, 2004: 13.

人时期的发现还要早。①尼尔森在《蛮族的饮料：古代欧洲啤酒史》中曾提到，一些历史学家认为游牧民族定居下来培育谷物的动机很可能不是为了制作面包，而是为了获取酿造啤酒的稳定谷物来源。这种观点遭到很多历史学家的怀疑，然而帕特里克 E. 麦戈文却很支持这种观点，他认为早期人类对于酒精饮料的渴望大于对面包的渴望，人类历史上第一位农民耕种谷物目的是为了酿造啤酒而不是获得食物，种植谷物以酿造啤酒才是人类定居的主要动力。帕特里克 E. 麦戈文还通过大量的证据证明酒精不是人类所有罪恶之源，而是我们人类艺术、音乐、宗教和所有其他文化之始。尼尔森和麦戈文依据考古发现提出的观点，代表了考古学和历史学在啤酒起源问题上的最新学说，这种学说具有一定的说服力，但仍需更多考古发现的支撑。

（二）对饮酒行为与社会认同感的解读

历史学家将社会学中饮食与身份认同感的理论引入到分析啤酒和其他酒精饮料的消费之中。身份认同感是人们对自己隶属于某一群体的自我界定，它帮助人们将自己同他人进行定位，从而形成自我存在感和社会秩序。②人们的食品消费，通常被看作区分不同社会群体的标志物。"人如其食"，同样地，"人如其饮"。饮料作为饮食的一部分，也可以用来区分具有不同身份认同感的群体。历史学家可以利用啤酒饮料在不同历史时期的消费习惯、习俗和文化，来区分不同阶级、群体和民族等。不同的人群在消费啤酒的时候形成了不同的国家民族认同感、群体认同感以及性别认同感等，这些都成为历史学家的研究课题。2001 年，彼得·斯科利尔斯编纂的《食物、饮料和身份：中世纪以来的烹饪和饮食》一书，以社会学中饮食同身份认同感相关联的理论为基础，收集了十几篇相关论文，展示了食品和饮料在不同时期、不同的国家和地区如何体现出不同的阶级、社会团体的身份认同；作者按照国别，通过不同国家食品和饮料的消费差异，展示出各国人民基于饮食的不同而产生的国家认同感。该书论述的时间跨度大，涵盖欧洲大部分国家，充分展现了中世纪到近代以来欧洲范围内，饮食对人们生活中的身份认定所起的作用。类似的作品还有 A. 林恩·马丁的《中世纪

---

① Mcgovern, P. E. Uncorking the Past [M]. Berkeley and Los Angeles: University of California press, 2009: 36–39.

② Scholliers, Peter. Food, Drink and Identity: Cooking, Eating and Drinking in Europe Since the Middle Ages [M]. Oxford: Berg, 2001: 5.

晚期和近代早期欧洲的酒、性和性别》一书。① 作者认为饮酒和醉酒是人们在社会生活中后天形成的行为,在不同的社会环境中,人们的酒后行为也不尽相同,因此分析饮酒行为能够洞察社会和文化模式。作者以女性饮酒行为为视角,分析了女性在欧洲各国饮酒活动中的参与情况,内容包含饮酒与性行为、性混乱,女性在酒馆业中从业情况,女性饮酒与家庭生活等方面的内容,全面展示了中世纪晚期到近代早期欧洲女性的饮酒行为,表现了女性在男权社会中为争取自己独立身份认同而进行的抗争。除了研究不同民族国家、不同性别人群的饮食差异,类似的研究还可以拓展到不同的年龄、社会阶层、教育背景等方面的人群,探讨他们如何通过饮食来表达自我认同。

(三)酒馆、暴力犯罪和社会秩序的维护

16 和 17 世纪是欧洲各国酒馆业快速发展的时期,这一时期也是欧洲社会经历宗教改革之后的喧嚣动荡时期。社会上层和道德说教者们纷纷指责酒馆是社会罪恶的聚集地,要求加强对酒馆的管控。饮酒、暴力行为和啤酒馆三者被紧密的联系在一起,形成了所谓的"啤酒馆问题"。彼得·克拉克认为啤酒馆是"穷人为穷人开的",是社会下层聚集之地,因此常被认为是下层社会反抗上层社会的指挥中心。② 基思·赖特森也对啤酒馆问题做了多方位的分析。90 年代以后,历史学家对这一问题进行了更加深入的研究。其中代表性作品是 A. 林恩·马丁的《传统欧洲的酒、暴力和骚乱》。③ 马丁在书中探讨了饮酒与暴力之间关系,作者认为饮酒和暴力行为都是受文化影响的人类行为,两者之间并没有必然和机械的联系。饮酒行为受到时间和空间的影响,饮酒不一定会必然地导致侵害行为,同样侵害行为不一定会导致酗酒。作者还分析了酒在欧洲人日常生活中所起的各种作用,论证这些积极的作用并没有导致暴力行为的产生。此外,作者还对英国、意大利、法国社会的饮酒行为以及国家对酒馆和醉酒行为所作出的反应进行了对比研究。马丁在论证过程中运用了大量法庭记录档案,以及大量的原始和二手材料。他不仅展示了如何运用法庭档案研究饮酒对

---

① 参 见 Martin, A. Lynn. Alcohol, Sex, and Gender in Late Medieval and Early Modern Europe [M]. Hampshere: Palgrave, 2001.

② Clark, Peter. The alehouse and the alternative society [A]. In Donald Pennington and Keith Thomas (eds.). Puritans and Revolutionaries [C]. Oxford: Oxford press,1978: 47–72.

③ 参 见 Martin, A. Lynn. Alcohol, Violence, and Disorder in Traditional Europe [M]. Kirksville: Truman State University Press, 2009.

社会的影响,而且告诉我们利用对比的方式研究不同国家的饮酒历史很有意义。除了马丁的著作以外,托马斯·布伦南在《18 世纪巴黎的公众饮酒和大众文化》①一书中,突破了早期历史学家在研究材料上的局限,他不再局限于官方流传下来的文献以及警察的书面报告,而更多地将研究建立在公证记录、财政记录,特别是审判记录等材料上,更多地反映了社会大众对饮酒态度,反驳了饮酒、醉酒、酒馆同暴力行为之间的机械联系。值得一提的是,中国学者也关注到了 16 和 17 世纪欧洲的"啤酒馆问题",并且对这一问题作出了自己的解读。向荣教授在"啤酒馆问题与近代早期英国文化和价值观念的冲突"一文中对英国啤酒馆问题从文化角度给出令人信服的解读。②他首先分析了啤酒馆问题产生的原因和啤酒馆承担的社会功能,然后从宗教改革引起的文化冲突,新教徒对啤酒馆里复兴的"睦邻文化"的忧虑,以及"中等收入者"所代表的新价值观念同传统社会价值观念和生活态度之间的冲突三个方面,对啤酒馆问题进行了很有说服力的解读。

（四）醉酒、酒馆与社交

中世纪以来,啤酒和葡萄酒为欧洲各国人们日常生活提供了安全饮水,同时还为他们身体提供了大量的能量。饮酒是社会各阶层和各年龄段人群的日常行为。然而到了 16 和 17 世纪,人们给予饮酒以特别的关注,饮酒和醉酒对于社会的负面影响遭到了过度的放大,文献中充斥着对饮酒和酒馆的批评和非议。针对这种现象,历史学家们通过大量的研究,证实了饮酒和酒馆业对人们的社会交往产生了积极意义。16 世纪的宗教改革以前,教堂是欧洲人日常生活的主要社交中心,宗教改革以后,宗教活动和世俗活动被严格地区分开来,以前集中在教堂的世俗活动逐渐转移到了各地的酒馆之中,导致欧洲社会的社交中心逐步地转移到酒馆之中,酒馆成为大众文化的活动中心。继彼得·克拉克探讨英国啤酒馆的社交作用之后,许多历史学家还从文化角度解读了啤酒馆的社交功能。B. 安·特卢斯季的《巴克斯和公民秩序:近代早期德国的饮酒文化》③就是一个很好的例子。特卢斯

---

① Brennan,Thomas. Pubic Drinking and Popular Culture in Eighteenth-Century Paris [M]. Princeton: Prin-ceton University Press, 1988.

② 向荣 . 啤酒馆问题与近代早期英国文化和价值观念的冲突 [J]. 世界历史,2005(5):23–32.

③ 参见 Tlusty, B. Ann. Baccuhus and Civic Order: the Culture of Drink in Early Modern Germany [M]. Charlottesville and London: University Press of Virginia, 2001.

季在她的书中对 16 和 17 世纪奥格斯堡城的饮酒和酒馆业进行了缜密而又彻底地调查,探寻了德国社会饮酒现象的历史根源。该书有两个相互交织的主线贯穿其中:①地区酒馆同教堂一样,是一种重要的社会和文化机构;②早期从上而下的方式来解读德国近代社会的主要理论(马克斯韦伯的"合理性"理论,诺伯特·埃利亚斯的"文明进程"理论和格哈德·厄斯特赖希的"社会规训"理论)已经过时。特卢斯季构筑了自己的理论,她认为德国的政府当局和普通人在制定社会行为准则的过程中相互联系和协商,从而达成双方都能接受的标准,而酒馆是政府和民众交流过程中的理想渠道。① 特卢斯季还对醉酒和商业合同过程中的饮酒、社交饮酒等行为做了细致地文化解读。她认为醉酒可能会成为罪恶行为的原因和结果,但醉酒也被人们视为一种社会和文化必需。例如,商品交易过程饮酒,促进了交易双方的友谊,为交易提供了安全性;社交性饮酒一直是德国人宣示自己社会认同感、荣誉、地位和男子汉气概的重要手段。总之,同教堂一样,酒馆在德国近代早期的社会中具有重要作用。此外,贝亚特·库敏的《饮酒事宜:近代早期中欧的酒馆和社交》② 一书以瑞士联邦的伯尔尼城市共和国和巴伐利亚公国为中心,比较研究了欧洲中部各国的酒馆,重点阐述了酒馆的各种社会功能,强调酒馆为市民社会提供了一种社会交往的公共空间。马克·海伍德的《近代早期英国的酒馆和友情》③,以几个郡的世俗法庭记录、个人日记和大量的市井歌谣为材料,将目光投向了数量众多的社会中下层顾客,研究酒馆在这些人社交中的功能。该书分两部分,第一部分探讨了16、17 世纪英国酒馆的作用、当局对酒馆的管理,以及酒馆立法的实施情况。作者认为这些立法所针对的目标并不是酒馆本身,而是酒馆的娱乐性社交活动。第二部分探讨了酒馆中的社交活动和礼仪,饮酒群体的具体组成以及饮酒形成的社会纽带和友谊。该书有两个突破:一是突破了酒馆研究中的从上而下的视角模式,将研究重点放到了中下层顾客身上;二是在研究材料来源上使用了大量的市井歌谣,拓宽了研究范围。

---

① Frey, D. A. Review: Bacchus and Civic Order: The Culture of Drink in Early Modern Germany. By B. Ann Tlusty [J].Journal of Social History, 2003, 36(4):1110.

② Kumin, Beat. Drinking Matters: Public houses and Social Exchange in Early Modern Central Europe [M]. Houndmills: Palgrave Macmillan, 2007.

③ Hailwood, Mark. Alehouses and Good Fellowship in Early Modern England [M]. Woodbridge: The Boydell Press, 2014.

（五）啤酒同其他饮料的比较研究

啤酒、葡萄酒等饮料都是人们的日常生活中的重要组成部分,它们分别代表着不同的消费文化。将这些不同的消费文化作对比,也是历史研究的一种方法和途径。啤酒和葡萄酒是欧洲社会的两种主要酒精饮料,历史学家经常用它们来作对比。例如,马克 P. 霍尔特在 "分裂的欧洲: 16 世纪欧洲的葡萄酒、啤酒和宗教改革" [①] 一文中,指出宗教改革给欧洲带来的分裂同葡萄酒和啤酒在欧洲的地理分布存在着一定的巧合,作者还对比了宗教改革给欧洲南北的饮酒文化产生的不同冲击。将啤酒同葡萄酒进行对比研究的还有查尔斯·班佛斯的《葡萄 VS. 谷物: 葡萄酒和啤酒的历史、技术和社会比较》[②] 一书。该书从西方社会普遍存在的一种偏见 "葡萄酒优于啤酒" 入手,将啤酒同葡萄酒做了全面地对比,从历史、酿造工艺、品质、种类以及对人体健康的益处等方面综合权衡,作者旨在纠正人们心中对于啤酒和葡萄酒的偏见,证明啤酒同葡萄酒一样出色,两者之间并不存在优劣之分。该书的优点在于作者利用了社会学、生物化学、营养学等多学科的知识,来论证自己的观点,从多角度将两种酒加以对比,给读者带来非常直观的印象。马克斯·尼尔森也在一系列的书籍和论文中论述了欧洲社会对啤酒产生偏见的历史原因。在 "希腊和罗马人对啤酒的文化建构" 一文和《蛮族的饮料: 古代欧洲的啤酒史》一书中的第二章和第三章中,作者详细论述了希腊人对啤酒的偏见形成的过程和原因。[③] 作者在论证过程中将啤酒同葡萄酒进行对比论证,即用论证葡萄酒在希腊罗马人心目中具有优越性的方法来衬托啤酒的劣势。尼尔森的论述部分地回答了欧洲人推崇葡萄酒的历史原因。约翰·伯内特《液体享受: 近代不列颠的饮料社会史》[④] 一书以英国研究背景,将 17 世纪以来英国人对各种液体饮料的消费逐一论述和比较;表面上看作者论述的饮料种类很随意,实际上却是按照饮料出现的时间先后顺序加以排列。作者还在最后的概论中将各种饮料置于具体的社会历史背景之中加以综合分析和总结,从而避免了纵向比较通常会忽视社会和阶级等因

---

① 参见 Holt, Mack P. (eds.). Alcohol: A Social and Cultural History [M]. New York: Berg, 2006:25–40.

② Bamforth, Charles. Grape vs. Grain: A Historical, Technological, and Social Comparison of Wine and Beer [M]. Cambridge: Cambridge University press, 2008.

③ 参见 Nelson, Max. The Barbarian's Beverage [M]. London: Taylor & Francis c–library, 2004: 9–37.

④ 参见 Burnett, John. Liquid Pleasures: A Social History of Drinks in Modern Britian [M]. London and New York: Routledge, 1999.

素影响的弊端。对比是历史研究的一种重要的方法,以上列举的作者都在自己的作品中将啤酒同葡萄酒或者更多地饮料作了对比研究;这些作品的共同点在于他们分析论证的对象都是啤酒等饮料的消费理念,以及这些理念的形成和变化过程,通过它们反映出不同历史时期社会政治、经济、文化等方面的变迁。

通过以上分析可知,新文化史关于啤酒历史研究的重点大部分在啤酒的消费,如消费理念、消费文化等方面。这些研究涵盖面非常广泛,涉及经济、政治、文化、宗教等各个方面,作者运用的知识来源于各个学科,如考古学、社会学、政治学、人类学甚至是生物化学、营养学等领域。这些著作的研究方法也丰富多彩,除了运用传统的官方档案以外,历史研究者在研究中尽可能地多途径获取素材,尤其是来自于底层的非官方渠道的材料,以还原下层社会的真实生活场景。

综上所述,20世纪以来西方学者对啤酒历史文化的研究经历了三个阶段。最初,他们将啤酒业作为独立的经济部门,从经济学角度论证啤酒酿造业的发展历程和对国家财政作出的贡献。这类研究的主要缺陷在于研究对象和方法比较单一,只关注生产和技术变革,缺乏社会考量。受经济社会史思想的影响,历史学家们关注的对象不再局限于酿酒本身,还扩展到了啤酒消费领域,开始全方位地考察啤酒的生产和消费在经济和社会生活各方面产生的影响。20世纪80年代以后,新文化史学者们则侧重从文化角度对啤酒消费进行解读。研究者采用的史料来源更广泛,研究方法越来越呈现出跨学科的特征。与西方学者对啤酒历史文化广泛和深入的研究形成鲜明对比的是国内学者很少对此问题进行过研究。这与啤酒进入中国消费市场较晚有着直接联系。随着啤酒在全球各地消费的扩大,新兴市场啤酒文化将成为啤酒历史文化学者日益关注的对象。

上述论著涉及了欧洲很多国家的啤酒生产和消费。本书将以中世纪至近代早期英国的啤酒生产和消费作为研究重点,在综合前人研究成果的基础上,将啤酒的生产和消费置于长时段的历史进程中,考察啤酒产业的发展变化,进而分析啤酒的生产和消费变化对英国经济社会产生的影响,并在此基础上探析英国的啤酒生产和啤酒消费文化,揭示啤酒文化何以成为英国民族文化代表的秘密。

本书将遵循"自下而上"的史学理念,在研究英国啤酒生产和消费历史的过程中,重点论述社会中下层人群的生产和消费活动。论证过程中既使用官方法律文献中的历史材料,又不拘泥于此,充分利用其他有用材料,如文学作品、市井歌谣、个人日记等来阐述和论证观点,使论证更有说服力。鉴于啤酒的生产和消费涉及面广,本书在论说过程中将采用整体布局和分点具体论述相结合的方式,做到既有具体论述,又不失整体上的把控。在各章节的论证过程中针对具体内容采用不同的方法,如在阐述啤酒对农业生产布局的影响和啤酒消费量等内容时,将采用表格形式直观呈现;在论证不同时期啤酒的生产和消费以及啤酒同葡萄酒的市场竞争时,将采用对比的研究方法。本书的资料,不仅来源于原始档案、相关的著作和论文,还尽可能引用了有关啤酒生产和消费的民谣、文学作品、个人日记等,使得材料更为充分,相关史实更为丰富饱满。

第二章

中世纪至近代早期
英国的啤酒生产

地理和气候条件决定了不列颠岛上的居民主要以种植大麦、小麦、燕麦等谷物类作物为主食,同时还大力发展畜牧业,饲养牛、羊、猪、狗、鸡等家畜和家禽。千百年来,生活在这片土地上的人们,利用当地土地出产的谷物制作面包作为日常饮食中的主食,加工谷物酿造啤酒作为日常饮料。饮用啤酒更好地保证了人们的饮水安全,同时也提供了大量的能量。中世纪至近代早期,啤酒生产和消费伴随着人们日常生活,啤酒逐渐成为人们日常生活不可或缺的必需品。在长期的生活实践中啤酒文化逐渐形成,成为英国历史文化的重要组成部分。啤酒从何时出现在不列颠岛?啤酒的生产需要哪些原料?不同的历史时期都由哪些人或者组织在负责啤酒的生产呢?啤酒的生产经历了哪些技术变革?本章主要考察近代早期以前英国的啤酒生产。

第一节　英国啤酒生产的起源

啤酒是当前世界上饮用最为广泛地酒精饮料。究竟什么样的酒才是啤酒?在此有必要对啤酒的概念进行界定。本书所论的啤酒是指主要以麦芽糖为酿造基础的酒精饮料,即由谷物麦芽、水和酵母酿造而成的发酵饮料。早期的酒精饮料在酿造过程中加入了很多其他成分,如水果(苹果、梨、枣等)和香料(香杨梅、艾草、迷迭香等),后来又普遍加入啤酒花来延长保质期。无论这些饮料成分如何复杂,只要它们主要是以麦芽糖为基础经过发酵酿造而成,都可称其为啤酒,都在本文研究的范围内。本书中提到的麦酒,是未加入啤酒花的啤酒。

人类祖先何时发现了酒,何时开始有意识地酿酒?生物学家、人类学家和考古学家对此进行了深入地研究,并就此作出了大胆地推测。生物学家杜德利通过观察发现,人类饮酒习性的起源同我们的祖先食果灵长动物具有一定的关联。[①] 自然界动物和植物在进化过程中形成了相互依存的关系。植物为了传播种子,在生长过程中形成了一套防御体系,阻止食果动物采摘未成熟的果实,同时抑制果实中的淀粉转化成糖,进而抑制在酶的作用下产

---

① Dudley, R. Evolutionary Origins of Human Alcoholism in Primate Frugivory [J]. *Quarterly Review of Biology*, 2000, 75 (1):3.

生发酵现象。而到了植物果实成熟之后,植物的防御体系完全失效,植物成熟果实里所含的淀粉不断地转化成果糖,而果糖在天然酶的作用下发酵,最终产生具有挥发作用的乙醇,乙醇的香味吸引了大量的食果动物,包括人科动物,前来采摘。成熟的果实为动物们带了大量的热量,反过来动物采摘成熟的果实也有利于植物种子的传播,两者在大自然中相互依存。由此,一些生物学家认为人类对于酒精饮料的喜爱同人类祖先的食果行为密切相关。

相较于早期类人猿的食果行为,人类祖先有意识地利用水果和谷物的发酵作用来酿造酒精饮料,从时间上看则是比较临近的事情。人类学家约菲(Joffe)认为,史前人类发现发酵现象要早于他们了解和利用谷物,或者至少两者处于同一时期。[①]谷物发酵与水果发酵相比更加复杂,它需要一系列的条件才能在自然条件下形成。成熟的水果本身含有丰富的果糖,而且水分充足,能够在空气中所携带的霉菌作用下自然发酵,产生酒精成分。而谷物中所含的淀粉和糖必须转换化成可溶性淀粉和糖,即麦芽糖或葡萄糖,才能在酶的作用下发酵产生一定量的酒精。谷物中所含的高分子淀粉和糖可以通过多种方式转换成单体、能够溶于水的糖类。第一种方式是通过人的咀嚼让唾液中的酶将谷物中的高分子淀粉和糖分解,形成能溶于水的单体糖类。另一种方式是制作麦芽,即将谷物充分浸泡使其发芽,然后将发芽的谷物烘干碾碎。这种制作好的麦芽被投入温水之中搅拌,即可将高分子的谷物淀粉转化成单体麦芽糖。第三种是对谷物进行烹煮或者烘烤,使其所含糖分充分溶于水。第四种则是利用霉菌的作用发酵,如亚洲的大米酒。[②]这四种制作方法都能够在当今世界的某些地方找到实例,而通过制作麦芽的方法来酿造啤酒则是最普遍的一种方法。

从麦芽的制作过程来看,很难相信人们是在偶然的情况下发现啤酒的酿造方法。当然这种偶然也是有可能的。可以想象的情形是这样的:成熟的谷粒从植株上掉落,被雨水浸透,或者未被精心储存的谷物被雨水浸湿,谷物开始发芽,后来被太阳晒干,然后又被雨水浸泡,在自然界中由于天然酶菌的作用开始发酵,产生出一种含有酒精的饮料,这种饮料被人无意间发现并拿来饮用。[③]饮用过这种饮料的人发现它能够使他们产生幻觉,忘掉

①　Joffe, Alexander H. Alcohol and Social Complexity in Ancient Western Asia [J]. *Current Anthropology,* 1998, 39 (3):297.

②　Stika, Hans‑ Peter. Beer in Prehistoric Europe. https://www.researchgate.net/publication/265414678

③　Nelson, Max. The Barbarian's Beverage [M]. London: Taylor & Francis e-library, 2004:10.

现实生活的窘迫,从而变得心情愉悦。于是,他们开始尝试制作这种饮料。当然,也有人认为人们制作麦芽仅仅是为了使谷物更加美味、营养更丰富,或者利用它来制作面包、稀粥,以利于保管食物,后来才发现能够利用它来酿造啤酒。无论怎样,对于人类如何发现并且有意识地利用麦芽来酿造啤酒,我们只能凭借想象加以推测。

人们掌握啤酒酿造技巧之后,要想酿造啤酒还必须具备两个必要的条件。一是要有一定量的谷物。对于谷物的需求,需要人们逐渐地熟悉和掌握农业技术,开展农业生产,才能获得相对充足而又稳定的谷物供应。由此,一些历史学家甚至认为,早期人类对于啤酒的渴望,促使了他们抛弃了游牧生活,开始种植谷物。[①] 酿造啤酒的另一个条件是盛放啤酒的容器,而且这种容器可以用来加热液体、具有一定的密封性。[②] 新石器时期出现的陶器基本满足了酿酒对容器的要求。因此,人类社会较为普遍的酿酒行为很可能出现在新石器时期。

啤酒起源于何时? 它是起源于某一文明还是在多个文明地区独立产生? 一般认为啤酒是生活在美索不达米亚的苏美尔人发明的,然后向西传播到埃及,经由埃及传播到希腊罗马进而扩展到整个欧洲。然而最新的考古发现,啤酒可能分别起源于不同的地区和文明。例如,考古学家在中国河南嘉湖遗址发现了世界上最早的酒坊遗址,该遗址发掘的陶罐和陶器等文物距今大约有 9000 至 7500 年,陶罐内所遗留的液体经过化学分析是至今所知最早的酒精饮料,酿造成分很可能包含葡萄、山楂和大米,是一种由谷物和水果酿造的混合啤酒。[③] 同样在欧洲北部,考古学家也发现了大量的史前遗址。公元前 3000 年代的黏土容器,包括球形双耳瓶、绳纹器、钟型杯等都曾在欧洲各地被发掘。对苏格兰多地所发现的前 3000 年的陶器碎片

---

① 参见 Braidwood, R. J. Symposium: Did Man Once Live by Beer Alone? [J]. *American Anthropologist,* 1953, 55 (4):515. 和 Katz, Solomon H. & M. M. Voigt, Bread and Beer: The early Use of Cereals in the Human Diet [J]. Expedition, 1986, 28 (2):23. 布雷德伍德提出人类最初开展小规模的谷物生产,其动机不是为了获得面包而是为了酿造啤酒。卡茨和沃伊特则从人类烹饪生物文化进化的视角探讨了,驱动人类将大量的精力投入到收集和繁殖野生小麦和大麦的关键因素,是人类发现了一种新的食物加工方法,即让谷物发芽然后进行发酵。啤酒给人带来的麻醉和兴奋感,加之啤酒饮用者获得了更多营养而变得更加强健,促使了人们对野生谷物的驯化。

② Hornsey, I. S. A History of Beer and Brewing [M]. Cambridge: The Royal Society of Chemistry, 2003:19.

③ Mcgovern, P. E. Uncorking the Past [M]. Berkeley and Los Angeles: University of California, 2009:36–37.

残留物分析显示,这种容器很可能被用来储存某种啤酒。这些啤酒的成分非常复杂多样,有些包含蜂蜜和谷物,有些还添加了花粉、绣钱菊和天仙子的原料。各地发现的啤酒种类不尽相同,欧洲北部的啤酒同近东地区的啤酒在成分上相差甚远,历史学家尼尔森由此推断欧洲北部的各种啤酒并不来自于东方,而是独立产生的。[①]

　　不列颠岛的啤酒究竟源于何时? 相关资料和证据奇缺,因此只能依据考古发现进行推测。要想得到较为确切的答案,还需寻找酿造啤酒所需谷物驯化的证据,特别是大麦和脱壳小麦。迄今为止,英伦岛上发现的最早碳化谷物证据来源于德文郡的亨百利(Hembury, Devon),[②]其存在可追溯到公元前 5000 年代晚期到前 4000 年代早期。英国其他地方的考古遗址里还多次出现了前 4000 年代中期的谷物。不列颠岛的农业耕种可能始于这一时代,目前英国考古发现最早人工制品也可以追溯到前 4000 年代晚期,这些工具包括镰刀、石磨、打磨石斧、陶制容器等,[③]显然是早期农业社会的遗留物。到前 3000 年代早期,谷物耕种在岛上已很普遍。二粒小麦是新石器欧洲最重要的谷物,自前 4000 年代早期出现于岛上。同时还有裸大麦和脱壳大麦。新石器时期不列颠岛已具备了啤酒生产的两个条件,酿酒谷物和容器。当然有关这一时期岛上酿酒的铁证还不是很多。20 世纪末以来,考古学家通过分析家庭和祭祀场所出土陶器残片上的遗留成分,推测出这些残留物很可能为啤酒。例如,1991 年在阿伦岛上发现的槽形陶器残片上的遗留物,经过分析很可能是某种麦酒或蜜酒遗留物。[④] 格伦罗西斯(Glenrothes)附近巴尔博尼(Balbirnie)宗教祭祀中心发现的槽形陶器遗留物,被很多人认为是啤酒残留物的有力证据。[⑤] 历史学家迪内利夫妇、威克汉姆琼斯、哈格蒂等人对不列颠岛的新石器时期考古发现进行了大量的研

①　Nelson, Max. The Barbarian's Beverage [M]. London: Taylor & Francis e-library, 2004:13.

②　Williams, E. Dating the introduction of food production into Britain and Ireland [J]. *Antiquity*, 1989, (63):510.

③　Darvill, T. Prehistoric Britain [M]. London: Routledge, 2010: 48.

④　参阅Wickham-Jones, C. Rhum: Mesolithic and Later Sites at Kinloch excavations 1984—1986 [M]. Edinburgh: Society of Antiquaries of Scotland, 1990.

⑤　Haggarty, A. Machrie Moor, Arran: recent excavations at two stone circles [J]. *Proceedings of the Society of Antiquaries of Scotland*, 1991(121): 51.

究,他们通过实验分析认为新石器时期不列颠岛上已经出现了啤酒。[①]

公元前 2500 年左右,不列颠岛进入了铜器时代,这一时期大量的大陆移民迁徙到岛内,形成了长达近千年的大移民潮。这些人被称为宽口陶器人,源于他们制作的一种精美饮酒大口杯,这种宽口陶器同当地原著人的槽形陶器完全不同,因此这一时期的文化也被称为宽口陶器文化。宽口陶器人的迁入促进了岛上的拓荒和农业种植。铜器时代不列颠岛酿酒活动的最有力证据,来自苏格兰佩思郡斯特阿斯兰的北梅因斯(North Mains),当地出土的一个石棺里存放着一个宽口杯。考古学家对其内容物成分分析发现,这是一种用谷物酿造、绣钱菊做调味剂的饮料,很可能是啤酒。[②]

宽口陶器人之后,大约在公元前 500 年左右,不列颠岛迎来了凯尔特人,他们不仅带来一种全新的语言——凯尔特语,而且还有铁器,从此不列颠进入了铁器时代。凯尔特人爱好宴会和饮酒,他们发明了一种圆形木桶,用来盛放和运输啤酒、葡萄酒等液体饮料。[③]先进生产工具的引入促进了岛上农业生产的进步,凯尔特人建立村庄,耕种条田。种植的谷物包括二粒小麦、斯佩耳特小麦、密穗小麦、面包小麦、双棱裸大麦、六棱裸大麦、双棱脱壳大麦、六棱脱壳大麦、燕麦、黑麦,很可能还有粟。小麦和大麦是他们的主要农作物。[④]凯尔特人还利用大坑来储存盈余的谷物。古典作家为我们留下了大量有关凯尔特人饮酒习惯的文字记载。希腊探险家皮西亚斯(Pytheas)是最早用文字记载铁器时期不列颠的人。他的作品中记载,不列颠岛北部的人以粟[⑤]、药草、水果以及草根为食,用蜂蜜和谷物制作食物和

① 参阅 Dineley, Merryn. Finding Magic in Stone Age Real Ale [J]. *British Archaeology*, November 1996, (19). 和 C. Wickham-Jones, "Rhum: Mesolithic and Later Sites at Kinloch excavations 1984—1986", Society of Antiquaries of Scotland, 1990, Monograph Series No. 7. 以及 A. Haggarty. Machrie Moor, Arran: recent excavations at two stone circles [J]. *Proceedings of the Society of Antiquaries of Scotland*, 1991 (121):51.

② Barclay, G. J. Sites of the third millennium bc to the first millennium ad at North Mains, Strathallan, Perthshire [J]. *Proceeding of the Society of Antiquaries of Scotland*, 1983 (113):122.

③ Piggott, S. L. 'Wood and the wheelwright' in The Celtic World [A]. In M.J. Green (eds.).The Celtic World [C]. London: Routledge, 1995:323.

④ Piggott, S. L. 'Wood and the wheelwright' in The Celtic World [A]. In M.J. Green (eds.).The Celtic World [C]. London: Routledge, 1995:182.

⑤ 马克·尼尔森认为皮西亚斯在此处有可能将别的谷物误以为粟,因为他认为当时不列颠岛上并不种植粟。参见 Nelson, Max. The Barbarian's Beverage [M]. London: Taylor & Francis e-library, 2004: 144, Note 34.

饮料。虽然他对岛上居民如何使用蜂蜜和谷物制作饮料缺乏细节描述,但可以推测这种饮料很可能是蜜酒、啤酒或者是加入蜂蜜的啤酒。希腊的医学著作家迪奥斯科里季斯(Dioscorides)谈到一种用大麦酿造的啤酒,认为这种啤酒在不列颠和伊比利亚西部还可以用小麦来酿造。[①] 老普林尼也认为凯尔特人是经验丰富的酿酒者,因为他们擅长利用在水中浸泡过的谷物酿造出一种保存很久的酒。[②] 英国大量考古场所发掘的公元1至4世纪的T形窑炉,都是岛上凯尔特人酿酒活动的证据。这些窑炉的一部分用途就是制作麦芽。

　　罗马帝国占领不列颠岛后,啤酒依然在岛上人们的生活中扮演着重要角色。帝国在岛上的驻军大多是从各行省招募来的雇佣军,包含来自欧洲北部地区的士兵,他们大多喜爱饮用啤酒。由于岛上气候不适宜大规模种植葡萄,士兵饮用的葡萄酒基本依靠从大陆输入。路途遥远加上运输条件限制经常导致葡萄酒供不应求,因此啤酒成为常驻不列颠岛士兵的重要饮料。从3世纪末罗马皇帝戴克里先的"官方价格公告"(Price Edict)便可知其重要性。戴克里先为了私利,将帝国最重要的商品统一定价,其中一项就是不列颠啤酒,并将之价格定位埃及啤酒的两倍。岛上罗马驻军饮用啤酒的最好证据,发现于不列颠岛北部的文德兰达(Vindolanda),此处曾是哈德良长城的一个要塞,那里出土了大约一百块碑文。1994年,鲍曼和托马斯对这些碑文片段进行了解读,发现这些碑文内容记载着驻扎在此士兵的日常生活。碑文中多处提到凯尔特啤酒,还提到一个名叫阿特克特斯(Atrectus)的酿酒者。其中一块碑文明确地记载啤酒被官方定量配给给当地驻军。公元100年一位什长向当地执政官申请"我们的士兵已经喝完啤酒(cervesa即凯尔特啤酒),请您吩咐他人再送一些来"。[③] 碑文和考古发现还证明驻军在当地酿造过啤酒。文德兰达要塞一处大型建筑旁的小房子被认为是3世纪中期的一个酿酒坊,因为那里发现了酿酒用的两根烟道和大量的双耳瓶碎片。[④] 这些证据表明在文德兰达要塞,驻军会自酿啤酒,这种情况在不列颠岛其他地方也很普遍。除了驻军以外,罗马帝国还在不列颠

---

①　Nelson, Max. The Barbarian's Beverage [M]. London: Taylor & Francis e-library, 2004:64.

②　Pliny the Elder. *Natural history* [M]. Book Xiv, Peng uin Cleessics, 1991: Chapter 29.

③　Bowman, A. K. and J. D. Thomas (eds.). The vindolanda Writing-Tablets (Tabulae Vindolandenses Ⅱ) [M]. London: British Museum Press, 1994:186.

④　Birley, R. Vindolanda: A Roman Frontier Post on Hadrian's wall [M]. London: Thames and Hudson, 1977:45-46.

岛上修建了很多大道,以此保证各地联系的通畅。在这些大道的驿站旁边以及旅行者歇脚之处,分布着大量的客栈,为旅客提供啤酒、葡萄酒等饮料,以及食物、娱乐等。

古典时期希腊人称之为北方蛮族的凯尔特人、塞西亚人,以及后来的日耳曼人,这三个民族都热爱饮用啤酒。5世纪中期,日耳曼人的分支盎格鲁-撒克逊人正式进入不列颠岛东南部,到650年他们建立起多个王国,不列颠岛进入了盎格鲁撒克逊时期。他们骁勇善战,嗜酒如命。塔西佗记载,这些日耳曼人饮用的是用大麦等谷物酿造的经过发酵以后的饮料。他们经常去纵饮狂欢,任何人日日夜夜地酗酒都不会受到斥责。[①] 英国历史上现存流传时间最长的古英语史诗《贝奥武甫》说到,当时的蛮族英雄们主要饮用了四种酒精饮料:win, meodu, ealu 和 beor。前面三种分别指代葡萄酒(wine)、蜜酒(mead)、麦酒(ale),对最后一种酒的理解则存在分歧。很多人直接将之等同于啤酒(beer),例如,博斯沃斯(Bosworth)和托勒(Toller)的《盎格鲁撒克逊词典》(1989)中就将 beor 直接解释为啤酒;亚历山大版的《贝奥武甫》译本(2000)在480行和484行间也直接将其翻译为啤酒;约翰·比克戴克(John Bickerdyke)也将 beor 和 beer 视为同一饮料。[②] 而费尔(C.Fell)则认为仅从词源上将其等同于啤酒显得有些肤浅,他认为 boer 是一种用蜂蜜和其他非葡萄果物酿造的饮料,而 ealu 是谷物酿造的"啤酒"。[③] 霍恩西也在《一部啤酒和酿酒史》中引经据典地论证了 beor 和 ealu 并不是指同一种饮料,两者在密度和酒精含量上有很大的差别。[④] 费尔推断 beer 一词为英语的借用词语,目的是为了将酒花啤酒同不加酒花的麦酒区分开来。[⑤] 鉴于 beor 很可能是一种加入蜂蜜的果酒,那么真正的啤酒应该为 ealu 即麦酒(ale)。从文献记载中可以分辨出大约11种啤酒,足见当时啤酒种类之多。从5世纪起,被葡萄酒压抑了半个多世纪的啤酒[⑥] 开始在欧洲北部(包

---

① 塔西佗. 阿古利可拉传日耳曼尼亚志 [M]. 马雍,傅正元,译. 北京:商务印书馆,1959: 66–67.

② Bickerdyke, J. The Curiosities of Ale and Beer: An Entertaining History [M]. London: Swan Sonnenschein & Co.,1889:6.

③ Fell, C. Old English beor [J]. *Leeds Studies in English,* New Series, 1975 (8): 89.

④ Hornsey, I. S. A History of Beer and Brewing [M]. Cambridge: The Royal Society of Chemistry, 2003:251–259.

⑤ Fell, C. Old English beor [J]. *Leeds Studies in English,* New Series, 1975 (8): 91.

⑥ 古典时期,人们一直认为葡萄酒是优于啤酒的饮料,饮用葡萄酒的希腊罗马人比饮用啤酒的蛮族更加文明,更有优越感。参见 Nelson, Max. The Barbarian's Beverage [M]. London: Taylor & Francis e–library, 2004, 第三章.

括不列颠岛）复兴，记载者不再是鄙视啤酒的希腊罗马人，而是饮用啤酒的作家和史家，他们为后人研究啤酒文化留下了大量的文字记载。

　　总之，不列颠岛啤酒史可以追溯到史前的新石器时期。早期啤酒成分比较复杂，包括谷物、水和很多其他物质，如蜂蜜、水果和草药等成分。不列颠岛上最早耕种的谷物为裸露的六棱大麦和二粒小麦，裸麦不适合用来酿造啤酒，在脱壳大麦传入岛内之前，二粒小麦一直是酿造啤酒的主要谷物。来自欧洲大陆的宽口陶器人，将欧洲的斯佩耳特小麦（spelt）带入岛内，逐步取代二粒小麦成为酿造啤酒的主要谷物。凯尔特人进一步拓展了谷物耕种的品种，还发明了酿造啤酒的大木桶。木桶的发明不仅促进了更大规模的酿酒活动，而且便利了啤酒的储存和运输。以葡萄酒为主要饮料的罗马人占领不列颠岛后，岛上啤酒生产并没有停止，由于各种条件的限制，啤酒成为罗马驻军的最重要饮料给养。公元500年左右进入岛内的盎格鲁撒克逊人延续日耳曼人饮酒传统，将啤酒的生产和消费带入了一个新的历史时期。总的看来，在中世纪到来之前，来到不列颠岛上一批又一批的居民，一直延续着岛内饮用啤酒的习惯。他们引入的多种谷物为啤酒酿造的原料选取提供更多的选择；他们酿酒工具和容器的改进，促进了酿酒技术的进步。这为中世纪以后岛内啤酒的生产和消费奠定了基础。

第二节　酿酒原材料及变化

　　耕作农业为啤酒生产提供了基本的原料供给。随着历史的变迁，啤酒的酿造原料也在不断地发展变化。这种变化受农业生产条件的限制和啤酒酿造技术的影响。本节将探讨从中世纪到近代早期英国啤酒的酿造原料的演变，以及人们在酿酒原料的选取和使用所积累的经验。

　　依据不列颠岛上的考古发现，早期居民酿酒所用的原料比较复杂，这是当时自然条件限制的结果。啤酒发酵是在糖类基础上进行的，人类早期从大自然中生长的果物和蜂蜜中获得了酿造酒类的糖分，后来发现了谷物也能够提供糖分。虽然他们并不了解发酵的过程，但试验和实践教会了他们酿酒方法。不同的地区、不同的群体不断进行酿酒实践，他们对酿酒原料的选择也不尽相同。欧洲北部温暖地区的早期酒类一般属于混合型，他们的原料中添加了多种糖分原料，如谷物、水果和蜂蜜等。可能到公元前1世纪才出现"纯"饮料,如麦酒和蜜酒等。① 纯啤酒酿造的原材料构成主要包括谷物、水、酵母以及香料或者啤酒花,或者不加香料和啤酒花。中世纪早期,英国各地酿酒者不断地试验以及人们对啤酒口感和药用价值的多样要求,导致啤酒酿造原料的选取在不同时空范围内各不相同。尽管各地啤酒五花八门,其基本酿造原料却必不可少,即谷物、水和酵母。1267 年,为了规范啤酒和面包的生产和销售,亨利三世制定了《面包和啤酒法令》,对市场上出售啤酒的酿造原料进行了明确规定,即酿酒原料只能用大麦等谷物制成的麦芽、水和酵母。14 世纪末,随着大量的荷兰移民涌入英国,欧洲大陆的啤酒花酿酒技术也传入英国,啤酒花啤酒在英国逐渐推广开来。

一、谷物

要探寻不同时期英国啤酒酿造使用何种谷物,可从不列颠岛上的谷物种植历史中寻找答案。如前所述,不列颠岛原本并不生长酿造啤酒所需的大麦,二粒小麦是早期不列颠人酿造啤酒的主要原料。公元前 3000 年左右,随着移民的迁入大麦传入岛内。铜器时代(大约公元前 2500 年),适合于酿酒的斯佩耳特小麦开始在岛上出现;前 500 年左右,斯佩耳特小麦取代二粒小麦成为酿造啤酒的主要谷物。斯佩耳特小麦具有很强的的赖寒性,能够抵御病虫害,而且它对土壤的要求也很低,在重黏土、干土以及轻质土中都能生长。斯佩耳特小麦还容易碾磨和可用来制作面包。从铁器时代一直到罗马时代,不列颠岛南部一直耕种这种小麦。通常认为,罗马帝国广泛种植大麦,同一时期大麦也是不列颠岛上的主要谷物作物,用来酿造啤酒和喂养动物。中世纪以后,由于人们对面包小麦(bread wheat)的偏爱,斯佩耳特小麦的重要地位开始动摇。7 世纪末,英国东部已很少见到斯佩耳特小麦,在格洛斯特郡,斯佩耳特小麦的耕种一直持续到 12 世纪。到撒克逊时期的末期,面包小麦和密穗小麦已成为英国的主要小麦品种。一些历史学家还认为大麦也是撒克逊英国社会的主要食物②。这一时期的很多地名,如

---

① Hornsey, I. S. A History of Beer and Brewing [M]. Cambridge: The Royal Society of Chemistry, 2003: 219–220.

② 例如, Bonser, W. The Medical Background of Anglo–Saxon England [M]. London: Wellcome Historical Medical Library, 1963. 和 Hagen, A. A Second Handbook of Anglo–Saxon Food and Drink: Production and Distribution [M]. Norfolk: Anglo–Saxon Books, 1995. 都持这种观点。

Bere-wic 和 Bere-tun 意思为"barley-farm（大麦农庄）"和"barley-village（大麦村庄）"，反映出大麦在当时饮食中极其重要的地位，特别是在酿酒中的作用。另一个能够证明大麦重要性的证据是大麦被时人当作一种标准度量衡，三粒大麦的长度等于一英寸。大量证据表明大麦，特别是脱壳大麦的重要用途是制作麦芽和酿酒，因为发现它们的地点通常是在谷物干燥器或者干燥室里。而裸麦则因为容易脱粒的特性而被广泛种植，主要用来制作面包等。从撒克逊时期的考古现场来看，同时发现大麦和小麦的场合比只有小麦的场合多，单独发现大麦的场合却没有，这说明小麦在这一时期更加重要，同时还表明两种谷物都很重要，因为它们具有不同的用途，小麦主要用来制作面包，而大麦主要用来酿酒。[①]

　　除小麦和大麦以外，不列颠岛上还种植着其他种类的谷物。如燕麦、黑麦、雀麦（chess）等。燕麦喜爱潮湿温和的生长环境，抗寒性比不上小麦和大麦，但它却能够在酸性贫瘠的土壤环境生长，适合于春种。在岛上铁器时代一些遗址中发现了人工培育的燕麦，这表明从铁器时期起，燕麦种植很可能已传播到了不列颠；到了罗马时期，燕麦被广泛种植；从 8 世纪晚期起，燕麦种植的记录在英国不断出现，这些谷物几乎都用来食用；在酸性和潮湿土壤环境的地区，燕麦成为人们日常主食。这一时期的文献记录中出现了燕麦粉，表明燕麦被碾成粉用以制作面包。除此之外，燕麦还被广泛地用来酿造啤酒。伦弗鲁曾提到，在一些特殊情况下，啤酒酿造过程中加入燕麦可以增加啤酒的麻醉作用。[②] 虽然这一时期记载的燕麦很多情况下可能是野生燕麦，然而盎格鲁－撒克逊时期的大量证据表明，燕麦的人工种植已经大量增加。罗马时期和撒克逊时期，不列颠全岛都能找到黑麦的种植记载。在一些地区黑麦可能是很重要的农作物，因为人们用黑麦来作为一年中的一个月的名称，将之称为 Rugern，意思为"黑麦收获"，也就是他们日历中的八月。除了这些人工培育的谷物，有时一些野草也被提升到谷物的地位，如雀麦。一些铁器时期的碳化样本里就发现过雀麦，而且在样本中比例很大。雀麦是一种田地里的自然杂草，年景不好或者饥荒时，其果实可以被碾碎以代替黑麦。

　　中世纪以后，英国土地上耕种的主要谷物有小麦、大麦、燕麦、黑麦和雀麦等。这些谷物为不同地区居民提供了制作面包的原料，而且有相当一部

---

① Hornsey, I. S. A History of Beer and Brewing [M]. Cambridge: The Royal Society of Chemistry, 2003:244–245.

② Hornsey, I. S. A History of Beer and Brewing [M]. Cambridge: The Royal Society of Chemistry, 2003:245.

分被用来制作麦芽,酿造啤酒。一般来讲,任何谷物都可以用来酿酒,但最常用的谷物是燕麦、小麦和大麦。酿酒者在制作麦芽时可以对这几种谷物进行灵活搭配,这主要取决于谷物价格的波动、季节的变换、谷物的供应量以及对啤酒口味的不同要求。13世纪末,伦敦圣保罗大教堂的教士食品供应基本来自庄园土地。庄园土地耕种的小麦收成的46%用来制作面包,燕麦收成的46%和大麦收成9%用来制作麦芽,酿造啤酒。而威斯敏斯特修道院修士们的饮食,消耗了其庄园土地出产的小麦总量31%,燕麦产量的44%,大麦产量的24%以及混合谷物的2%①(dredge),其中大麦、混合谷物和大部分的燕麦都被用作酿酒原料。②菲利普·斯莱文(Philip Slavin)在《教友的面包和啤酒》一书中也提到了各修道院啤酒酿造原料有所不同。他首先区分了诺维奇修道院教士饮用的啤酒同仆人和劳工们饮用啤酒,认为两种饮料出现差异可能因为酿酒者酿造啤酒时采用了不同的谷物比例或者不同的麦芽种类。但毫无质疑的是,这两种啤酒都使用了大麦麦芽,这应该归因于诺维奇地区耕种着大量的大麦。斯莱文指出这一点和其他修道院很不相同,例如在坎特伯雷大主教修道院以及达勒姆大主教修道院,教士们饮用燕麦麦酒和大麦麦酒;彼得伯勒修道院有两种麦酒,一种用大麦酿造,一种用混合谷物酿造;威斯敏斯特修道院的酿酒者生产三种麦酒,分别用大麦、燕麦和混合谷物酿造;伊利教堂修道院饮用的啤酒分别利用小麦、大麦和混合谷物来酿酒;赫里福德教堂的教士们饮用小麦和燕麦麦酒;而圣保罗大教堂则在啤酒酿造中混合大麦、小麦和燕麦三种谷物;格拉斯顿伯里修道院甚至将酿酒谷物拓展到四种以上。小麦在酿酒活动中通常会被少量使用,因为大部分小麦会用来制作面包,而很少有证据表明英国的修道院在酿酒中使用了黑麦。③黑死病之前,很多麦酒都是利用次等谷物酿造而成,领主会们会混合多种谷物来制作麦芽酿酒。酿酒时对酿酒谷物的选择受当地庄园所产的谷物种类和数量的限制,也受季节变换的影响。例如,1289年圣诞节前,一位英国主教的家庭使用小麦、燕麦和大麦三种谷物来酿酒,而到了第二年三月却只用小麦和燕麦;从1412年到1413年,一位英国贵族妇女在一月份和二月份只用大麦作为酿酒原料,而其他时间她使用等量的

---

① Dredge一词主要是指大麦和燕麦混合在一起的谷物,通常被认为是一种独立的酿酒原料。

② Unger, R. W. Beer in the Middle Ages and the Renaissance[M]. Philadelphia: University of Pennsylvania Press, 2004:157.

③ Slavin, P. Bread and Ale for the Brethren: The Provisioning of Norwich Cathedral Priory, 1260—1536 [M]. Hertfordshire: University of Hertfordshire Press, 2012:161–162.

大麦和混合谷物（dredge）作为原料。^①1297和1298年，从威灵伯勒送到克洛兰修道院的麦芽有40夸特的大麦和燕麦的混合谷物（dredge），32夸特大麦，364夸特小麦和825夸特燕麦，^②这表明当地更加盛产小麦和燕麦。

从酿酒谷物使用的总体趋势来看，大麦在啤酒酿造中的比例呈逐步增长的趋势。1350年以前随着英国各地拓荒运动的开展，农业耕种面积不断增加，大麦和混合谷物的耕种面积得到了一定的提高，然而由于大麦的价格仍然相对较高，麦酒酿造过程中采用的原料主要是较为便宜的混合谷物和燕麦。1350年之后，随着大麦耕种的面积不断增加，大麦供应在粮食供应总量中的比例也不断提高，英国人逐渐不再使用燕麦酿造啤酒，混合谷物的使用也逐渐减少，大麦慢慢成为人们酿造麦酒的主要原料。从整体上看，13世纪和14世纪的英国，燕麦是人们最喜欢的酿酒谷物，而16世纪以后大麦已经完全取代了燕麦的地位，成为人们使用最多的酿酒谷物。^③从整个欧洲酿酒原料来看，14世纪以后，大麦在啤酒酿造中的比例总体上也呈现出不断增长的趋势（参见表2.1）。从表2.1可以看出，1286年伦敦酿酒师的酿酒原料中大麦只占17%，1502年时大麦的比例已经高达72%，随之减少的是燕麦和小麦的比例。若与欧洲大陆对照，如14世纪起，德国很多地区，大麦作为啤酒酿造原料甚至达到了100%，低地国家土地潮湿，更加适宜种植燕麦，因此在同种类型的啤酒中，燕麦的使用比例还比较高，但大麦的使用比例一直在提高。

表2.1　13—16世纪欧洲各国啤酒酿造谷物选择比例

城市	日期	啤酒种类	小麦	燕麦	大麦
伦敦	1286	—	17	66	17
纽伦堡	1305	—	—	—	100
根特	14世纪	—	50	—	50
里耶尔	1440	啤酒花啤酒	20	60	20
布鲁塞尔	1447	wagebaard	27	46	27

① Unger, R. W. Beer in the Middle Ages and the Renaissance[M]. Philadelphia: University of Pennsylvania Press, 2004:157.

② Woolgar, C. M.&D. Serjeantson &T. Waldron. Food in Medieval England [M]. Oxford: Oxford University Press, 2006:18.

③ Bennett, J. M. Ale, Beer, and Brewsters in England [M]. Oxford: Oxford University Press, 1996:17.

续表

城市	日期	啤酒种类	小麦	燕麦	大麦
汉堡	1462	—	10	—	90
里尔	16 世纪	—	23	45	32
伦敦	1502	—	14	14	72
巴伐利亚	1516	—	—		100
安特卫普	1518	Kuit	73	15	12
汉诺威	1526	—	33		67
安特卫普	1536	Kuit	8	49	43
汉堡	16 世纪	Weissbier	10	—	90

资料来源：Unger, R.W. Beer in the Middle Ages and the Renaissance [M]. Philadelphia: University of Pennsylvania Press, 2004:160.

　　大麦成为人们更加喜爱的酿酒原料，是因为它具有很多优点。大麦种子外有三层保护，更易储存；每粒大麦都含有高达 90% 的碳水化合物，而这些碳水化合物 80% 到 85% 以淀粉颗粒的形式存在；大麦芽麦芽中还含有大量的淀粉酶，能使其中所含的丰富淀粉快速地溶于水中；大麦淀粉的糊化温度相对较低，不会使淀粉酶变性；发芽后大麦的胚胎芽和根非常强壮，能够承受麦芽制作过程中的机械搅动。[1] 所有这些特点，使得大麦更加适合用来制作麦芽以及水解后酿造啤酒。

　　对于酿酒商而言，粮食供应是一个重要的问题。酿酒商之间的竞争也表现酿酒原料，即谷物的供应方面。人们首先需要解决食物，然后才是饮料。从谷物利用效率来看，制作面包能最大化地利用谷物的营养物质，而啤酒酿造则流失了谷物中的大量营养成分。16 世纪在低地国家，用同样的钱购买面包所获得的热量可能是购买啤酒所获热量的 9 倍；啤酒酿造过程中造成的谷物营养物质流失可高达 75%。因此在谷物供应不足的情况下，优先将谷物用于制作面包成了政府的基本原则。1315 年饥荒后，伦敦市政府规定禁止使用小麦制作麦芽、酿造啤酒，同时规定酿酒原料必须用其他谷物来替代小麦，此举显然是为了保障制作面包所需的小麦供应。15 世纪后，当粮

---

① Hornsey, Ian S. Brewing [M]. Cambridge: The Royal Society of Chemistry, 1999:17–18.

食短缺和谷物价格高涨时,英国政府通常会严格限制酿酒。[①]16世纪90年代和17世纪20年代农作物连年欠收,导致国王和各地政府都认为酿酒恶化了食物短缺状况,因此制定法令来限制酿酒活动。[②]

综上所述,啤酒酿造谷物的选择受多种因素影响和限制。影响较大的因素是各种谷物的种植比例及气候条件和土壤条件;谷物的价格波动也直接影响着农民对谷物耕种的选择,进而影响了酿酒商对酿酒谷物的选择。除此之外,季节的变化也影响着人们对酿酒原料的选择。农作物丰收的季节,酿酒原料供应充足,这为人们酿造自己偏爱的啤酒提供了可能,而到了青黄不接的季节,人们在选择酿酒原料时则会受到某些谷物供应不足或价格昂贵的限制。从总体趋势来看,到中世纪末期,大麦逐渐成为酿酒的主要原料。

二、酵母

酵母菌是一种生物体,它们充斥在空气中。数以亿计的酵母菌是一种繁殖力强大、作用巨大而又神秘的生命力。它们可使面团膨胀,可使奶酪散发出愉悦的香气;它们赋予泡菜和食醋开胃的秉性,增强了葡萄酒和啤酒的沁人心脾的诱人特性。[①]酵母菌的孢子非常微小,通过空气来传播。当酵母菌孢子落到适合生长的有机物表面时,它就开始消化这些食物,从而获得自己生长和繁殖的能量,同时释放出二氧化碳和酒精等废物,这一过程就是发酵过程。发酵本身就是酵母菌的繁殖过程。酵母菌种可以人工培育繁殖,然而最初的酵母却是来自野外。

人类利用酵母来制作面包和酿造饮料的历史有5000多年。[②]最初的人类怎样发现了发酵过程,现在无从得知。很可能是在采集时代人们在收藏水果时偶然发现。受伤或者破损的果物在存放期开始发酵,并最终形成

---

① Unger, R. W. Beer in the Middle Ages and the Renaissance[M]. Philadelphia: University of Pennsylvania Press, 2004:134.

② Clark, Peter. The English Alehouse: a social history 1200—1830 [M]. London: Longman Group Limited, 1983:167.

① Jackson, M. Beer [M]. London: Dorling Kindersley, 2007:11.

② Gastineau, C. F. W. & J. Darby and T. B. Turner, Fermented food beverages in nutrition [M]. New York: Academic Press, 1979:85.

一种液体,于是人类便发现了这种来自某种水果的令人感到愉悦的饮料。一般认为葡萄酒酿造要早于啤酒酿造[1],因为葡萄酒的酿造是将葡萄碾碎放置一段时间,葡萄皮上所携带的天然酵母会分解葡萄汁中的糖分,形成发酵作用,最终产生酒精。而啤酒的酿造则比较复杂,酵母菌使谷物的种子发酵需要一定的条件,即谷物中的不可溶性淀粉和糖分需要转化为可溶性淀粉和糖,这个过程需要外来因素的影响。

近代以前人们对于酵母菌的工作原理一无所知,但是他们在长期实践的基础上总结出一些确实可行的办法。中世纪早期和盛期,最常用的酿酒发酵方法是自然发酵,即将制作好的麦芽加入温水中形成一种麦芽汁(wort),然后将汤汁暴露在空气中,利用空气中自然生成的酵母菌来发酵,形成啤酒。这种方法不仅用来酿造啤酒,葡萄酒和蜜酒等酒类也是采用这种方法,然而这种发酵方法有很多缺点,如发酵的过程没有明显的高低之分,而且制作而成的酒度数较低。虽然这种方法确实可行,但麦芽汁在发酵过程中很可能被空气中的其他菌类所污染,导致啤酒变质。这种较为原始的酿酒方法经常导致啤酒酿造失败,进而造成原材料的浪费。

后来经过反复的试验,人们开始学会控制和利用酵母菌;并且通过各种方式来保存这种有益菌类。人们在实践中发现,在酿酒的过程中加入水果将会促进发酵作用,用先前酿酒用过的未经清洗的容器来盛放新酿之酒也能帮助新酒发酵,他们甚至发现在新酒里面加入一些陈酒能够加速新酒的发酵。收集酿酒师过滤发酵后的啤酒所用的稻草也是一种常用的方法,因为用来过滤啤酒的稻草上遗留了大量的酵母菌,可以用来酿造啤酒和制作面包。早在14世纪中期,弗兰德斯的一本烹饪书籍中就记载过在啤酒中加入酵母,很可能到14世纪人们已经学会将啤酒发酵过程中产生的表层泡沫撇下来,保存起来以供下次酿造之用。[2]1486年,英国的一份财产清单里发现了二十多桶酵母和大量的其他酿酒用具。[3] 16世纪的酿酒师们普遍在酿酒过程中使用自己保存和培养的酵母菌。[4] 总之,到16世纪时,酿酒作坊已经在酵母的使用和保存方面积累丰富的经验,酵母被视为酿酒作坊

---

① 也有人持不同意见,葡萄酒和啤酒的产生时间孰早孰晚至今还存在争议。

② Unger, R. W. Beer in the Middle Ages and the Renaissance[M]. Philadelphia: University of Pennsylvania Press, 2004:152.

③ Monckton, H. A. A History of the English Ale and Beer [M]. London: The Bodley Head, 1966:77.

④ Unger, R. W. Beer in the Middle Ages and the Renaissance[M]. Philadelphia: University of Pennsylvania Press, 2004:152.

的一种重要的资源和财产,受到了精心的保管和保存。

在酿酒过程中人为地添加酵母是一种行之有效的酿酒方法,酿酒师们通过自己的长期实践,在添加酵母的时间、方式以及数量等方面不断地积累着经验,同时他们在如何获得和保存酵母方面也经历了多种尝试。酵母菌是一种生命体,它们的存活需要一定的条件,收取和保存酵母需要满足酵母菌存活的条件。酵母的保存主要受到两大方面的困扰,一方面酵母菌可能受到其他菌类的污染,另一方面是温度如何控制,酵母菌在较高温度下会死亡,因此夏季很难保存酵母。为了有效地保持和维护酵母,有经验的酿酒师通常将酿酒后剩下的渣滓烘干,然后加入面粉制成面饼,这种面饼在加入水以后,里面的酵母菌会重新生长。他们也可以将这些残渣放在水中培育,供下次酿酒使用。现代生物科技发展之前,他们很少能够获得纯净的酵母菌,然而通过精心的选择和护理,很多酿酒师还是比较成功地掌控了酵母菌的使用。

从酵母的种类来看,中世纪以来酿造啤酒主要采用两种类型的酵母,一种是顶部发酵酵母,一种是底部发酵酵母。[1] 顶部发酵酵母(拉丁语名词为Saccharomyces cerevisiae)通常会在发酵的啤酒顶部形成一层泡沫,这种酵母通常在15到20摄氏度的条件下比较活跃,英国麦酒就是使用这种酵母;而在德意志等地,到了17世纪初,酿酒师发现了一种新的酵母,这种酵母会沉到啤酒桶的底部,在10度左右的低温下发酵,发酵的时间更长。酵母产生发酵作用时对温度的要求较高,在德意志等地,由于冬天气候寒冷,在地窖中使用底部发酵酵母(拉丁文名词为Saccharomyces carlsbergensis)可以酿造酒精度数较高的啤酒,而在英国和低地国家,由于气候相对温和,底部发酵酵母即使在冬天也很难起作用,因此这些地方的啤酒酿造通常使用顶部发酵酵母,由于顶部发酵温度较高、时间较短,因此产生的啤酒度数通常较低。

啤酒发酵对温度的要求,还促使人们选择在更加适宜的气候条件和季节酿造啤酒。为了确保啤酒的质量,城市政府通常会对啤酒酿造的时间和季节作出规定。1310年德意志的慕尼黑政府最早对一天中酿酒的时间作出规定,后来德意志的其他城市政府也都效仿。然而在低地国家和英国,这种规定并不常见。但是有经验的酿酒者通常还是会选择在夏天早上五、六点钟就开始酿酒,目的是为了让麦芽汁在清晨凉爽温度下冷却发酵。城市政府对啤酒酿造时间的规定较多是对酿酒月份的限定。他们认为制作麦芽以及啤酒的发酵需要凉爽和平和的温度。欧洲大陆很多城市都禁止或者限

---

[1]　Jackson, M. Beer [M]. London: Dorling Kindersley, 2007:35.

制在夏天酿造啤酒。在英国,虽然 16 世纪各城市的部分酿酒商们会全年生产啤酒,然而最好的麦芽要在冬天制作已经成为常识,因此制作麦芽和酿造啤酒行为一直具有季节性。酿酒者们集中进行啤酒生产的月份一般为十月、十一月、十二月、三月和四月。大型的酿酒作坊会全年保持生产,但是小酿酒者会在某些月份减少产量或者停止酿酒活动。18 世纪,英国酿酒技术得到了提高,然而政府针对高温季节酿酒的限制仍然盛行。[①]

综上所述,虽然直到 19 世纪中期人们才了解酵母菌在发酵中的作用原理,然而在中世纪以来的长期酿酒实践,英国人已经逐渐地学会利用和控制酵母。他们不仅掌握了酵母的多种收集方法,还学会了多种保存和培育酵母的方法。不断的酿酒实践,让他们熟悉一天中最适合酿酒的时间,也让他们知道一年中那些季节最适合酿造啤酒。17 世纪以后,酵母已经成为一种极具价值的物品。它不仅是一种馈赠亲友的佳品,而且成为一种商品,酵母开始在酿酒者之间或者酿酒者与面包师之间相互出售;16 世纪诺维奇的酿酒师们将酵母赠送给慈善机构,后来他们不再愿意将这种拥有价值的商品无偿地赠送给别人了。[②] 此外,从某种程度上看,酿酒师所用的酵母的特性决定了他们所酿啤酒的特征,因此酿酒师通常都非常珍视自己的酵母,[③] 以此保持自己所酿啤酒独特的风味。

三、添加物草药和香料

一直到中世纪早期,不列颠岛上啤酒的酿造原材料不仅包括果物、蜂蜜、谷物等糖分原料,而且还包含不同类型的草本植物,用以增加酒类的香味、致幻作用或者药用价值等。早期农耕社会农产品产量不高,酿酒谷物经常供不应求,为了提高啤酒的酒精含量和口感,酿酒者经常在谷物中尽可能加入自己获得的果物、蜂蜜,或者多种谷物混合使用。此外,人们还发现很多草本植物能够极大地丰富啤酒的口感、增加其药用价值和致幻作用,因此

---

① Mathias, Peter. Agriculture and the Brewing and Distilling Industries in the Eighteenth Century [J]. *Economic History Review*, 1952, 5(2):249.

② Salzman, L. F. English Industries of the Middle ages, New edition, enlarged and illustrated [M]. London: H. Pardes, 1964:293–294.

③ Bamforth, C. W. Beer: Tap into the Art and Science of Brewing [M]. Oxford University Press, 2003:142.

在酿酒实践中不断地尝试新的植物添加物,酿造出了各种风味独特而又各具价值的啤酒。斯蒂芬·布尼尔(Stephen Harrod Buhner)在其《神圣的草本药用啤酒》一书中列举了啤酒、麦酒以及蜜酒配方中的神秘植物和树木,数量多达 80 种之多。[①] 该书还整理和归纳了大量酿酒配方,按照这些配方酿造的啤酒对人体具有不同的药用价值。盎格鲁－撒克逊时期流传着一些药典,同样介绍了啤酒的医用价值。10 世纪晚期到 11 世纪早期的一本古英语药典记录了这样一个催眠药方:萝卜、毒芹、苦艾、天仙子捣碎放入啤酒之中,泡一晚后服下。[②] 在啤酒酿造中加入各种草药,是中世纪西欧包括英国通常的做法。

盎格鲁－撒克逊时期的药学著作提到了多种啤酒添加剂,如连钱草、香杨梅、卡琳蓟、蓍草、迷迭香、石南花、艾菊、苦艾、树皮、无花果汁,以及云杉树汁等。[③] 干香料(gruit)啤酒风行欧洲至少 700 年,它配加了三种草药:香杨梅(sweet gale)、蓍草(yarrow)和野生的迷迭香(wild rosemary),但并不固定,不同的酿造者还会加入其他草药,以形成其独特的口味和效果,如杜松果、生姜、葛缕子籽、八角、肉豆蔻和肉桂等。这些干香料会增加啤酒的酒精度,而且还会兴奋大脑,使人快乐,增强性欲,其配方通常会严格保密。各种草药也常被单独用于酿酒,以便酿造某种单一口味和药用效果的啤酒。例如,香杨梅酒具有镇定、抑菌防腐的作用,可以放松支气管组织,还能开胃,有助于血管扩张;野生的迷迭香酒可以用来治疗慢性支气管炎、咳嗽、利尿,助消化还能抗坏血病;蓍草酒能够治疗感冒,流感引起的发热、出血,以及消化问题;艾草酒可以用来治疗发热等,不一而足。[④]

13 世纪以前,欧洲大陆的干香料是酿造啤酒的必需材料,被各地政府或者教会控制。相比较而言,这一时期英国的啤酒酿造在添加物的选择上则显得比较任意、没有统一标准。在欧洲大陆,从加洛林王朝起,教会的修道院就获得了制作和使用干香料的特权。干香料究竟源于何时,目前尚无定论,然而早在 9 世纪,加洛林政府就已经对修道院和其他宗教场所酿造

---

① 参见 Buhner, S. H. Sacred and Herbal Healing Beers: The Secrets of Ancient Fermentation [M]. Boulder& Colorado: Brewers Publications, 1998:preface.

② Nelson, Max. The Barbarian's Beverage [M]. London: Taylor & Francis e-library, 2004:12.

③ Wilson, D. Gay. Plant Remains from the Graveney Boat and the Early History of Humulus lupulus L. in W. Europe [J]. *New Phytologist*, 1975, (75):643–644.

④ Buhner, S. H. Sacred and Herbal Healing Beers: The Secrets of Ancient Fermentation [M]. Boulder& Colorado: Brewers Publications, 1998:167–193.

啤酒所用的添加物做了明确的规定。后来的政府拓展了这种权利,要求所有的酿酒者都必须购买按照秘方配置的干香料,通过这种方式政府实际上控制了啤酒的生产和征税权。[①] 后来,国王还将这种干香料特权授予教会、贵族以及城市,以获得他们在政治和财政上支持。使用干香料能够使某一个地区的啤酒保持统一的口味,便于对啤酒生产的管理和控制。[②] 在英国,1267 年的《啤酒法令》颁布以前,政府没有对酿造啤酒的添加物作任何的规定。因此酿酒者在选择酿酒添加物时没有统一标准,酿酒者根据自己对啤酒口味的偏好和对啤酒药用价值的期望来选择添加的香料。随着酿酒业不断商业化,国家和城市对啤酒业的管理和规范不断加强,然而由于缺乏统一的酿造标准,这为控制啤酒的酿造质量带来了困难,于是 1267 年英王亨利三世颁布了《面包和啤酒法令》,不仅规定了啤酒的售价,还规定啤酒的酿造原料只能是水、麦芽和酵母。

《面包和啤酒法令》对啤酒酿造原料的规定,实际上是禁止啤酒酿造过程添加任何香料。该法令在城市和农村的商业酿酒中得到有效的实施。但是在威尔士、苏格兰等地以及英国的农村家庭酿酒中,人们仍然习惯添加一些香料。15 世纪苏格兰人在酿造啤酒的过程中仍然添加生姜、胡椒、香料和芳香草;[③] 一份 15 世纪威尔士麦酒的酿造配方中同样包含多种添加物,有 12 克肉桂、6 克生姜、3 克橄榄和 12 克白胡椒,加上 12 品脱的蜂蜜。[④]13 世纪以降,欧洲大陆的酿酒技术发生了重大的变化,啤酒花酿造技术开始在各国普及。1400 年,啤酒花啤酒开始进口到苏塞克斯的温切尔西。根据《阿诺德的编年史》(1500)的记载,啤酒花啤酒最早由弗兰芒人和荷兰人引入伦敦。1436 年为了应对伦敦酿酒商对外来酒商的攻击,国王亨利六世命令居住在伦敦的西兰人和荷兰人可以继续酿造啤酒花啤酒。[⑤] 此后,啤酒花酿造技术开始在英国传播开来。

啤酒花很可能在六百多万年前起源于蒙古,一百多万年前从亚洲分离

---

① Unger, R. W. Beer in the Middle Ages and the Renaissance [M]. Philadelphia: University of Pennsylvania Press, 2004:30.

② Thomas, Diana W. Deregulation despite Transitional Gains: The Brewers Guild of Cologne 1461 [J]. *Public Choice,* 2009, 140 (3/4):333.

③ Bickerdyke, J. The Curiosities of Ale and Beer: An Entertaining History [M]. London: Swan Sonnenschein & Co.,1889:129.

④ Harrison, John and members of the Durden Park Beer Club. Old British Beers and How to Make Them, Second edition [M]. London: The Durden Park Beer Circle, 1991:23.

⑤ Clark, Peter. The English Alehouse: a social history 1200—1830 [M]. London: Longman Group Limited, 1983:32.

出了一个欧洲品种,五十万年后又迁移出了一个美洲品种。啤酒花是一种多年生的藤蔓植物,藤蔓可以生长到 20 英尺以上,一般生长在河流冲积平原中森林的边缘。啤酒花的生长对地理和气候条件有些特殊的要求,它一般生长在维度距离赤道 30 到 55 度之间的区域,需要冬天的冰霜帮助其休眠,潮湿的春季助其快速成长,干旱的夏天计其躲避病虫害。啤酒花为雌雄异体植物,只有雌性植物花状圆形果实才能用来酿酒,因为这种果实含有蛇麻酮和蛇麻烯两种酒花苦味剂,它们能给啤酒带来苦味,最重要的是它们能起到防腐作用。

欧洲很早就有啤酒花的文字记载。罗马时代,人们好像只把啤酒花视为一种可以食用的野生植物。老者普林尼曾经在一份野生植物清单中提到过啤酒花,而且认为啤酒花的新芽是一种美食。①啤酒花用于酿造啤酒的第一次确切记录,发现于法国科尔比圣彼得和圣史蒂芬修道院主持老者阿德拉德(Adalhard the Elder)822 年编写的法令中。②依据阿德拉德的记叙,科尔比修道院使用啤酒花来酿造啤酒,这在当时已经是一种很成熟的技术,由此可见当时啤酒花啤酒已经是科尔比修道院修士的日常饮料了。啤酒花酿酒技术并不是一两个修道院的专门技艺,由于啤酒花能够提高啤酒的保存时间,当时其他修道院也在广泛应用这种技术。有记录显示,公元 860 年德意志弗赖辛格(Fleisingen)修道院的花园中种植了酿造啤酒的啤酒花。③中世纪早期的修道院运动极大的促进了基督教在欧洲各地的传播,同时修道院和修道院在欧洲各地广泛地建立。修道院通行的饮食规定要求,在葡萄酒无法供应的条件下,修士们可以饮用啤酒。啤酒在修道院修士们饮食中的地位得以确立。于是,修道院的啤酒花酿酒技术也开始向整个欧洲传播,一个世纪后传播到了英国。9 世纪或者 10 世纪的古英语《植物标本》记载过啤酒花,10 世纪英国啤酒花酿酒的确切证据来自于位于肯特郡格瑞夫尼的一艘沉船,考古学家从这艘沉船遗址中发现了大量的啤酒花,表明当时英国已经开始同欧洲大陆国家之间开展啤酒花贸易了,而这种大规模的贸易只能解释为酿酒之用。④虽然啤酒花酿酒技术在中世纪早期已经传

---

① Nelson, Max. The Barbarian's Beverage [M]. London: Taylor & Francis e-library, 2004: p. 107.

② 同上。

③ Wilson, D. Gay. Plant Remains from the Graveney Boat and the Early History of Humulus lupulus L in W. Europe [J]. *New Phytologist*, 1975 (75):644.

④ Behre, Karl-Ernst. The history of beer additives in Europe—a review [J]. *Vegetation History and Archaeobotany*, 1999, 8(1/2): 40.

播开来,然而直到 13 世纪以后欧洲大陆各国才开始大规模的商业化酿造这种啤酒; 15 世纪时英国社会才开始大规模的采用啤酒花酿造技术; 16 世纪的一份啤酒生产配方记载,酿造啤酒时"40 夸特的谷物中需加入 40 磅啤酒花"。①

综上所述,中世纪英国的酿酒商们在酿酒过程中添加物的选取上经历了三个阶段。13 世纪《面包和啤酒法令》颁布以前,同欧洲大陆一样,英国人在啤酒的酿造中添加了包括啤酒花在内的各种草药和香料,因此不同区域、不同酿酒者酿造的啤酒口味各不相同,作用和功能也各有所长。《面包和啤酒法令》颁布后,从国家层面上对啤酒的商业酿造进行了规范,商业性的酿酒不允许再添加任何添加物香料和草药。这种规定为加强了国家对啤酒市场的管理,同时也较大程度上保证了啤酒的质量。14 世纪后随着啤酒花酿造技术在欧洲范围的全面推广,啤酒花啤酒开始进口到英国;荷兰酿酒者首先将啤酒花酿酒技术带入英国,并得到官方认可,进而在英国大多数城乡推广开来,啤酒花最终成为啤酒酿造中的主要添加香料。

四、水源

啤酒中水的含量占百分之九十以上,啤酒的质地和口味部分地受到水源质量影响。水中所含的矿物质直接影响着酿酒生化过程。传统的酿酒胜地大多拥有高质量的水源。最好的水源通常矿物质含量均衡,特别是钙和镁;它们使水源具有一定的硬度,从而影响水源的口感。英国特伦托河上的伯顿曾经以出产优质的麦酒而出名,那是因为当地水源中硫酸钙含量高,这是生产浓烈的英国麦酒的理想水源。② 矿物质钙和镁在酿酒的生化过程中起着重要作用;钙能够缓冲生化过程中大多数麦芽汁的碱性,维持生物酶生长的最佳条件。其他物质,如锌和铜,也是酵母菌细胞生长所需的物质;少量的硫酸盐能使啤酒更加清澈。现代科技可以帮助人们调整水源成分,使各种矿物质达到平衡,而近代以前酿造优质的啤酒则依靠选择优质的水源地。

---

① Bickerdyke, J. The Curiosities of Ale and Beer: An Entertaining History [M]. London: Swan Sonnenschein & Co.,1889:73.

② Jackson, M. Beer [M]. London: Dorling Kindersley, 2007:30.

　　中世纪的生活水源主要取自天然泉水、人工井、溪水和河水。[1]井水和泉水难以满足城市用水需求,因此较大城市常常建立在河畔,如伦敦。伦敦城南部是泰晤士河,伦敦的西部郊外流淌着一条较大的河流——华离河(Fleet Stream)。伦敦城里许多远离河道的居民则主要以井水为水源。城市外还有很多泉水,也为市民提供了优质的饮用水。13世纪,一位名为菲茨斯蒂芬斯的年代史编撰者记载,伦敦附近有一些泉眼,流淌着甘甜、卫生的泉水。[2]

　　然而,河水、泉水和井水也有其局限。伦敦的泰晤士河就被报道过曾经因为海水倒流而变咸,导致使用泰晤士河酿造的麦酒也带有咸味。[3]有些城市政府管理着一些公用水井,但大多数水井都位于私人领地范围之内,只有居住在那里的人才有权使用。要想得到纯净的过滤水,必须要挖掘深井;这些井通常需要深达16米以上,为了防止地表水污染井水,内井壁需要铺上砖石,这增加了掘井的成本,因此只有有钱人或者团体才能承受这种高昂的支出。城市中常见的是一些“浅井”,从表面上看这些井也能提供清澈的饮用水,但它们通常只有6米左右,不能到达更深的纯净水,还容易受到地表水的污染,因此这些井中的水通常并不干净。[4]

　　水在日常生活中作用重大,因此水源竞争导致城市不同团体之间的冲突加剧。在城市,家庭用水通常要优先于商业用水。酿酒商就经常成为城市限制用水的对象。城市政府经常禁止商业酿酒者使用城市供水管道和城市内的泉水,或者在他们缴纳一定的费用后才允许使用。1444年,考文垂的酿酒者被禁止从城市管道取水;[5]14世纪,布里斯托尔的一份公告禁止酿酒者从城市供水管道和喷泉取水。[6]伦敦的市民和手工业生产者之间在用水问题上也产生了过类似的冲突。1337年,生活在供水管道附近的居民就曾抱怨由于当地酿酒者过度使用水源,导致他们无水可用;1345年市

①　诺尔曼·庞兹.中世纪的城市[M].刘景华,孙继静,译.北京:商务印书馆,2014:62.

②　Hansen, Roger D. Water-related Infrastructure in Medieval London. http://waterhistory.org/ histories/london/london.pdf.

③　同上。

④　Lewis, David. 'For the poor to drink and the rich to dress their meat': the first London water conduit [J].*Transactions of the London and Middlesex Archaeological Society,* 2004, (55):40–41.

⑤　Harris, M. D. (eds.). Coventry Leet Book [M]. London: Kegan Paul, Trench, Trubner & CO., Limited, 1907:208.

⑥　Bickley, F. B. (eds.). The Little Red Book of Bristol [M]. 2 vols. Bristol: W. Crofton Hemmons, 1900:229 - 30.

政府收到了类似的抱怨，"酿酒者、开酿酒作坊和制作麦芽的人浪费了很多水……富人、中间阶层和穷人用水都不充足。"① 为了有效管理水源的使用，城市当局要求供水管道看护人发誓不让酿酒商或者鱼贩等浪费水。② 对于私自在供水管道开口盗用水源的行为，法官会进行严厉的打击，一般情况会要求缴纳罚金，对于明目张胆者或者屡教不改的累犯也会采用体罚和游街等惩戒方式。1478 年，酿酒者威廉·坎皮恩因为私自在公共管道上开口盗水，而被要求头戴一个类似储水器的东西在伦敦街头游行示众。③

针对城市家用供水和商业供水的矛盾，酿酒商们采用了多种方法来解决水源供应问题。一些酿酒商直接将酿酒厂建在河流旁边，都铎时期圣凯瑟琳学院下面的河道边有很多大型酿酒厂。④ 为了避免使用公用供水管道而同城市居民用水产生矛盾，城市的酿酒商们有时候自己修建供水管道供自己酿酒使用。1538 年，桑威奇有两位酿酒商修建了自己的供水管道。⑤ 17 世纪早期，爱丁堡、苏格兰的酿酒商们还特意建造了一座水库以保证酿酒水源。类似的情况在欧洲大陆也很普遍，德意志和荷兰等地的酿酒商们也都在供水管道和设施上作出了大量的投资。大多数酿酒商最常用的方法则是向市政当局缴纳一定的使用费用或者采用租用管道的方式获取酿酒水源。城市当局为了筹集经费维修和新建城市供水管道，通常也会改变城市供水不应收费的原则，采取变通的办法向酿酒商等商业用水者收取一定的费用。伦敦城曾在不同时期多次向商业用水者收取用水费用。如伦敦城在 1312 年曾授予酿酒商、厨师、鱼贩等人一种使用供水管道的"地役权（easement）"，从而向他们收取不定量的费用。⑥ 到 1415 年为止，酿酒者们已经开始租用齐普赛街供水管道的上段，而下端则留给普通家庭使用，虽然酿

---

① Lee, John S. Piped water supplies managed by civic bodies in medieval English towns [J]. *Urban History*, 2014, 41(3):382.

② Riley, H. T. (eds.). Memorials of London and London Life in the 13th, 14th and 15th Centuries. http://www.british-history.ac.uk/no-series/memorials-london-life/ :71–80.

③ Lewis, David. 'For the poor to drink and the rich to dress their meat': the first London water conduit [J]. *Transactions of the London and Middlesex Archaeological Society,* 2004 (55): 63.

④ Salem, F. W. Beer, Its History and Its Economic value as a National Beverage [M]. Hartford, Connecticut: F. W. Salem & Company, 1880:22.

⑤ Lee, John S. Piped water supplies managed by civic bodies in medieval English towns [J]. *Urban History*, 2014 (41): 383.

⑥ Lewis, David. 'For the poor to drink and the rich to dress their meat': the first London water conduit [J]. *Transactions of the London and Middlesex Archaeological Society,* 2004, (55):55.

酒商们也会偷偷使用下段管道,但是伦敦市长颁布的法令禁止他们使用下段导水管道,违者将处以罚金。[①]1483 年,酿酒者需要支付 6 先令 8 便士才能使用水源来酿酒和制作麦芽。[②] 另外,城市中的数量庞大的职业运水工也为酿酒商们提供了大量的水。在英国的伦敦、布里斯托尔、考文垂等城市,当城市供水不足或者水源受到污染时,酿酒商们依靠职业运水工提供了大量的用水供应。[③]

　　除了解决水源供应的问题,酿酒商们还需要了解所能获得的水源哪些适合用来酿酒,哪些不适合酿酒。1736 年出版的一本名为《伦敦和乡村酿酒师》的书中总结了酿酒者可以使用的多种水源。[④] 该书作者认为,要想酿造健康美味的啤酒,水源同麦芽一样重要。酿酒者必须了解自己酿酒所用水源的性质,因为水是将麦芽和啤酒花中的有益物质传送到我们身体的载体。该书第五部分详细论述了不同水体的性质和使用方法。作者认为水体越单纯、越不受外界物质的侵染,越能实现酿造健康啤酒的目的。有些井水含有很高的杂质,通常会在管道壁形成一层水垢,用来盛水的茶壶内壁也会形成一层难以祛除的水垢层。这种井水虽然更能提炼出麦芽的酒色,但是常饮会导致腹绞痛。泉水通常比较可靠,虽然它们会携带一些矿物质,有些矿物质对身体有益,有些则有害。那些从白垩岩或者火灰岩中渗出的软水通常被认为是最好的泉水,因为白垩岩能够吸收渗出泉水中的全部有害物质。由于通常含有金属、盐分等有害物质,河水较井水和泉水而言,显得并不可靠,特别是离源头较远的河流。这样的河流通常会汇入雨水而变软,而且在太阳的作用下变得更加硫化。它们还会吸收城市附近泥土中的各种物质,这些物质会使啤酒再次发酵,在天气变化时容易使啤酒变酸。泰晤士河水就是此类水,然而由于它们比硬质水更软,所以还是被酿酒商广泛使用。河水在干旱的季节也会变得清澈,如果河床多石或是白垩岩、沙子或者石头,没有牛群的搅动,那么此时的河水最适合用来酿酒,同等条件下酿出的酒会比井水酿造的酒要强劲的多。此外,雨水在没有受到泥土污染的条件下,是最软、最纯净的水。在它流经屋顶的瓦片时,融入了砂浆中的盐分,这

---

① 　Riley, H. T. (eds.). Memorials of London and London Life in the 13th, 14th and 15th Centuries. http://www.british–history.ac.uk/no–series/memorials–london–life/ : 601–624.

② 　Lee, John S. Piped water supplies managed by civic bodies in medieval English towns [J]. *Urban History*, 2014, 41(3): 382.

③ 　Corran, H. S. A History of Brewing [M]. Newton Abbot: David & Charles, 1975: 31.

④ 　参见 Anonymous. London and country brewer. https://www.gutenberg.org/files/8900/8900–h/8900–h.htm , 第五部分 "不同水体的性质及它们在酿酒中的运用"。

种水最适合用来酿造麦酒。然而对于那些需要库存时间较长的啤酒来说，雨水就有些不合适了。池塘水的情况比较复杂。池塘水的静水主要来自于雨水。如果池塘底干净，池水不受牛群和大量的鱼群搅动，水体和水量较大，阳光充足，这种池水通常同雨水和河水相当,适合用来酿酒。但是,如果池塘较小,水量较少,经常受到牛群和鱼群搅动,那么这样的池塘水则是最差的水源。

由此可以看出，中世纪英国的酿酒商们在实践中逐步认识到了水源质量对啤酒口感和质量的影响,因而尽可能地选择最适宜的酿酒水源。然而随着城市手工业的发展和城市人口的增长,水源的获取一直是困扰城市酿酒商们的一个重要问题。因此大型的酿酒作坊通常会建立在主要河流旁,以便就近取水;城内的酿酒商要么自己挖井取水,要么购买城市公共水源里的水,或者投资搭建供水管道。到中世纪晚期,城市的大型酿酒作坊通常能在获得优质水源方面占据先机,酿造出口味更加纯正的啤酒。

第三节　酿酒技术革新和酿酒工具改进

从盎格鲁－撒克逊时期到近代早期1000多年的时间里，啤酒作为英国社会各界饮用最普遍的饮料之一,生产过程经历巨大的变化。酿造原料和添加物的变化,加上啤酒酿造工艺的改进改变了啤酒的口味;农业生产的进步和社会对啤酒需求的不断扩大,导致啤酒酿造规模的不断扩大;生产规模的扩大促进了酿造技术的革新和酿酒工具的改进。至近代早期,英国酿酒业已由最初以家庭为主的小规模手工业发展为以商业化大型作坊为主的集约化手工业。英国的啤酒酿造在酿造技术、酿造原料的选取、酿造工具、酿酒燃料等多方面发生了巨大的变化。

理查德·昂格尔曾将中世纪晚期欧洲啤酒生产技术的进步做了总结。他认为虽然欧洲北部各国酿酒技术进步的途径各不相同,但采用新酿酒方法的过程却遵循了同样模式。这种模式可以总结为六个阶段,分别是:①准备阶段,它以商品市场发展和生产基地形成为特点;②新的更优产品的产生,这种新产品以酿造技术的创新为基础;③外部因素的巨大冲击促进了新产品的引入;④新技术对当地条件的适应,以及当地市场对新产品的适应;⑤当地生产者对新技术的完全掌握,并形成成熟的产业;⑥制作工艺创新阶段,生产商通过改进新产品的生产方式,充分利用新产品所创造的市场机会。这六个阶段虽然在欧洲大陆和英国出现的时间不同,影响程度也不尽相同,但是昂格尔认为每个国家都经历了上述发展阶段。[①]

就英国社会而言,中世纪早中期酿酒业在城乡逐渐地广泛发展,酿酒技术也不断地完善成熟。中世纪早期有关酿酒技术的记录非常稀少,由于对酵母等物质的作用原理知之甚少,可推测当时的酿酒是一个非常不确定的过程。由于缺乏酿酒技能指南,麦酒经常变坏,酿酒能否成功多少要靠运气。根据邓斯特布尔的编年史记载,1262 年和 1274 年,为修道院节日宴会酿造的麦酒失败了,他们不得不另外购置。[②]酿酒者经常会依赖迷信以祈求酿酒成功,例如吟唱啤酒符文(beer runes)等。盎格鲁 – 撒克逊时期的药典记录了用迷信的方法来净化曾经生产过坏酒的地方,"如果麦酒变质,取一些羽扇豆,将其放置于房屋的四角、门上、门槛下以及麦酒桶下,将圣水投入麦酒汁中。"[③] 这种神秘的方法甚至在 18 世纪末的苏格兰麦酒酿造说明中也有记录,"我故意将一些干麦芽和一些盐扔到麦芽汁的表面,然后把它盖上,目的是不让女巫靠近它。"[④] 为了能够酿造优质的啤酒,人们认为酿酒者在宗教信仰方面要保持虔诚,酿酒过程必须防备一些危险的势力,如小精灵等,因此在发酵期间要在酒桶上粘贴各种辟邪标志和符号,如十字架等,以防邪恶势力破坏啤酒。此外,酿酒的环境也有讲究,例如发酵过程要保持安静平和,还要注意太阳的方位等。

修道院和宗教机构在中世纪早期的酿酒技术积累方面做出了重要的贡献。啤酒是宗教机构日常生活中饮食构成中的重要组成部分,还用来接济穷人和招待过路的各种旅客,因此宗教机构通常常年保持规模较大的酿酒活动。六、七世纪以后,随着各蛮族王国逐渐皈依基督教之后,各地修道院获得了很多地产,他们在自己的庄园种植谷物和草药,酿造麦酒。修士们的作坊里保留了大量的古代工业,在制造麦酒方面虽不能说有所发明,但至少

① Unger, R. W. Technical Change in the Brewing Industry in Germany, the Low Countries and England in the Late Middle Ages [J]. *Journal of European Economic History*, 1992. 21(2):281–313.

② Bickerdyke, J. The Curiosities of Ale and Beer: An Entertaining History [M]. London: Swan Sonnenschein & Co.,1889:51.

③ Hornsey, I. S. A History of Beer and Brewing [M]. Cambridge: The Royal Society of Chemistry, 2003:248.

④ Bickerdyke, J. The Curiosities of Ale and Beer: An Entertaining History [M]. London: Swan Sonnenschein & Co.,1889:62.

在技术上有所改进。[①] 修道院的大量地产生产出了酿酒所需的粮食,而且修士们都认为啤酒比水更安全,因此修道院都有酿酒作坊,酿造啤酒供应修士们的日常饮食。修道院还有足够的资金用来购置酿酒所需的设备,他们酿酒频率高,加上识字的修士经常书面记录酿酒经验,因此大修道院的酿酒师通常都具有丰富的酿酒经验。中世纪早期,很多地方的法律规定只有修道院能够酿酒,这种立法实际上进一步强化了修道院对酿酒的主导地位。一些重要的宗教中心很早就因为能酿造优质的啤酒而名声在外,如坎特伯雷、温切斯特、伊利等;特伦托河上的伯顿以及 1004 年创建于此的本尼迪克修道院,到 19 世纪时被誉为"不列颠酿酒之都"。[②]

除了宗教机构规模较大的酿酒活动以外,农村和城市以家庭为单位的小规模、间歇性的酿酒活动是中世纪早期和中期的主要酿酒形式,农村的家庭酿酒甚至持续到 19 世纪。中世纪的大多数啤酒出自家庭酿造,家庭妇女的酿酒活动是繁琐家务的重要组成部分。每个家庭酿造的啤酒虽然口味有所不同,但酿酒的方法和工具却是相似的。酿酒的第一步是制作麦芽。取适量的谷物,用水浸泡数天,滤出,堆成长条形等待谷物发芽,谷物发芽后再将之置于干燥炉中烘干;麦芽制作成功后,还需将之用石磨碾碎方能用来酿酒。碾磨麦芽不能过细,否则会使麦芽粉充分地融入水中,导致麦芽汁过浓。简单碾压过的麦芽可以使麦芽中的糖分在酿酒过程中释放的时间延长,从而生产出酒精含量不同的啤酒。麦芽碾碎后,将之倒入烧过的温水之中充分搅拌,然后将形成的麦芽汁滤出,盛入酒桶之中加酵母和草药等,放置几天等待发酵,此后麦酒就可以饮用了。麦芽可以加水多次,形成多次麦芽汁,每一次麦芽汁的浓度都会减少,形成的啤酒酒精含量也越来越低。淡啤酒(small beer)即为多次稀释形成的麦芽汁酿造的啤酒,这种啤酒酒精含量低,适合妇女、老人、小孩、病人等饮用。家庭酿造的麦酒通常比较粗糙、口感不好,而且发酵并不充分,导致麦酒酒精含量很低,看起来就像汤汁一样。13 世纪的一位作者曾经感叹:"虽然浑浊不清、像泥坑水一样、气味难闻,但麦酒却是唯一的饮料。"[③] 这种麦酒不仅口感很差,而且还很容易变质,通常至多保存五到六天。为了尽快地消费掉酿造的啤酒,酿酒者曾经尝试过添加一些草药加速啤酒的酿成过程,而且通常在啤酒酿造完几个小时就开始

---

① 汤普逊.中世纪经济社会史,上册 [M].耿淡如,译.北京:商务印书馆,1997:184.

② Hornsey, I. S. A History of Beer and Brewing [M]. Cambridge: The Royal Society of Chemistry, 2003: 294–295.

③ Clark, Peter. The English Alehouse: a social history 1200—1830 [M]. London: Longman Group Limited, 1983: 24.

出售和消费。伦敦的酿酒商们甚至在过滤完啤酒,置于发酵桶后两到三小时就开始出售了;1444 年牛津的酿酒商们被迫在市政官面前宣誓,麦酒在出售之前必须要静置 12 小时。[①] 麦酒难以储存和进行长途运输直接阻碍了大规模的商业酿酒活动。

家庭酿酒工具也非常简单。首先,制作麦芽需要几样工具:一个大桶或者其他能够浸泡谷物的容器,一个水槽或长柄杓用来舀水,铁铲或者叉子用来翻动成堆的谷物,还有一个烘烤炉。烘烤炉是一件比较昂贵的工具,普通家庭无力承担,因此一般家庭通常将发芽的谷物放到太阳下晒干,或者租用烘烤炉。除此之外,其他几样物品都是家庭厨房常用工具;酿酒过程中使用的工具包括水槽,石磨或者麦芽汁桶等,这些特殊用品可以为酿酒工作提供帮助,但是没有这些物品,家庭用具也能应付得来;大多数人很可能会直接购买麦芽,然后用手动石磨碾碎麦芽,用锅烧水,将麦芽投入水中制成麦芽汁,然后将麦芽汁过滤到另外一个容器中加入酵母就可以了。这种简易的、小规模酿酒活动,非常适合在家庭里进行,因此家庭酿酒一直能够持续到 19 世纪。

11 世纪以后,随着城市的兴起,城市之间的商路重新活跃起来,人员流动不断增加。农村人口不断地涌向城市,农村传统的酿酒活动也不断地传播到城市。[②] 一方面,随着经济的发展,农村开始出现专门从事酿酒的商业酿酒者;另一方面,城市人口的增加,为商业酿酒创造的巨大的市场,城市酿酒者吸收了农村酿酒者和修道院、主教家庭的酿酒经验,酿酒活动的规模不断扩大,酿酒质量也逐步提高。从 11 世纪以后,商业酿酒活动在英国的农村和城市广泛地开展起来。农村的商业酿酒仍然保持家庭酿造的特征,然而在宗教机构和城市,商业酿酒的规模越来越大,使用的工具也越来越专业化。从 12 世纪起,拉丁文和欧洲各国的当地语言里都出现了一个新词汇意思为 "酿酒厂(brewery)",表明当时酿酒作坊已经是一个非常成熟的机构。酿酒作坊一词在城市记录中频繁出现,同时表明城市中已经产生了一个专门从事酿酒的酿酒商团体。由于种种原因,城市酿酒者更趋向于走向专业化。城市人口密集,空间狭小,很少有人家中有足够的空间盛放酿酒大桶、水槽等器具,也没有多余的空间用来储存发酵的啤酒。专业化的商业酿酒能够为酿酒商带来更多的利润。从 12 和 13 世纪起,城市污染导致城市

---

① Bickerdyke, J. The Curiosities of Ale and Beer: An Entertaining History [M]. London: Swan Sonnenschein & Co.,1889: 63.

② Unger, R. W. Beer in the Middle Ages and the Renaissance[M]. Philadelphia: University of Pennsylvania Press, 2004: 38.

政府将酿酒商们集中到指定区域,这进一步促使酿酒商业化和专门化,同时政府为了便于征税也鼓励酿酒专业化。[①] 商业酿酒的专业化是酿酒业技术进步的结果,反过来又进一步促进了技术的发展。

城市酿酒的商业化促进了酿酒技术的进步。欧洲大陆的城市陆陆续续地获得干香料的使用权,城市通过向酿酒商们出售干香料获得了大量的收入。而且为了保证啤酒的质量,干香料按照固定的单位出售,一定量的麦芽中加入固定量的干香料,从而尽可能地保证所酿的啤酒口味和质量差别不大。有些城市甚至要求酿酒者将自己的麦芽运到干香料库,由工作人员现场将一定比例的干香料混入麦芽中,由此保证酿酒者在酿酒过程中不减少麦芽的使用量,从而导致啤酒质量下降。英国使用干香料酿酒的记录不多,然而可以确定的是,人们同样在酿酒过程中加入了各种香料和草药,这也导致各地不同的酿酒者所生产的啤酒口味和质量各不相同,为政府的统一管理带来了麻烦。因此为了确保市场上出售啤酒的质量,1267 年亨利三世颁布了《面包和啤酒法令》,要求啤酒酿造过程中只能使用麦芽、水和酵母,不能添加其他物品。英国还采用了验酒官(ale-conner)制度,由政府指定的验酒官到酒馆检验出售啤酒是否合格。穿着皮裤的验酒官将啤酒倒在木制长椅上然后自己坐上去,等上半个小时,如果他能够站起来而皮裤没有粘在长椅上,则说明啤酒质量合格;相反,如果皮裤黏在椅子上,则说明啤酒中的糖分过高,发酵不充分,不适合饮用。[②] 政府的管理保证了商业销售啤酒的质量,同时也促进了酿酒质量的提高。这一时期酿酒商酿酒成功率提高,还同他们在酵母使用方面积累的大量经验不无关联。专业的酿酒商已经总结出了保存酵母菌的方法,并且在实践中获得了添加酵母的经验。第二节中提到 14 世纪时酿酒商们酿酒时还在使用上次酿酒中撇出的泡沫作为酿酒的酵母,到 16 世纪时,酿酒商们已经普遍使用自己培养的酵母菌来酿造啤酒了。专业酿酒商酿酒规模大,需要大量的酵母,因此培养和维护酵母也是一项重要的工作。与家庭酿酒商相比,专业酿酒商们通常会拥有很多专门用来盛放和培育酵母菌的大桶,在大型的酿酒厂,盛放酵母的大桶数量有几十个甚至上百个。[③]

---

① Unger, R. W. Beer in the Middle Ages and the Renaissance[M]. Philadelphia: University of Pennsylvania Press, 2004:40–42.

② Hornsey, I. S. A History of Beer and Brewing [M]. Cambridge: The Royal Society of Chemistry, 2003: 284.

③ Unger, R. W. Beer in the Middle Ages and the Renaissance[M]. Philadelphia: University of Pennsylvania Press, 2004:148.

酿酒规模的扩大,促进了专业酿酒商加大生产投资,生产工具的改进是一项很重要的投资。从酿酒用的麦芽汁锅来看,12和13世纪的酿酒商们已经大规模的使用铜锅。早期的木制和陶器煮锅对于大型酿酒而言已经不适用了,铜匠们也改进了先前制桶技术,煮麦芽的锅不再是用铜条焊接而成的,而是更加耐用的新型铜锅。煮麦芽汁的锅通常底部有一个用来排放煮好麦芽汁的开口,此部分是煮锅的最薄弱地方。受此限制,陶制煮锅最大容量只有100到150升,而铜锅的容量在13世纪可以达到1000多升,到了15世纪甚至达到4000多升。烹煮锅容量的扩大极大地提高了酿酒的效率,而且还能节省燃料、减少烹煮过程中麦芽汁的损失。使用铜锅的另一个好处是,铜锅的底面通常扁平,而不是陶制锅的凹型底面,因此可以更加稳固地固定在圆形砖炉的炉栅上。酿酒过程中铜锅的使用是酿酒质量提高的一个重要标志。[1]13世纪,由于大型器具的使用,酿酒过程中麦芽汁的糖化和烹煮过程开始分别在不同的器皿中进行。城市的酿酒师们将热水加入盛装麦芽的木桶中来制作麦芽汁,然后将制好的麦芽汁盛出置于铜锅里烹煮;除此之外,专业酿酒商还用麦芽汁桶和木制水槽来冷却和发酵,因此酿酒商们通常拥有大量的桶具。

中世纪欧洲啤酒酿造技术最大的进步是在酿酒过程中添加啤酒花。正如前文所论,啤酒花在欧洲长期只被当作众多添加香料和草药中的一种,酿酒师们并没有很快发现在适当的条件下适量添加啤酒花会表现出一定优势。[2]然而,随着酿酒师们的不断尝试,13世纪末,德意志的酿酒师最先发现在酿酒过程中添加适量的啤酒花能够延长啤酒的保存时间。19世纪以前,如何长时间的保存食品一直是人们面临的重大问题。啤酒花酿酒技术的产生为人们解决了啤酒保存时间太短的问题,不加啤酒花的麦酒一般最多保存5到6天,而加入啤酒花后啤酒的保质期得到了极大的延长。16世纪时一般家庭啤酒的保质期不少于一个月,而贵族家庭酿造的啤酒可以保存一年,甚至两年。[3]啤酒花中所含的苦味素决定了啤酒花的质量,[4]苦味

---

① Unger, R. W. Beer in the Middle Ages and the Renaissance[M]. Philadelphia: University of Pennsylvania Press, 2004:42.

② King, Frank A. Beer has a history [M]. London: Hutchinson's Scientific and Technical Publications, 1947:42.

③ Harrison, William. Elizabethan England: From "A Description of England" [M]. Lothrop Withington, (eds.). London: Water Scott, 24 Warwick Lane, Paternoster Row, 2010:93.

④ Simmonds, P. L. Hops: Their Cultivation, Commerce and Uses in Various Countries [M]. London: E. & F. N. Spon, 1877:6.

素能够抑制啤酒中细菌的生长。不添加啤酒花,要想抑制啤酒中细菌的生长,通常需要提高酒精的含量;而提高酒精含量的办法则是增加麦芽汁中的糖分,即增加谷物比重。因此啤酒花技术的使用可以生产出一种酒精和糖分含量低,然而保质期更长的啤酒,既能够减少谷物的使用量,又使啤酒的长距离运输成为可能。啤酒保质期的增长也促进了啤酒生产规模的增长,提高了啤酒酿造的效率,节省了酿酒成本。

啤酒花酿造技术从德意志传播,经由荷兰最终传播到英国。欧洲大陆最早使用啤酒花进行商业酿酒的是德意志诸城市,13 世纪以后在德意志的不莱梅、汉堡、温莎以及其他北部城市酿酒商们使用啤酒花技术酿造啤酒并对外出口,成为当时出现的新鲜事物。[①] 德意志的酿酒商们发现自己的生产不再同当地的固定消费市场绑定在一起,他们酿造的啤酒可以在国外市场与当地的啤酒进行竞争。由于运输上的便利条件,很快欧洲北部汉萨同盟的诸多城市,如不莱梅、汉堡、罗斯托克等城市,特别是汉堡,逐渐成为啤酒花啤酒对外出口的中心。德意志城市的啤酒出口到北欧各国,而低地国家则是德意志啤酒的最主要市场。1252 年和 1253 年,弗兰德斯伯爵授予汉萨商人在布鲁日的特权以后,德意志城市同弗兰德斯的啤酒贸易开始繁荣起来。来自德意志的啤酒拥有质量和价格上的优势,在低地国家成为有钱人消费的奢侈品。随着德意志的啤酒花啤酒在荷兰等地的畅销,当地的酿酒商们也逐渐地开始学习和引进啤酒花酿酒技术。14 世纪上半叶荷兰的一些城市陆续地获得了利用啤酒花技术酿造啤酒的授权,荷兰城市的商业酿酒快速地发展起来。如果说 13 世纪初德意志的酿酒商们在低地国家拥有商业和技术双重优势,而到了 14 世纪和 15 世纪,他们则面临着当地酿酒商们激烈而难以逾越的竞争。15 世纪中叶,荷兰的啤酒酿造师们酿造的啤酒在质量上已经和德意志的啤酒不相上下了。

英国啤酒花技术的传入则要归功于来自德意志和荷兰等地的移民。从 14 世纪起到 16 世纪中后期,英国社会经历了两次来自欧洲大陆的移民潮。[②]14 世纪的英法百年战争和 16 世纪中后期的宗教战争,促使大量的荷兰商人和手工业者移居英国,并且在很多城市形成众多的荷兰人集聚区。他们为英国社会带来了先进的手工业技术,其中之一就是啤酒花酿酒技术。

---

① Unger, R. W. A history of brewing in Holland 900–1900, Economy, technology and the state [M]. Leiden: Brill, 2001: 27.

② 参见刘景华 . 外来移民和外国商人:英国崛起的外来因素 [J]. 历史研究,2010(1)。该文总结了 11 到 18 世纪英国社会的四次移民高潮,它们分别是:11–13 世纪、14 世纪和 15 世纪、16 世纪中后期和 17 世纪中期至 18 世纪中期。

16 世纪,英国流行这样一首歌谣:"啤酒花、宗教改革、月桂树、啤酒,同一年出现在英国",① 因此一般认为加有啤酒花的啤酒在 16 世纪才出现于英国。然而事实上,啤酒花啤酒早在 13 世纪就出现在英国;1289 年诺维奇,有人因为"私自出售弗兰德斯的啤酒花啤酒"而被起诉;② 从荷兰和西兰到英国的啤酒出口,贯穿于整个 14 世纪。到 1380 年左右,荷兰啤酒已是运往英国的普通货物了。起初,来自尼德兰北部的货船经常顺带不等数量的啤酒运送到英国东部港口;酿造啤酒的啤酒花也从欧洲大陆大量运至英国。久而久之,很多货船开始专门从事啤酒运输。啤酒商人将英国东部城市作为啤酒的出口目的地,主要是因为当时英国的东南部城市汇入了大量来自低地国家的移民,他们习惯饮用加有啤酒花的啤酒。英国的啤酒酿造中心是伦敦,早在 1391 年伦敦城的书信抄件档案就提到过在英国酿造啤酒花啤酒。③15 世纪以后,虽然外来移民也出现在英国的其他城市,但是大部分都集中在伦敦。伦敦的啤酒能够繁荣起来,既归因于伦敦的大量外来移民所提供的巨大市场,又充分体现了啤酒对于麦酒所具有的巨大优势。这种优势一方面表现在价格上,另一方面体现在其保质期长,便于长途运输,可以大量供应军需。1418 年国王亨利五世的代理人在为军队购买啤酒时,发现啤酒不仅保质期长,而且价格只有麦酒的三分之二,啤酒很快成为军队供需品。15 世纪英国的文献中提到所有的啤酒酿酒商几乎都是外国人。整个16 世纪,来自低地国家的移民主导了英国的啤酒生产和贸易。荷兰人不仅给英国带来了一种全新的啤酒,而且还教会了他们更大规模的生产方法和更加复杂的管理体系。④ 因此,从啤酒花酿酒技术的引入方式来看,英国同欧洲大陆其他国家存在较大差异;欧洲大陆国家一般是本国酿酒商通过模仿逐渐掌握啤酒花酿酒技术,而英国境内啤酒花酿酒技术的推广和发展,则

---

① 参见 Hornsey, I. S. A History of Beer and Brewing [M]. Cambridge: The Royal Society of Chemistry, 2003: 66–67. 以及饭田草. 你所不了解的英国——酒吧和啤酒的国度 [M]. 田静,译. 北京: 新世界出版社,2013:33. 这首歌谣还有另外两个版本:"啤酒花、火鸡、鲤鱼、啤酒同一年来到英国","火鸡、鲤鱼、啤酒花、狗鱼和啤酒同一年来到英国"。

② Clark, Peter. The English Alehouse: a social history 1200—1830 [M]. London: Longman Group Limited, 1983:31–32.

③ Unger, R. W. Beer in the Middle Ages and the Renaissance[M]. Philadelphia: University of Pennsylvania Press, 2004:99.

④ Unger, R. W. Beer in the Middle Ages and the Renaissance [M]. Philadelphia: University of Pennsylvania Press, 2004: 99.

由外来移民直接从国外转移而来。[①]

啤酒花酿酒技术在英国的推广并不一帆风顺,受到了多方面阻碍。首先,英国人对新啤酒的接受需要一定时间。从第一次出现在英国以来,啤酒就一直被认为是一种外国人的饮料,只有外国人饮用。英国人对啤酒并不信任,他们认为新流行的啤酒有毒,不如甜蜜浓稠、酿造方式简便的麦酒。亨利八世禁止在皇家的啤酒酿造作坊里使用这种“邪恶的野草”;[②]甚至是啤酒登陆英国的 150 年后,1542 年安德鲁·博德(Andrew Boorde)的《食饵疗法》仍然这样描述啤酒和麦酒:“用麦芽和水酿造的麦酒是英国人的天然饮料,而用啤酒花、水和麦芽酿造的啤酒则是荷兰人的天然饮料。啤酒最近在英国也流行起来,对很多英国人产生了很大的危害。”他还提到“啤酒性凉,可以导致腹痛和结石,很多人因此而丧命;经常饮用啤酒会形成啤酒肚,变得像荷兰人一样肥胖。”[③]这种对啤酒的攻击,完全可以视为英国人在面临新啤酒挑战而对麦酒的捍卫。排斥啤酒的另一原因是出于麦酒酿造商对行业的保护。针对啤酒的抵制行为主要来自于传统的麦酒生产商们,他们将啤酒视为自己生存的威胁,害怕效率更高的啤酒酿酒商们闯入他们的传统市场。因此他们一方面直接组织力量骚扰甚至袭击外国酿酒作坊,另一方面通过向城市当局请愿的方式阻止外国酿酒商生产啤酒。1483 年,伦敦麦酒酿造协会向刚刚即位的英王理查三世提交了一份请愿书,声称一些邪恶狡猾的外国人,未经许可,在麦酒中加入啤酒花,严重违反了自古流传的酿酒方法,给民众的健康带来了威胁,因此恳求市长务必制定相关政策,禁止麦酒酿造过程中加入啤酒花等一些草药,以确保麦酒的安全性。市长采纳了他们的意见,要求禁止在麦酒酿造过程中加入啤酒花,违者将处以罚金。[④]其他城市也有类似的规定,如 1471 年诺维奇禁止使用啤酒花;1519年什鲁斯伯里和 1523 年莱斯特也都出现过有关啤酒花的禁令。[⑤]伦敦的麦酒酿造商们经常骚扰外国的啤酒酿造商。1436 年,勃艮第公爵在英法百

---

① Unger, R. W. Beer in the Middle Ages and the Renaissance [M]. Philadelphia: University of Pennsylvania Press, 2004:101.

② Mosher, R. Radical Brewing [M]. Boulder: Brewers publications, 2004:99.

③ Barnes, Milton. The Fyrst boke of the Introduction of Knowledge Made by Andrew Borde, of Physycke Doctor: A Compendyous Regyment; Or, a Dyetary of Helth Made in Mountpyllier [M]. London: Kegal Paul, Trench, Trubner & CO., Limited, 1870:256.

④ 饭田草. 你所不了解的英国——酒吧和啤酒的国度 [M]. 田静,译. 北京:新世界出版社,2013:34.

⑤ Hornsey, I. S. A History of Beer and Brewing [M]. Cambridge: The Royal Society of Chemistry, 2003: 318.

年战争期间同法王和解,并且退出战争,导致英国境内出现了一股排外高潮;同年,在向加莱驻军捐资活动中,七位外国酿酒商人捐助的资金远远高于国内的麦酒酿酒商们,因此外来酿酒商们成功地获得了英国王室的支持,尽管有关啤酒的流言蜚语盛行,国王仍然命令伦敦城内来自荷兰、西兰和其他地区的酿酒商们继续从事他们的酿酒活动,不应受到干扰。[①] 然而,1530年英王亨利八世又禁止使用啤酒花酿酒。1552 年,爱德华六世正式废止了酿酒中禁止使用啤酒花的禁令。此后,啤酒和麦酒两词逐渐失去了原来的意义,而逐渐合二为一。

虽然在英国啤酒花酿酒技术的推广遭遇较大的阻碍,然而啤酒相较于麦酒所具有的强大优势,还是让它在这场旷日持久的斗争中成功胜出。在最早接触啤酒的东部地区,如肯特、苏塞克斯等地,啤酒从城市传向农村,到 15 世纪末为止,啤酒已经占据主要地位。在中部的米德兰等地,直到 16世纪中期以后,啤酒才在酿造和消费方面占据主导地位。从 16 世纪起,麦酒酿造商和啤酒酿造商之间的区别也越来越小了,到 16 世纪 70 年代,伦敦最大的麦酒生产商年产量相当于最小的啤酒生产商的年产量。而在英国北部、苏格兰等地,啤酒的普及和推广要显得缓慢一些。特别是在乡村,由于麦酒酿造工艺简单,酿造工具简单易得,因此麦酒酿造虽然受到了冲击,但仍然长时间的维持下来。无论怎样,到了 16 世纪末英国的啤酒酿造技术已经非常成熟,此时伦敦已经成为欧洲最大的啤酒生产中心。[②] 16 世纪90 年代,伦敦泰晤士河边的 20 多个大型的酿酒厂每年对外出口 26400 桶啤酒。[③]

啤酒花技术应用之后,酿酒设备、器具和程序整体上也在不断的改进。始于 14 世纪或者更早时期的一项重要改进,是将酿酒锅置于火炉上的铁质固定架上。火炉是用砖垒砌而成,周围环绕着操作台,工人可以通过操作台站到酿酒锅的上方,用器具搅动麦芽汁。这种不封闭的灶台通常会使火炉中燃烧木材或者煤所产生的烟雾味道混合进麦芽汁里,从而影响啤酒的味道。特别是劣质煤所产生的烟雾会很大程度地改变啤酒的口味。16 世纪以后,酿酒炉进行了全新的改造,火炉被密封起来,用专用烟道将烟雾排出

① Bennett, J. M. Ale, Beer, and Brewsters in England [M]. Oxford: Oxford University Press, 1996: 80−81.

② Unger, R.W. Beer in the Middle Ages and the Renaissance[M]. Philadelphia: University of Pennsylvania Press, 2004:117.

③ Bennett, J. M. Ale, Beer, and Brewsters in England [M]. Oxford: Oxford University Press, 1996:90.

厂外，这就彻底避免了啤酒被燃料所产生的烟雾污染的问题。此外，17世纪早期，几乎所有城市的酿酒作坊里，酿酒锅旁都安装了给锅里注水以及排放麦芽汁的管道。酿酒锅仍然采用铜制锅，虽然价格比铁锅贵，但铜锅重量轻、更耐用。酿酒锅里普遍使用一种带有小孔的木制框架或者活动锅底来过滤用完的谷物，活动锅底会将用完的谷物残渣困住锅底，而不干扰麦芽汁的排放。14、15世纪时，荷兰酿酒商们使用稻草来过滤谷物，16世纪时，酿酒商们已经普遍使用假锅底来代替稻草了。

截止17世纪末期，酿酒过程使用的燃料也经历了巨大的变化。在英国的手工业生产中煤炭很早就被当做加热燃料来使用，早在13世纪酿酒业已经开始使用烟煤来烘烤麦芽等。但是出于对烟煤所释放烟雾的厌恶，酿酒业使用最多的燃料还是木材和木炭。此外，煤炭燃烧产生烟雾还会污染环境，政府也经常禁止酿酒商们使用烟煤。然而，到了16世纪，英国各地出现木材供应短缺现象。首先，造船和建筑行业的发展需要更多的木材供应，导致用来作为燃料的木材数量减少；其次，16世纪末，苏塞克斯、肯特、萨里郡以及新兴的纺织城镇，森林破坏严重。[①] 木材供不应求，价格不断上涨，酿酒商们不得不重新使用煤作燃料。煤炭作为酿酒燃料，不仅有其价格上的优势，而且燃烧产生的温度更高，能源使用效率高，因此使用煤炭意味着节省时间和劳动。[②] 从15世纪起，越来越多的酿酒商开始使用煤炭，17世纪晚期时，伦敦的所有酿酒商都在使用煤炭酿酒，有些酿酒商每年使用的煤炭量甚至高达500多吨。[③] 印度淡色爱尔啤酒（IPA）等的诞生和煤炭技术的改进也有密切的关系。英国盛产煤炭，将煤炭加热到一定程度之后，可以将煤炭中的硫磺、焦油和烟雾除掉，使煤炭变成焦炭。使用焦炭来烘烤麦芽，可以在较低温度下，生产出一种颜色较淡、涩味较轻的麦芽，这种麦芽同先前使用木材、烟煤和稻草等烘烤的麦芽完全不同。由于使用木材等燃料很难控制和调节烤炉温度，燃料的烟雾使得最终产生的麦芽颜色发黑，味道发涩、烟味重，这些特征直接影响了所酿啤酒的口味。[④] 使用焦炭烘烤来生

---

① Hornsey, I. S. A History of Beer and Brewing [M]. Cambridge: The Royal Society of Chemistry, 2003:372.

② Unger, R. W. A history of brewing in Holland 900—1900, Economy, technology and the state [M]. Leiden: Brill, 2001:100.

③ Hornsey, I. S. A History of Beer and Brewing [M]. Cambridge: The Royal Society of Chemistry, 2003:373.

④ Steele, M. IPA Brewing Techniques, Recipes and the Evolution of India Pale Ale [M]. Boulder: Brewers Publications, 2012:27.

产麦芽产生出了一种新的淡色麦芽,并在此基础上酿造出淡色啤酒。如今的十月麦酒(October ale)、比利时型三倍啤酒(Belgian tripels)、印度淡色啤酒(IPA)、拉格(lager)以及皮尔森啤酒(pilsner)都是使用淡色麦芽酿造而成的。

综上所述,自盎格鲁－撒克逊时期以来,英国的酿酒者们在酿酒技术、酿酒工具等方面取得长远的进步。啤酒酿造商们所用的工具,从最初的家用器皿演变到了专业酿酒作坊所用的大型锅、桶具、冷却槽、酵母桶等各式各样的专用器具。啤酒酿造技术的提高和生产工具的改进是在家庭自给自足啤酒供应的基础上发展起来的。家庭酿酒的广泛实践为啤酒的商业化生产积累了技术和实践经验,商业化酿酒规模的扩大激励着酿酒商们开发和采用新的酿酒技术、采用先进的酿酒设备。特别是中世纪晚期啤酒花酿酒技术的传入,给啤酒酿造业带了巨大的变化。啤酒花技术的采用大大拓展了啤酒的保质期,使得大规模生产啤酒成为可能,这为啤酒酿造技术改进和大型酿酒器械的使用提供了动力,自从之后,啤酒酿造业日益朝着专业化方向迈进。

第四节　啤酒生产主体及变化

中世纪以来,英国酿酒活动的主要组织者包括修道院修士、家庭妇女和职业化的商业酿酒者;从时间来看,他们分别代表了英国社会啤酒业发展的三个不同时期;在 11 世纪以前啤酒的普及还处于初始阶段,啤酒在很大程度上还只是社会上层的日常饮料,修道院酿酒活动是当时社会的主导力量;从 11 世纪起到 14 世纪中期,啤酒在英国日常生活中越来越普及,商业酿酒逐渐兴起,然而家庭酿酒活动仍然是这一时期的主要表现形式;14 世纪中期以后,啤酒的商业化进一步加强,专业酿酒作坊不断地扩大生产,小型酿酒作坊逐渐退出历史舞台;啤酒花酿酒技术加速了这一进程,啤酒酿造越来越集中于少数大商人之手,专业化的酿酒作坊或者酿酒厂成为主导力量。本节集中讨论三类酿酒主体的活动及影响。

一、修道院

欧洲进入中世纪以后,受东方修道院制度的影响,在欧洲基督教世界里修道院制度开始兴起。公元 6 世纪,在卡西奥多拉和纽西亚的圣本尼迪克的影响下,修道院在欧洲各地广泛地建立起来。本尼迪克修道院制度和东方的修道院制度在内容和实践方面有着本质的差异,它在思想和实践上要求保持诚恳、清醒、活泼和勤苦,依靠自己的辛勤劳动而生活。它们严格按照《本尼迪克规程》来管理修道院,该规程强调懒惰是罪恶之母,并坚持劳动的责任和自食其力的尊严。[①] 因此,本尼迪克修道院在各地建立的过程,也是不断开荒拓土的过程,他们在欧洲各地不断拓殖,建立起大量的庄园,从事农业生产和简单的工业生产。中世纪早期欧洲各地战争导致大量的人无家可归,穷困、饥饿、疾病和不安全时刻威胁着他们的生命,而修道院逐渐成为他们的避难所。本尼迪克修道院在中世纪早期担任起了重要的经济和社会责任。

修道院不仅在酿酒技术的发展上作出了重要贡献,还是欧洲中世纪最早进行大规模生产啤酒的机构。修道院修士的日常基本饮食包括面包、葡萄酒、啤酒以及蔬菜等。由于葡萄酒在基督教宗教仪式中有着重要的象征意义,因此修道院通常会栽种自己的葡萄园,生产葡萄酒。而位于欧洲北部和西部等气候寒冷地区,不适合栽种葡萄树,加上中世纪交通不便,葡萄酒通常很难获得,因此啤酒在欧洲北部的修道院生活中变得越来越重要了。啤酒地位的提升从中世纪早期有关啤酒的神迹故事即可看出。修道院里的大量圣徒都和啤酒酿造有着某种渊源,如圣徒高隆邦(Columban)、圣维达斯缇斯(Saint Vedastes)、圣古思拉克(Saint Guthlac)等。他们都流传着关于啤酒的神秘故事,正如葡萄酒和耶稣的故事一样。[②] 还有很多圣徒分别被认为是酿酒者的庇护者,啤酒花采摘者的庇护者和制麦芽者的庇护者。[③]由于中世纪早期人们对酿酒过程知之甚少,酿酒者经常恳求这些庇护者保佑他们的酿酒活动能够获得成功。从查理曼时期起,啤酒已经成为非常流

---

① 汤普逊.中世纪经济社会史(上册)[M].耿淡如,译.北京:商务印书馆,1997:181.

② 更多圣徒和他们的神迹故事,参见 Nelson, Max. The Barbarian's Beverage [M]. London: Taylor & Francis e-library, 2004:90-98.

③ 更多有关酿酒者、酒花采摘者和制麦芽者的庇护圣徒故事,请参考 Frank, S. & A.Meltzer.Saints of Suds ("When The Saints Go Malting In"). http://www.beerhistory.com/library/holdings/patron_ saints.shtml.

行的饮料,然而其地位仍然低于葡萄酒。查理曼的继任者虔诚者路易统治期间,啤酒在修道院的地位正式得以确立。查理曼曾经希望以《本尼迪克规程》为基础,建立一套适用于所有修道院的标准规范。在此期间一位名为本尼迪克阿尼昂(Benedict of Aniane)的人拜访了无数的修道院,并将各地的修道院规程做了汇编,其中一条来自爱尔兰修道院的条例规定,啤酒是他们的标准饮料,葡萄酒只有在特殊情况下饮用。[①]查理曼的继承者虔诚者路易统治期间,816 和 817 年在亚琛举行了两次会议,其中一项议题是有关修士的饮酒问题。会议期间讨论了修士是否应该饮用葡萄酒,并对饮用量进行了广泛地讨论。816 年第一次亚琛会议决定修道院修士们的日常饮酒配给量,每人半品脱葡萄酒,如果没有葡萄酒,可以提供两倍量的啤酒。[②]这一规定,实质上确定了啤酒在修道院生活中的重要地位:一方面,在既生产葡萄酒又生产啤酒的修道院里,修士们能够自由地选择饮用葡萄酒还是啤酒;另一方面,在不生产葡萄酒的修道院中,啤酒逐渐成为修士们日常生活的必需品。修道院里的酿酒者开始在酿酒过程中不断尝试各种添加香料和草药,酿造不同口味的啤酒;酿酒过程中使用啤酒花,最早使用记录出现在修道院中,啤酒花酿酒技术的产生正是修士们千百次尝试的结果。[③]

　　啤酒成为修道院修士们的日常饮料,除了与啤酒的神迹故事和圣徒故事相关联,还有很多现实的原因。首先,葡萄酒在有些地方很难获得,啤酒是当地的传统饮料,有些修道院修士们酿造的啤酒从颜色上同葡萄酒极为相似,因此啤酒自然地成为葡萄酒的替代品。另外,饮用啤酒还是当时自然条件的必然选择,啤酒比水饮用起来更加安全。对于修士来说,啤酒还具有保健作用,很多啤酒在酿造过程中加入了草药,可以用来治疗某些疾病。早在 9 世纪,修士们和修女们都认为啤酒具有精神和医疗功能。盎格鲁撒克逊时期的药典记录了大量利用麦酒来治疗疾病的药方。啤酒本身还含有大量的热量,能够有效地帮助人们恢复体力。修士们在某些宗教节日,如四旬斋期间需要禁食,而啤酒通常不再禁食的范围之内,[④]因此啤酒成为他们的

①　Nelson, Max. The Barbarian's Beverage [M]. London: Taylor & Francis e-library, 2004:100.

②　Nelson, Max. The Barbarian's Beverage [M]. London: Taylor & Francis e-library, 2004:101.

③　Unger, R. W. A history of brewing in Holland 900—1900, Economy, technology and the state [M]. Leiden: Brill, 2001:26–27.

④　Denny, Mark. Froth!: The Science of Beer [M]. London: The Johns Hopkins University Press, 2009:18.

最爱,这也导致空腹的修士们经常喝醉。

  修道院酿造的啤酒除了供修士们自己生活饮用外,还用来款待来访的各类访客。免费接待旅行者是中世纪基督教慈善的基石。^①修道院、教堂等机构应该为旅行者提供食宿是当时通行的做法。13世纪初,卢西安(Lucian)称赞切斯特的修士们很乐于帮助远道而来的商人和旅行者,给他们提供休息、陪伴和庇护。^②教区教堂同社区生活关系紧密,教堂经常被要求为陌生人提供免费接待。在当时很多法律和宗教机构的章程中,都明确要求教士遵循好客的礼仪,甚至要求主教和教士在教堂附近建立施赈所,这些地方可能为那些不被修道院接受的过于贫困的人提供食宿。修道院接待社会地位较高的访客,通常会在会客室里为访客提供娱乐,根据他们的社会等级和重要性为他们提供肉食和饮料;很多修道院的章程要求必须向所有人表现出热情好客,无论是宗教人士还是世俗人士,然而修道院的慈善行为通常具有很强的针对性,对于穷人却显得并不慷慨。温彻斯特的圣十字医院(Hospital of Saint Cross)会为每一位敲门的访客分发一片面包和一杯淡啤酒。^③修道院通常会在大型宴会和纪念日向公众分发大量的食物,此外,每天施赈人员还会向乞丐们供应免费食物。1310和1311年,诺维奇的施赈人员向穷人分发了33,000条面包,28,500份浓汤以及超过216,000加仑的淡啤酒。^④

  修道院的啤酒供应,部分地来自于庄园里农奴缴纳的实物地租。实物地租通常包括一定量的啤酒,根据《伊犁法典》的规定,耕种10海德(hide)土地的佃农,需要提供"10桶蜂蜜、300条面包、12安伯(amber)的威尔士麦酒、30安伯的清麦酒……"^⑤食物地租还可以以缴纳麦芽的方式支付;此外,修道院还可以对当地从事商业活动的商人征税,向酿酒商每周征收一定量的啤酒作为税收。^⑥

① Clark, Peter. The English Alehouse: a social history 1200—1830 [M]. London: Longman Group Limited, 1983:25–26.

② Clark, Peter. The English Alehouse: a social history 1200—1830 [M]. London: Longman Group Limited, 1983:26.

③ Bickerdyke, J. The Curiosities of Ale and Beer: An Entertaining History [M]. London: Swan Sonnenschein & Co.,1889:184.

④ Slavin, P. Bread and Ale for the Brethren: The Provisioning of Norwich Cathedral Priory, 1260 – 1536 [M]. Hertfordshire: University of Hertfordshire Press, 2012:181.

⑤ Hornsey, I. S. A History of Beer and Brewing [M]. Cambridge: The Royal Society of Chemistry, 2003: 247.

⑥ Hornsey, I. S. A History of Beer and Brewing [M]. Cambridge: The Royal Society of Chemistry, 2003: 270.

　　除了地租和税收以外,修道院的啤酒供应主要依靠自己酿造。修道院的酿酒规模通常较大,而且酿酒活动比较频繁,因此修道院通常建有大型的酿酒作坊。以本尼迪克修道院为例,目前已知的最古老的修道院图纸为位于瑞士的圣加尔修道院(St. Gall),该修道院始建于 8 世纪,由爱尔兰传教士修建;圣加尔修道院一直同盎格鲁撒克逊时期的英国保持紧密联系,修道院里的很多教士都被调往英国去从事培训工作。公元 820 年该修道院的一幅的图纸显示,修道院各种设施非常齐备,用于酿酒的设备有麦芽作坊、烘烤炉、磨坊、三个酿酒作坊和储存地窖,甚至还有草药花园等。有记录表明该修道院的三个酿酒作坊生产出三种不同类型的啤酒,一等啤酒用来款待重要的访客,二等啤酒供修士们饮用,而三等啤酒则用来接待过路的朝圣者、乞丐等穷人。[①] 这三种啤酒从酒精含量上看,由高到低,口味也很可能有所不同。同时代的很多修道院资料都记载了各种不同用途的啤酒之间的区别。例如比尤利修道院(Beaulieu Abbey)曾经出产出四种不同的麦酒,贝德福德郡的丹斯塔布修道院(Dunstable Priory)、伍斯特修道院(Worcester Priory)和奥斯内修道院(Oseney Abbey)也曾经生产过三种不同类的麦酒,它们的质量由高到低,分别用来招待地位由高到低的客人。[②] 从酿酒设备的复杂和详备、酿造啤酒的种类可以看出修道院啤酒酿造的规模和频繁程度,也可以看出啤酒在修道院修士们日常生活中的重要地位。

　　修道院的具体酿酒规模和数量,不妨以诺维奇大教堂小修道院为例作以阐述。该修道院谷仓储存的麦芽,百分之八十左右被用来酿造啤酒。13 世纪 80 年代早期,该小修道院人口包括大约 60 位教友、220 名工人和仆人,修道院的酿酒师们每年会收到 1815 夸特(quarter)麦芽。[③] 每夸特的麦芽可以酿造出大约 400 品脱的烈性麦酒或者 765 品脱的淡麦酒。那么,1815 夸特的麦芽可以酿造出 173,539 加仑[④](723 大桶)的淡麦酒,或者 90,750 加仑(378 大桶)的烈性麦酒。在实际生活中该修道院同时生产两种麦酒,教士们饮用烈性麦酒,而工人们主要饮用淡麦酒。按照该修道院的日常麦酒

---

① Nelson, Max. The Barbarian's Beverage [M]. London: Taylor & Francis e-library, 2004:101−104.

② Slavin, P. Bread and Ale for the Brethren: The Provisioning of Norwich Cathedral Priory, 1260—1536 [M]. Hertfordshire: University of Hertfordshire Press, 2012: 160.

③ Slavin, P. Bread and Ale for the Brethren: The Provisioning of Norwich Cathedral Priory, 1260—1536 [M]. Hertfordshire: University of Hertfordshire Press, 2012: 164.

④ 每加仑等于 8 品脱,32 加仑等于 1 小桶,240 加仑(13 世纪时)或者 252 加仑(现代早期)等于 1 大桶。

配给规定,每人每天一加仑麦酒,工人们每年还会获得 122 大桶额外的麦酒,这样该修道院的非教会人士一年需要消耗大约 455.7 大桶或者 109368 加仑淡啤酒,这需要 1143.8 夸特的麦芽;剩下的谷物用来生产烈性麦酒,可以生产出 139.9 大桶(33578 加仑)的烈性麦酒,完全能够满足教士们的日常供应量,还有大量剩余麦酒用来招待来访的贵宾。由于麦酒保质期短,修道院每个月都会多次酿酒,酿酒量根据修道院人口和酿酒作坊的产能而定。1307—1308 年,博尔顿小修道院每个月平均酿酒 6.4 次;卡斯尔艾克修道院(Castle Acre Priory)每次的麦酒生产量为 700 加仑。①

修道院的酿酒活动还是一项重要的经济权利。中世纪欧洲农村和修道院的酿酒师们通常会在酿酒的过程中加入各种各样的添加物,即"干香料(gruit)",来赋予啤酒不同的属性和特征。在欧洲很多国家,干香料的配方和使用权归国家享有,通常会被作为一种权利授予教会。早在公元 974 年,奥托二世皇帝在"啤酒事项(materium cerevisiae)"特许状中将福塞(Fosses)(今比利时)的干香料权转授予列日(Liege)的教会。奥托三世于公元 999 年最早使用 gruit 一词,他将博梅尔(Bommel)的酒庄捐献给了乌特勒支的教会,包括从事干香料贸易的权利。②那些从皇帝手中获得干香料权的人或组织,又可以将它授予或者出租给别人。在很多情况下,获得干香料供应权的伯爵和主教,实际上获得了向酿酒活动征税的权利,因为所有的酿酒商们必须从他们或者他们的代理商那里购买酿酒所需的干香料。从 11 世纪起,城市开始从贵族和教会手中逐渐地获得干香料销售权,而教会和修道院经常会尽力守护自己的售卖权。例如,1268 年,明斯特大教堂的主教和教士们在威斯特伐利亚达成协议,他们将继续保有对干香料的征税权,不将它转交给城市;科隆的大主教也不情愿将干香料售卖权转让给城市。③在英国,酿酒活动中并没有使用统一的干香料,因此教会和修道院没有获得欧洲大陆国家在酿酒活动中以售卖干香料的形式征收的酿酒税。1267 年《面包和啤酒法令》颁布以后,政府开始向违法酿酒者征收罚金,后来发展成为每位酿酒者都必须缴纳罚金,实际上演变成了针对酿酒的税收;因此国家和地方政府获得了向酿酒者征税的权利。虽然,英国的修道院没有像欧洲大

---

① Woolgar, C. M.&D. Serjeantson &T. Waldron. Food in Medieval England [M]. Oxford: Oxford University Press, 2006: 16.

② Unger, R. W. Beer in the Middle Ages and the Renaissance[M]. Philadelphia: University of Pennsylvania Press, 2004:32.

③ Unger, R. W. Beer in the Middle Ages and the Renaissance[M]. Philadelphia: University of Pennsylvania Press, 2004: 44.

陆国家的修道院那样获得征税权,但很多修道院因其所酿的啤酒品质优良,以及其拥有的酿酒免税权,仍然能够通过出售自己酿造的啤酒获得大量的利润。他们向贵族家庭提供啤酒供应,还在"修道院酒吧"里出售自己生产的啤酒;修道院和教会还经常举办教会酒等大型的宴会为维修教堂设施和举办各种慈善活动等筹集资金。

　　总之,在中世纪的英国,尽管家庭酿酒非常普遍,但是由于修道院通常需要提供大量日常食品供给,而且拥有大量盈余谷物用来酿造啤酒,在城市大型商业酿酒作坊兴起之前,修道院是除贵族家庭以外唯一能够大规模地酿造啤酒的机构。修道院的频繁酿酒为酿酒技术的提升积累很多宝贵的经验,进而成为酿酒科学的诞生地。然而,14世纪以后,随着商业酿酒规模的扩大,修道院作为酿酒中心的地位发生了巨大的变化。黑死病之后,欧洲人口大量减少,劳动力成本增加,工资上涨,收入增加导致人们消费结构发生重大变化,人们对啤酒需求不断增加促使啤酒业快速发展,城市中大型商业酿酒厂开始涌现。由于修道院大多在酿酒方面拥有税收豁免权,因此城市政府为了获得更多的税收,而更倾向于支持商业酿酒者。16世纪的宗教改革进一步地打击了修道院的酿酒产业,亨利八世解散了修道院,肢解了修道院的土地,直接导致修道院的酿酒活动的中断。啤酒生产的责任主要落到了专业酿酒商的肩上。而在中世纪大部分时间里,家庭才是啤酒酿造的主要生产单位。

二、家庭

　　在中世纪英国,以家庭为单位的酿酒活动是最普遍的酿酒方式。酿造啤酒是日常生活中的最常见的家庭琐事之一,一般由家庭妇女来承担,家庭其他成员起辅助作用。家庭酿酒所用器具简单,一般为普通的家庭厨房用具,而酿酒技术也比较简单,都是家庭妇女之间口口相传的技艺,不需要经过专门的训练。酿酒规模通常也比较小,受酿酒所用器具的局限,加上啤酒保持期通常较短,每次家庭酿酒量通常只能维持几天的饮用之需,若有少量的盈余一般也都就地销售。家庭酿酒由于具有投入低,技术要求低,酿造方便灵活等特点,因此在中世纪英国城乡广泛进行,直至19世纪。

　　14世纪以前,以家庭为单位的酿酒活动是英国社会的主要啤酒供应源,是最重要的手工业之一。从酿酒业的发展历史看,1350年是该行业发展的真正分水岭。[①]11世纪诺曼入侵以后,封建制在英国建立起来。农业生产逐渐得以恢复和发展。11世纪到13世纪英国的农业拓殖运动极大地拓展了耕地面积;黑死病之前,英国社会农业生产技术也在不断发展,农业生产率得到了极大的提高。根据卡洛·齐波拉的估计,中世纪中期欧洲农民的粮食收成可以达到所播种子的3倍到4倍,这比9世纪时增加了一倍多。[②]耕地面积的增加和农业生产技术的改进,增加了粮食作物的产量,为酿酒业提供了更加充足的原料。11世纪以后,城市的兴起、人口的增长为酿酒业的发展提供了广阔的市场,酿酒活动在城市和乡村广泛地开展起来。14世纪后半叶之前,各地的酿酒仍然是以家庭为单位的小规模、分散性地经营。这些小规模的酿酒经营,就个人而言,量非常小,然而从他们集合的量来看,数量却非常惊人。如果英国人平均每人每天饮用一夸脱(quart)麦酒,那么14世纪时,英国每年要消耗17,000,000桶[③]麦酒,而这些酒大部分都是家庭酿造出来的。

从各地的档案记录中,大概能计算出城市和乡村从事酿酒活动的具体家庭数。从乡村情况看,位于北安普敦郡的布里吉斯托克(Brigstock)村,300百多位女性曾经有酿酒的记录,占庄园女性的三分之一。[④]根据13世纪80年代诺维奇的法庭案卷记载,亨廷顿郡的布劳顿村庄的一份详细劳动记录显示,全体村庄60%的家庭都通过某种方式从事过酿酒或售酒的工作。[⑤]1348年至1350年,约克郡的维克菲尔德(Wakefield)村,有三分之一女性从事过酿酒活动。[⑥]从城市记录来看,从事酿酒的家庭数量比农村要少,14世纪早期,牛津城的一万人口中,从事酿酒的为115人,而诺维奇的一万七千居民中有250人为酿酒者;按每家人口5人来计算,农村家庭每

---

① Bennett, J. M. Ale, Beer, and Brewsters in England [M]. Oxford: Oxford University Press, 1996: 6.

② 卡洛·M.齐波拉.欧洲经济史,第一卷[M].北京:商务印书馆,1988:153–154.

③ 1桶等于32加仑,1加仑等于4.5升。此处数据来自于 Bennett, J. M. Ale, Beer, and Brewsters in England [M]. Oxford: Oxford University Press, 1996:17.

④ Bennett, J. M. Women in the Medieval England Countryside [M]. New York & Oxford: Oxford University Press, 1987: 121.

⑤ Clark, Peter. The English Alehouse: a social history 1200—1830 [M]. London: Longman Group Limited, 1983: 21.

⑥ Jewell, Helen M. Women at the Courts of the Manor of Wakefield, 1348—1350 [J]. *Northern History*, 1990, 26 (1):60–61.

两户就有一户从事过商业酿酒,而在城市每15家有一家从事过商业酿酒。[1]

家庭酿酒的主要承担者为女性。在布里吉斯托克村几乎所有有关违反麦酒法案的记录都是妇女,而霍顿和委顿村(Houghton-cum-Wyton),十分之九的记录是有关女性的。[2] 在威灵福德(Wallingford)只有4位男性从事酿酒,而女性则有50位;布劳顿(broughton)的酿酒者主要是村民的妻子和女儿。[3] 从事酿酒的女性有些出生贵族和富裕家庭,也有来自于贫困家庭。中世纪早期很多关于酿酒的规定和报告把酿酒看作是妇女独有的工作,把她们称为酿酒女(brewster)。在中世纪的家庭关系中,丈夫是家庭的户主,妻子处于从属地位,夫妻双方共同为家庭经济作出贡献。农村家庭分工也很明确:男人通常从事繁重体力劳动,如耕地,运输,砍树等户外工作;而妇女则主要围绕家庭周围从事较轻的工作,如照顾花园、饲养家禽、纺织、酿酒等。女人的工作以男人的工作为中心,对男人的工作起辅助作用,闲暇之外的时间才用来从事其他工作以补贴家用。妇女酿酒非常符合中世纪英国社会家庭经济关系和家庭经济特点。首先,酿酒固然需要技艺,但是这种技艺对于中世纪英国的妇女来讲是口口相传,人人皆知,它既算不上是一门艺术,更谈不上秘密。[4] 另外,酿酒工序繁琐,需要占用大量的时间,而妇女工作的主要围绕家庭,闲余时间较多,正好可以利用零碎的空余时间从事酿酒。酿酒的妇女大多将其作为一种副业而不是主要职业,目的在于补贴家庭经济。其次,酿酒所需成本较低,工具简单,不需过多的投入,符合妇女的家庭经济地位。[5] 妇女酿酒所需的谷物通常是家庭用于制作面包所需之盈余,或者通过借贷等方式获得,数量通常较小。酿酒工具则是家庭常用器具,有时也可以向邻居借用。

也有少数村庄和城市的酿酒者以男性为主,而从事酿酒的男性大多将酿酒作为副业。朱迪斯·贝内特在《英国中世纪乡村妇女:瘟疫前布里格斯托克的性别和家庭》一书中提到,不同于布里格斯托克庄园,艾弗庄园的

---

[1] Bennett, J. M. Ale, Beer, and Brewsters in England [M]. Oxford: Oxford University Press, 1996: 19.

[2] Bennett, J. M. Women in the Medieval England Countryside [M]. New York & Oxford: Oxford University Press, 1987: 120.

[3] Clark, Peter. The English Alehouse: a social history 1200—1830 [M]. London: Longman Group Limited, 1983: 21.

[4] Bennett, J. M. Ale, Beer, and Brewsters in England [M]. Oxford: Oxford University Press, 1996: 33.

[5] Bennett, J. M. Women in the Medieval England Countryside [M]. New York & Oxford: Oxford University Press, 1987: 124.

酿酒罚金记录男性占73%。作者分析了这种差异的原因,认为它取决于家庭经济的内在动力和妻子工作的灵活性特点。通常农村家庭会根据当地的经济环境来决定家庭劳动力资源的分配。艾弗庄园不同于其他以农业耕种为主的庄园,当地农民主要从事于畜牧业和养鱼业,这些工作并不是劳动密集型产业,因此村中男人们也都间歇性的从事酿酒,来补充主业的经济收入。[①]同样,14世纪早期,诺维奇城里男人更多地从事酿酒行业,但是这些男人通常还有其他的职业,这些人中有铁匠、马车夫、画匠、羊皮纸经销商以及门房,显然从事酿酒是他们的第二职业或者是副业,用以增加经济来源。[②]在德文郡,麦酒酿造与性别并没有必然联系,因为很多男性也因为酿酒而缴纳罚金;在一些地区酿酒活动更多地与女性相关,通常为具有独立地位的单身女性,而在德文郡,缴纳罚金的通常为男性,虽然酿酒活动很可能是整个家庭的共同工作。[③]

从家庭酿酒的性质来看,酿酒分为家用酿酒和商业酿酒。在这些千千万万的酿酒者中很多人所酿啤酒是为了供应家庭所需。大多数家庭至少有时候会自己酿造啤酒,酿酒工作主要由麦酒妻来承担。15世纪末,酿酒妻一般至少每两个星期酿一次酒,16世纪威廉·哈里森的妻子每个月都会酿一次啤酒。有关家庭酿酒的记录通常出自贵族和精英家庭。以位于萨福克郡的艾丽斯·代·布赖内(Alice de Bryene)贵族家庭为例,该贵族的家庭记录中留下了1412年到1413年的米迦勒节期间详细的家庭人员餐饮消费清单。从当时的酿酒间隔时间来看,两次酿酒之间的时间通常很短,一般不超过六天,也不会低于两天,酿酒的间隔随着季节的变化而有所不同。[④]酿酒量一般每次都是2夸特的麦芽,最终产生112加仑麦酒。酿酒的频率与每两次酿酒之间的主餐次数和食物类型相关联。1333—1334年间,伊丽莎白·德·伯(Elizabeth de Burgh)家庭每周使用8夸特的大麦和大麦与燕麦混合谷物来酿造麦酒,每夸特的谷物能酿造60加仑的麦酒。酿

① Bennett, J. M. Women in the Medieval England Countryside [M]. New York & Oxford: Oxford University Press, 1987:125–126.

② Clark, Peter. The English Alehouse: a social history 1200—1830 [M]. London: Longman Group Limited, 1983: 21.

③ Postles, David. Brewing and the Peasant Economy: Some Manors in Late Medieval Devon [J]. *Rural History,* 1992, 3 (02):142.

④ Myatt–Price, Evelyn M. A Tally of Ale [J]. *Journal of the Royal Statistical Society*, Series A (General), 1960,123 (1):62–67.

酒量也随季节的变化而变化,十一月生产量较大,而二月份酿酒量较少。[①]普通家庭的酿酒量通常较小,家用的酿酒活动通常不会引起品酒官的注意,因此有关普通家庭的记录非常少。有关麦酒妻酿酒的历史记载虽然很少,很难重构麦酒妻的酿酒量,但是毫无疑问,麦酒妻的酿酒活动在中世纪英国人们生活中的作用和重要意义不容忽视。

　　大部分家庭的麦酒除了来自家庭自酿之外,还需经常购买。购买的麦酒通常出于商业酿酒者之手,为附近麦酒妻所酿。中世纪早期的酿酒基本上属于自给自足,农村家庭经常酿造麦酒满足家庭日常需求;在城市,随着人口的增加,市民居住空间变得狭窄不堪,一部分人缺乏酿酒的空间,因此必须向他人购买麦酒;[②]由于麦酒保质期较短,农民和城市市民可能因为所酿麦酒超过了家庭所需,而不得不将多余的麦酒卖给邻居或者过路的行人。于是,商业酿酒行为在英国的农村和城市发展起来。13世纪的《面包和麦酒法令》的颁布和实施,说明当时商业酿酒在英国已经遍及全国,并留下了大量记录商业酿酒的法律档案。城市和乡村的验酒官,根据麦酒法令处理违法售酒行为,对违法者处以罚金;对本地的售酒行为进行密切监督,定期在法庭上陈述酿酒商的售酒行为,要列出违法者的姓名,以及诚实守法的酿酒者的姓名。违法的酿酒者通常会被处以罚金,有时候会对累犯或者严重犯罪者加以刑罚;后来包括诚实的酿酒者在内,所有的酿酒商都要缴纳一定的罚金,因此麦酒法令执法体系实际上成为了对商业售酒的一种授权体系或者征税体系。

　　法庭陈述的所有商业酿酒,又可分为偶尔酿酒和副业酿酒两种。偶然酿酒者售酒的频率非常低,她们所酿的啤酒很多情况下既为家用又用来出售。在布里斯托克村,偶然酿酒者的人数为273人,她们所酿的麦酒占庄园所有出售麦酒的三分之一。[③]在14世纪40年代,该村每年因违规出售麦酒而被处以罚金的总次数为200次,而大部分人每年只缴纳一到两次罚金,说明大部分人只是偶然酿酒者。相对而言,副业酿酒者的酿酒频率更高,酿酒量更多。中世纪英国家庭成员除了从事主业外,商业酿酒是一项重要的副业,通常以女性为主导。英国乡村的税收记录表明虽然大部分村民都从

---

① Bennett, J. M. Ale, Beer, and Brewsters in England [M]. Oxford: Oxford University Press, 1996:18.

② 徐浩. 中世纪西欧工业生产中的妇女群体——纺纱女、酿酒女及其他 [J]. 史学月刊, 2013 (3):70.

③ Bennett, J. M. Ale, Beer, and Brewsters in England [M]. Oxford: Oxford University Press, 1996:19.

事过酿酒,然而他们中少部分人却生产了商业销售的大部分啤酒。在布里斯托克村,有38位副业酿酒者,提供了该村出售的三分之二的麦酒。这些从事商业酿酒的副业型酿酒者,通常既不是非常富有的家庭,也不是特别穷的家庭,他们的酿酒行为通常持续时间较长。[1]然而这些副业酿酒者并不是职业酿酒者,因为他们酿酒行为通常没有规律,而且缺乏稳定性。他们可能在一年中的某一段时间经常酿酒,而在另一段时间却完全不酿酒;或者一生中的某些年经常酿酒,而其他年份却很少酿酒或不酿酒。例如,理查德·吉贝尔的妻子从事了多年酿酒工作,然而她曾在5年中完全放弃酿酒,而有些年份只酿酒一到两次。[2]在城市,商业酿酒者也分为偶然酿酒者和副业酿酒者。在牛津,副业酿酒者起着很重要的作用,有些家庭多年缴纳大量的罚金,说明他们的酿酒频率很高。

由于缺乏16世纪以前的商业酿酒记录,因此对于商业酿酒者每次的酿酒量无法做出准确的计算,只能加以推测。根据已有贵族家庭酿酒的记录,如上文中提到的伊丽莎白·德·伯家每次酿造8夸特的麦芽,大概生产480加仑的麦酒;而位于伦敦圣保罗教堂的酿酒商每周酿造550加仑;[3]由此估计当时一般酿酒商每次酿酒量的上限大约在500加仑左右。而普通的商业酿酒商每次的酿酒量可能在十几加仑或者几十加仑之间。根据丹尼丝·马勒里(Denise Marlere)的遗嘱记载,她的最大酿酒桶容量为12加仑,如果她用几个大桶盛放不同类型的麦酒,每次酿造3蒲式耳的谷物,那她一次可以酿造36加仑的淡麦酒。1281—1282年小罗伯特·西比勒(Robert Sibille the younger)被位于莱斯特郡的基比沃斯哈考特(Kibworth Harcourt)庄园法庭处以罚金,因为他酿造了4蒲式耳的麦芽,然后高价出售。如果每蒲式耳的麦芽能酿造10加仑麦酒,那么他可以酿造40加仑的麦酒,或者更多。很多酿酒商每次酿造的麦酒量可能更少,甚至只有十几加仑。1324年,牛津的品酒官在编撰法庭陈述时经常提到酿酒商酿酒和售酒的数量,大部分通常只有一夸特麦酒,大概17.5加仑。甚至在黑死病后100年后,很多酿酒商每次酿酒量至多只有几十加仑。

商业酿酒商出售麦酒的利润同样很难作出准确的计算。按照麦酒法令

① Unger, R. W. Beer in the Middle Ages and the Renaissance[M]. Philadelphia: University of Pennsylvania Press, 2004:39.

② 徐浩.中世纪西欧工业生产中的妇女群体——纺纱女、酿酒女及其他[J].史学月刊, 2013(3):71.

③ Bennett, J. M. Ale, Beer, and Brewsters in England [M]. Oxford: Oxford University Press, 1996:20.

的规定,啤酒的出售价格几乎是长期不变的。根据麦酒法令的规定,当谷物价格每夸特出现 6 便士的波动时,麦酒的价格才能进行调整。品酒官和市政官员一般一年只会对价格作出一到两次调整,而且调整的幅度通常不会太大。而谷物的价格却在经常变化,这就导致酿酒商的利润很不稳定。通常在谷物价格走低时,酿酒商的利润就会增加,反之则会下降。城市酿酒商的利润通常会比农村的同行高。麦酒法令允许城市酿酒商以更高的价格出售麦酒,同等条件下,农村酿酒商的售酒价格只有城市价格的四分之三或者一半。此外,酿酒商生产麦酒的种类也会影响他们的利润。很多地区很早就对不同种类的麦酒作出不同的定价。例如在考文垂,1278 年,当 1 夸特谷物价格为 3 先令时,根据啤酒的不同质量,每加仑啤酒有三种定价——1便士、0.75 便士和 0.5 便士。① 为了应对各种不利条件,酿酒商们也会想出一些办法来应对。为了获得更多的利润,他们经常会使用更加便宜的谷物来代替大麦;而且还通过稀释的办法,从一定量的麦芽中酿造尽可能多的麦酒。出售时还会缺斤少两或者以高于规定价的价格出售。虽然有时候会因为自己的违法行为而受到处罚,然而去除罚金,他们总会还有一定的利润空间。例如,1310 年 11 月,琼·德·贝德福德(Joan de Bedford)在牛津市场上购买了大麦、小麦和燕麦各 1 蒲式耳,将它们制成麦芽后酿造成麦酒,然后在市场上以 1.25 便士的价格出售,她会得到 2 先令 8 便士,除去谷物 1先令 10.5 便士和至少 3.5 便士的燃料成本,她可能会得到 5 便士左右的利润。如果她高价出售所酿的麦酒可能会增加 6.5 便士的收入,但是可能会面临 3 便士的罚金,因此除去罚金她可能还能增加几便士的收入。鉴于当时一般的男性非技术工的日工资为 1.5 便士,女士为 0.75 或者 1 便士,这次酿酒的收入应该比较可观。②

　　综上所述,以妇女为中心的家庭酿酒,是 14 世纪中期以前英国社会生产日常用酒的主要形式,也符合其时英国的家庭经济结构模式;以家庭为单位的商业酿酒具有偶然性和副业性的特点,是家庭主业的有力补充。小规模的家庭酿酒为大型的专业酿酒积累大量的技术经验,是大型专业化酿酒的早期雏形。黑死病以后,随着人口的减少,工人工资的上涨,英国社会生活消费结构发生了重大的变化,啤酒在人们的日常生活中消费比例得到了提高,啤酒的人均需求量增加,酿酒业随之发生重大变化,专业化酿酒作

① Bennett, J. M. Ale, Beer, and Brewsters in England [M]. Oxford: Oxford University Press, 1996:21.

② Bennett, J. M. Ale, Beer, and Brewsters in England [M]. Oxford: Oxford University Press, 1996: 23–24.

坊逐渐取代以家庭为主的商业酿酒。职业酿酒兴起以后,啤酒馆数量不断增加,很多贫困的劳动家庭越来越依靠啤酒馆来满足家庭日常啤酒供应;[①]而很多富裕家庭仍然依靠自己酿酒作坊提供啤酒供应,他们通常建立大型的酿酒作坊。[②]

三、专业酿酒作坊

劳动力的日渐专业化是 12 世纪和 13 世纪的一个共同特征。专业化的酿酒作坊也是在 12 世纪出现的。首先,城市的兴起和农村人口向城市的集中,为酿酒的专业化提供了充足动力。城市人口密集,缺乏酿酒的空间。随着城市的发展,很少有市民拥有足够空间来放置酿酒所需的大量器具,如酒桶、水槽等,也没有开放空间用来制作麦芽。酿酒空间的缺乏,迫使很多市民不得不购买啤酒,成为啤酒市场的完全消费者。消费者的增加导致啤酒需求的增长,有能力酿酒的市民逐渐扩大生产;生产扩大又加速了专业化的趋势,大型的专业化酿酒作坊开始出现,他们通常拥有更大、更好的设备,劳动分工更细,工人更多,产量更大。

其次,城市的环境污染也刺激了酿酒的专业化。城市人口的增加导致环境不断恶化,水源遭到污染。对于酿酒商而言,水是酿酒的必需原料,清洗酿酒器具也需要大量的水,能够获得纯净优质水源的酿酒商们通常会酿造出质量和口味更优的啤酒。中世纪的很多城市水道旁都遍布着大型的酿酒作坊,一方面可以方便他们就地获得水源,另一方面,依靠水道可以更方便他们运输原料和成品啤酒。需要指出的是,酿酒活动一方面需要水,另一方面却在污染水源。因此从 12、13 世纪起城市当局就开始立法以限制城市酿酒对水源的污染。在伦敦、布里斯托尔和考文垂等城市,政府禁止酿酒商们使用公共水源管道。[③]因此,酿酒商们必须想办法解决水源问题,专业化

---

① Wrightson, Keith. Alehouses, Order, and Reformation in Rural England, 1590–1660 [A]. In Yeo, E. & S. Yeo (eds.). Popular Culture and Class Conflict 1590—1914 [C]. Brighton: Harvester P, 1981:1–2.

② Sambrook, Pamela. Country House Brewing in England, 1500—1900 [M]. London and Rio Grande: The Hambledon Press, 1996:1–19.

③ Salzmann, L. F. English Industries of the Middle ages [M]. London: Constable and company LTD, 1913:190–191.

的大型酿酒作坊在水源的获取中占有优势。他们拥有雄厚的资金,可以自己建造供水管道,或者同政府合作建造供水设施。

再者,国家立法和税收体系也促使酿酒走向专业化。城市政府大多对从啤酒销售中获利很感兴趣。在欧洲大陆的尼德兰、德意志等地,城市控制着干香料的售卖权,他们通常会对大批量购买者提供优惠政策,因此大型专业化的酿酒商们通常会大量购买干香料,以获得更加优惠的价格。这种税收政策极大地促进了欧洲大陆酿酒业的专业化。而在英国,13世纪的《面包和啤酒法令》形成了事实上的征税体系。验酒官在执法上具有区域性和个人化的特点,这并不利于酿酒业的专业化。然而从15世纪起,地方立法开始倾向于鼓励酿酒业向少数酿酒作坊集中。例如,1454年,亨廷顿郡的海明福德·艾伯特斯村和北安普敦郡的埃尔顿村都通过了地方性条例,前者规定"只有全年酿酒、缴纳6先令8便士的酿酒者允许酿酒",后者规定"只有每次酿造半夸特,每次向领主缴纳40便士且向教会缴纳40便士的酿酒者允许酿酒"。① 毫无疑问,这些法规促进了酿酒活动的集中。到了斯图亚特王朝时期,这一政策重新得以实施,酿酒业进一步集中在少数人手上。

此外,资本投资获得的潜在收益也导引着酿酒走向专业化。在农村,很多领主在庄园里建立酿酒作坊,购买酿酒工具,向农民出租酿酒设施而获得收益。很多情况下,城市政府也向酿酒者出租公用的酿酒设备,甚至提供专业酿酒师帮助市民酿酒,并收取一定的报酬。② 啤酒市场的扩大增加了大型酿酒作坊的优势。他们不仅可以充分利用自己拥有的技术和设备优势,酿造出质量更高的啤酒,而且还可以通过细化劳动分工,提高酿酒效率,节省生产成本,从而更好地占领啤酒市场,获得更多的利润。因此黑死病以后,酿酒业变得越来越产业化,以家庭为单位的偶然酿酒者消失了,只有那些效益最好的副业型酿酒商仍然在从事生产,他们逐渐成为职业的酿酒商,并且在多地开始主导酿酒业。

14世纪后期,啤酒市场的迅速扩大,是啤酒走向专业化的前提条件。1348—1349年席卷欧洲的黑死病,导致英国人口大幅下降,但是人口的下降并没有导致啤酒消费量的下降。相反,疾病的流行,促使人们认识到饮水安全的重要性,越来越多的人认为啤酒是一种更加安全可靠的饮料,因此啤酒的人均消费量大幅提高。劳动工资的增长和谷物价格的下降,也使啤酒

---

① Hornsey, I. S. A History of Beer and Brewing [M]. Cambridge: The Royal Society of Chemistry, 2003:365.

② Unger, R. W. Beer in the Middle Ages and the Renaissance[M]. Philadelphia: University of Pennsylvania Press, 2004:41–42.

人均饮用量的增加成为可能。黑死病后越来越多的谷物被酿酒业所消耗，啤酒成为包括社会底层的社会各阶层的日常必需品。农村和城市的劳动者——农民、劳工、手工业者等，消费了越来越多的啤酒。同样，有产者和城市商业精英们的啤酒消费量也出现前所未闻的增加。黑死病之后，劳动力价格的增长，导致庄园领主不得不放弃自己经营领地，而将土地出租给他人经营；同时，他们也不再自己生产啤酒，转而从市场购买。贵族和乡绅们改变了家庭酿酒习惯，转而向当地少数酿酒商长期大量订购。例如，1406年十月到1407年七月间，索尔兹伯里大主教理查德·米特福德向多位酿酒商中的一位就订购了超过1500加仑的啤酒。[①] 伊丽莎白王室每年会消耗大于600,000加仑（约2500大桶）的麦酒和啤酒，如此巨量的啤酒委托给全国大约60家官方酿酒商来生产。[②] 社会各阶层啤酒消费量的巨大增长，促使酿酒商们生意量和利润量的双重增长。啤酒业开始经历一场前所未有的大变革。

啤酒花酿酒技术在英国的推广使用，也对啤酒酿造的专业化起到了推波助澜的作用。啤酒花的使用增加了啤酒酿造的技术要求，烹煮啤酒花还需要更加复杂的场地和设备，从而增加了酿酒的资本投入。小型的酿酒作坊无法承担巨大的设备投资，在酿酒效率和产品质量上也无法同大型专业酿酒作坊相比，因而被迫逐渐淡出啤酒酿造市场。另外，啤酒比麦酒具有更多的优越性。啤酒的保存期比麦酒要长，因此酿酒商可以更大规模地生产啤酒，而不用担心啤酒变质，这也促进了啤酒的长途运输。生产麦酒时，为了延长麦酒的保存时间，酿酒商们需要增加麦芽的使用量，而啤酒酿造过程中只需适当地使用啤酒花，酿酒商们就能酿造出保质期更长、酒精度更高的啤酒。啤酒花的加入促进了啤酒的发酵过程，生产同样强度的酒所需的麦芽更少。通常情况，1蒲式耳的麦芽可以生产8到9加仑的麦酒，而同样数量的麦芽则能酿造出18到20加仑的好酒。[③] 由此看来，酿造同样强度、同等量的饮料，啤酒商所需的麦芽量仅为麦酒商所用的一半。虽然啤酒花和燃料增加了啤酒商的酿酒成本，然而这些增加成本远小于使用麦芽方面所节省的开支，因此啤酒商可以获得更多的利润。总之，啤酒花酿造技术的推

---

① Bennett, J. M. Ale, Beer, and Brewsters in England [M]. Oxford: Oxford University Press, 1996:44.

② Hornsey, I. S. A History of Beer and Brewing [M]. Cambridge: The Royal Society of Chemistry, 2003:346.

③ Bennett, J. M. Ale, Beer, and Brewsters in England [M]. Oxford: Oxford University Press, 1996:85.

广,促进了啤酒销售量的增加和销售覆盖面的扩大,也促进了酿酒商们销售利润的增加。新兴的酿酒商们逐渐由麦酒酿造转向啤酒酿造,酿酒的规模和专业化程度不断增加。

在英国,14 世纪后酿酒业的家庭性质逐渐淡化,专业化趋势快速增长。偶然型酿酒者消失了,最盈利的副业型酿酒者演变成了职业的酿酒商。职业酿酒商的酿酒规模和频率更高,酿酒逐渐成为这些家庭的主要职业,而不再是用以贴补家用的副业了。酿酒商们投入大量的资金修建更加大型和专业的厂房,购入更多、更大的酿酒器具,器具的使用更加专门化;他们聘请更多的雇工,并且对雇工的工作进行更加细致的分工,以提高劳动效率。

从都铎时期起,专门从事商业酿酒的专业酿酒商开始在伦敦和英国东南部地区兴起,泰晤士河伦敦塔附近分布着一些大型的酿酒厂。直至 17 世纪末,全英国大约有 40,000 个客栈酿酒商,750 位专业酿酒商,虽然这两个群体在数量很悬殊,然而他们所提供的啤酒量却相当。在所有的专业酿酒商中,伦敦市内大约有 200 家。专业酿酒商们不仅能够通过规模化经营获得更多的利润,而且还能接受到政府积极的财政激励。1672 年伦敦的专业酿酒商们就从政府手中以"产品耗损津贴"的方式获得了财政上的津贴。他们每生产 36 桶啤酒,可允许 3 桶酒免征税收,以此作为优惠津贴,而且这些津贴只限于专业酿酒商们。[1] 当时在酿酒规模上虽然英国的酿酒商还不及低地国家和德国的酿酒商,但较前一两个世纪已经有了很大的提高。14 世纪晚期,林恩城的最大酿酒商约翰·凯普每星期酿造 24 夸特的麦芽,可以生产出 1500 到 2000 加仑的麦酒。[2]1585 年考文垂拥有 13 位专业酿酒商,平均每家每星期生产 4 大桶或者 1000 加仑啤酒;而同一时期,伦敦至少拥有 26 家主要的酿酒商,他们大部分每星期酿酒 6 次,每次酿酒量超过 6000 加仑。[3] 在农村,中世纪晚期酿酒活动也呈现出集中化的趋势。中世纪晚期,德文郡农村的主要酿酒者,总体上来看,都是农民贵族,他们拥有标准或者更大面积的持有地。[4]

---

① Hornsey, I. S. A History of Beer and Brewing [M]. Cambridge: The Royal Society of Chemistry, 2003:385.

② Bennett, J. M. Ale, Beer, and Brewsters in England [M]. Oxford: Oxford University Press, 1996:48.

③ Clark, Peter. The English Alehouse: a social history 1200–1830 [M]. London: Longman Group Limited, 1983:106.

④ Postles, David. Brewing and the Peasant Economy: Some Manors in Late Medieval Devon [J]. *Rural History*, 1992, 3(02):142.

　　这些大型的酿酒厂生产的啤酒不仅供应国内所需,而且还大量出口国外,特别是低地国家。15世纪起,安特卫普下游的一份通行费记录显示,来自英国的啤酒不断增加,到了16世纪来自英国的啤酒量已经超过了德意志。来自英国的大量布匹商人可能促进了英国啤酒对荷兰的出口。往返于英国港口与荷兰港口之间的荷兰商人经常会从英国携带一定量的啤酒运输到荷兰。伦敦是啤酒离港的重要港口,目的地为荷兰的多个港口。分布于泰晤士河岸的酿酒商们可以通过水路轻易地将啤酒运送到低地国家。由于伦敦的酿酒商在燃料煤和谷物的供应上拥有更多的便利,他们比佛兰德尔、布拉班特以及荷兰等地大城市的酿酒商们拥有更多的成本优势。伦敦的酿酒商们大多来自于低地国家,因此对当地的市场非常了解,他们知道低地国家市场需要什么样的啤酒,因此他们对于开辟国外市场充满着期待。在尼德兰革命期间,英国向荷兰和西班牙军队提供了大量的啤酒供应。①

　　酿酒业的专业化,也导致该行业的从业人员结构发生了重大变化。14世纪时,从事酿酒和售酒的大多为已婚妇女,这在当时很普遍,酿酒女负责家庭副业型劳动;而到了16世纪,已婚男性从事酿酒活动则成为更加普遍的现象,它开始变成家庭的主要职业,不仅依靠家庭劳力,而且通常会雇佣更多劳动力。酿酒业从妇女手中向男性手中转移,还经历了家庭成员中妻子和丈夫共同经营、共同协调酿酒职责的中间过程,在这一过程中,酿酒业的专业化逐渐将丈夫推向酿酒活动的前沿阵地,而妻子则转向幕后。② 朱迪斯·本内特认为非婚妇女最先从酿酒业中退出,因为她们缺少在该行业中成功立足的两个重要条件——投资资本和管理权威。14世纪中期以前,副业型酿酒的资本投入,已经让很多非婚妇女望而却步,黑死病以后,随着酿酒业的扩大,那些投资规模更大的酿酒商们,生意日益发达,他们投资更大的生产场地,使用更好的酿酒设备,雇佣更多的工人,与小酿酒商相比,他们可以为顾客长期提供质量更优的啤酒,还能得到政府的特殊政策支持。而非婚妇女通常缺乏资金用于投资,且非婚妇女在风险承受程度上也处于劣势,售酒过程中大量的欠款通常会使她们的资金周转陷入困境。非婚状况还会导致她们在经济和法律上陷入不良信誉的困境;经济上的贫困削弱了她们的信用程度,因为她们拥有的财产少,因此能够借到的资金也很少。在商业合同中她们通常不被视为可靠的债务人。总的看来,非婚妇女在投

①　Unger, R. W. Beer in the Middle Ages and the Renaissance[M]. Philadelphia: University of Pennsylvania Press, 2004:193.

②　Bennett, J. M. Ale, Beer, and Brewsters in England [M]. Oxford: Oxford University Press, 1996: 61–62.

资方面很难得到现金和信贷。另一方面,非婚妇女缺乏经营权威。中世纪晚期的酿酒商们通常会雇佣大量的工人,有男工也有女工。例如,14 世纪晚期牛津的酿酒商们雇佣工人的男女比例为三比二;在萨瑟克区,酿酒商们通常会雇佣同样数量的男女工人;然而酿酒作坊的劳动力比例逐渐开始变化,男性雇员的比例逐渐扩大,女工比例越来越少;到了 15 世纪 20、30 年代,伦敦的酿酒工人几乎都是男性,他们数量众多、难以管理。[①] 酿酒从业人员的男性化趋势,将非婚妇女置于不利境地,让她们去管理人数众多的男性雇员,显然缺乏权威性。另外,当时社会对于非婚女性经营酿酒存在普遍的焦虑感,将酒馆里的不法行为同她们的性别关联起来,因为她们缺乏丈夫的有效管控。种种原因导致非婚妇女逐渐从酿酒业中消失,她们更多地转行从事啤酒销售,经营酒馆等。

相比于非婚妇女,在酿酒专业化背景下,已婚女性更能有效地采取措施加以应对,因为她们在很多关键领域拥有丈夫的支持。由妇女负责的酿酒活动开始成为婚姻家庭的共同责任,丈夫和妻子在酿酒过程中团结协作,分担着不同的劳动和责任。就公共活动而言,丈夫通常比妻子承担着更多的责任。起初,妻子可以加入酿酒行会,然而公众对妇女的认可度在不断的减少,丈夫逐渐在酿酒作坊和行会中担任起了公众角色。在行会记录和法律文档中,丈夫的姓名逐渐取代了妻子。丈夫在公众场合代表着妻子,他们雇佣和管理工人,同供应商和顾客签订合约,安排借贷事宜;他们协作妻子完成她们难以完成的工作,同时也获得了公众的认可。妻子则逐渐转入幕后,她们可能专门负责酿酒工作,或者转向其他职业。总之,当酿酒变得更加专业化,更有利可图以后,它就成为一种颇具吸引力的工作,男人们开始加入到酿酒行业,酿酒业逐渐成为男人的职业。

酿酒业专业化趋势的另一个影响是,某些地区酿酒和售酒逐渐分离。中世纪英国的酒馆大多是自行酿造啤酒。到了中世纪晚期,随着酿酒的专业化和啤酒花酿造技术的普及,英国的东部和南部地区,特别是城市,很少再有酒馆自己酿酒了。酒馆开始从专业酿酒者那里批发啤酒,然后出售。专业酿酒商能在多方面给予酒馆老板帮助。对于小酒馆而言,最重要的一项帮助就是酿酒商通常可以让他们延期付款。1575 年,牛津城酿酒商的一位雇工报告,四年前他给一家酒馆提供了几桶啤酒,这些酒有一部分付完款,另一部分为延期付款,直到 1575 年这一部分欠款仍然没有偿还;在伯顿,约翰沃·什伯恩的账本记录 1585 年三月,伊凡·尼古拉斯欠他 6 英镑

---

① Bennett, J. M. Ale, Beer, and Brewsters in England [M]. Oxford: Oxford University Press, 1996:54.

16先令的酒钱,包括6桶单位价值6先令的啤酒和20桶单位价值5先令的啤酒,后来尼古拉斯的欠账还拓展到了18英镑19先令4便士。[①]专业酿酒商给酒馆提供的另一项优惠是给酒馆的额外津贴,作为酒桶露酒或者啤酒变质的补偿。酿酒商标注的12加仑实际数量通常为13、14甚至到15加仑。酿酒商通常还会自己将啤酒送到各个酒馆,未售完变质的啤酒有时也会被酒馆返还给酿酒商。此外,有些酿酒商还会利用他们在政治上的权利,在法律案件中为客户提供帮助。酿酒和售酒的劳动分工和相互分离,是酿酒业专业化的重要标志之一。

随着酿酒的专业化及不断集中于少数酿酒商之手,酿酒商的社会地位日益提高。大型酿酒商通过规模化和专业化的经营积累了大量财富。他们组织兄弟会和行会,向国王购买特许状成立酿酒公会,同城市合作管理行会事务;有些富有的酿酒商甚至当上市长和各种行政官员,其影响力不断扩大。随着少数酿酒商影响的扩大,进一步加速了酿酒业的集中化,虽然英国各地城乡小规模的酿酒仍然长期存在,但中世纪末以后酿酒业不断专业化和集中化的趋势已不可逆转。

修道院、家庭和专业酿酒作坊,在中世纪不同时期分别代表着酿酒活动的主要参与者,反映了酿酒活动从少数人参与,到社会大众普遍参与,最后又向少数人集中的趋势。虽然在中世纪各个时期三个酿酒主体都在从事酿酒活动,但是从影响力和规模上看,三个主体依次在历史进程中扮演着主要角色,是各时代酿酒的核心主体。中世纪早期,由于生产力水平低下,饮酒的普及程度较低,宗教机构和贵族家庭是酿酒和啤酒消费的主要群体,尤其是修道院,对啤酒酿造技术的积累和改进做出了重要贡献。11世纪到14世纪,英国农业技术不断得到提高,拓荒开辟了大量的耕地,农业生产得到了长足的发展,这为啤酒酿造业提供了原料供应保障,以家庭为单位的酿酒活动在英国的城市和农村全面普及开来,啤酒日益成为社会各阶层的大众日常饮品,酿酒业全面发展开来。黑死病后,封建生产关系瓦解,资本主义生产关系在社会生产各个行业生根发芽,代表着先进生产力的专业酿酒作坊开始运用资本主义生产方式,雇佣工人、细化分工,在提高劳动生产率的同时,不断地扩大生产规模,逐渐成为中世纪晚期酿酒业的主要生产组织者,酿酒业逐渐呈现集中化趋势,少数专业化酿酒作坊生产规模不断扩大,成为近代大型酿酒工厂的前身。

---

① Clark, Peter. The English Alehouse: a social history 1200—1830 [M]. London: Longman Group Limited, 1983:102–103.

　　从本章的阐述可知,不列颠岛上居民很可能从新石器起就开始酿造啤酒;之后的铜器石器、铁器石器以及罗马人统治时期,岛上居民一直延续着饮用啤酒的习惯;罗马时期,来自于欧洲南部的葡萄种植和葡萄酒传到了不列颠,然而由于地理条件和气候的原因,葡萄种植并没能在岛上广泛推广开来,因此葡萄酒的消费群体仅限于社会上层。啤酒仍然是岛上最主要的酒精饮料。5世纪左右进入不列颠的日耳曼人分支盎格鲁－撒克逊人继承了日耳曼人的饮酒习俗,并将之发扬光大。虽然社会主流思想认为葡萄酒在物质属性上要优于啤酒,但饮用啤酒有益身体健康的思想已经开始深入人心。

　　在中世纪早期,英国啤酒生产仍然处于较为原始的状态。酿酒原料的选取随意性强,谷物大多是物尽其用,没有固定的偏好。主要原因在于农业生产效率低下,谷物供应不足,进而限制了酿酒谷物的选择权,因为大部分谷物都要用于制作面包。酿酒工具和技艺也较为原始,大部分家庭只能使用简易的工具和最初级的技艺来酿造啤酒,所酿啤酒口味粗劣,产量较小。对于很多家庭而言,啤酒仍然是奢侈品。此时酿酒的中心在修道院。分布各地的修道院需要为人口众多的修士和访客们提供大量日常啤酒供应,通常建有规模较大的酿酒作坊;修道院地产较多,谷物供应较为充足,酿酒频率较高,而且修士们大多受过良好的教育,能够将实践经验书面记录下来,因此积攒了丰富的酿酒经验,所酿啤酒口味较好。

　　11世纪以后,商业酿酒的产生和不断发展,逐渐改变了酿酒业的面貌。商业酿酒产生的前提是英国农业生产的进步、各地商路的重启和城市的兴起。农业拓殖运动的广泛开展、重犁等先进生产工具的使用以及三圃制的实行提高了英国农业生产效率,农作物产量提高,这为酿酒业的发展提供了前提条件。城市之间商路的开启,促进了商业酿酒的产生和发展。各地人员流动的增加为商业酿酒的发展提供了动力。英国各地的商业酿酒主要起源于家庭酿酒基础之上。在专业酿酒作坊兴起之前,农村和城市千千万万的偶然酿酒者和副业型酿酒者承担起了各地啤酒供应的主要责任。

　　黑死病极大地改变了英国人的日常生活。疾病的流行,促使人们更加注意饮食安全,饮用啤酒更安全的意识更加深入人心。此外,人口的减少和劳动力工资的上涨导致普通人生活水平大幅提高,人们的饮食结构也发生了重大变化。面包在饮食中的比例大幅下降,肉类、牛奶、大豆和啤酒等食品的支出比例大幅提高。人均啤酒消费量的提高,导致啤酒需求的不断增长,进而刺激了商业啤酒酿造的快速发展。而制约商业酿酒规模扩大的主要问题是如何延长啤酒的保存期。啤酒花酿造技术的推广彻底解决了这一难题,进而激励着专业酿酒商不断地扩大啤酒生产规模,改进酿酒工具。专业酿酒商开始成为英国城市和乡村主要的啤酒供应者。

　　总的看来,中世纪至近代早期英国啤酒酿造业的发展,首先反映出农业生产力的不断提高,没有农业长足发展,就不会有酿酒业的不断进步。其次,商业酿酒的发展是中世纪英国商品经济发展的一个缩影,它产生于商品经济发展的大背景之下,为英国商品经济的发展贡献了力量。最后,在中世纪的英国,酿酒活动几乎家家户户都参与,上至王室贵族、宗教团体,下至普通农民都做出了自己的贡献,因此啤酒酿造在英国具有广泛的社会基础。

第三章

中世纪至近代早期
英国的啤酒消费

　　生产和消费相辅相成。生产力的提高会带动消费水平的提高,反过来,社会生活需求的提高也会激发生产技术的改进和生产力的提高。英国啤酒业发展的历史正是这种关系的写照。上一章从生产角度展现了英国啤酒发展的历史;本章将以啤酒的消费为视角,探讨英国社会从中世纪到近代早期的 1000 多年间的啤酒消费状况,涉及啤酒消费量的变化,啤酒消费市场的形成,国家、城市和社会机构对啤酒消费的管控等。

第一节　中世纪至近代早期英国啤酒的日常消费

　　中世纪以来,在资源匮乏时,饮酒更多地出现在各种仪式当中。生产力提高以后,啤酒逐渐地成为人们日常生活饮食的重要部分,饮酒活动日益担负起重要的交际和社会功能。各种场合的饮酒活动成为人们社会交往的重要组成部分,是社会和谐关系的润滑剂。从饮酒量来看,不同的时期,人们的日常饮酒量是有差异的,这种差异受其经济条件影响。由于啤酒是普通大众的日常消费品,因此从历时角度研究啤酒的消费量变化,能够反映出中世纪至近代早期普通大众的日常饮食消费结构变化,还原啤酒消费在人们生活中的作用。本节将首先探讨英国社会啤酒消费的主要场合,然后分析社会各群体啤酒的日常消费量。

一、啤酒的消费场合

　　中世纪英国社会啤酒消费的主要场合是家庭日常饮食消费。家庭是社会结构的基本单位,啤酒是英国家庭日常生活的主要饮食消费品之一。在农村和城市,自酿麦酒是一种普遍行为,妇女为家庭的生活所需经常进行小规模的酿酒;部分家庭从商业酿酒者那里购买啤酒。由于自然界的大多数天然水源,如河水、湖水等,受到了普遍的污染,很多人由于饮用不洁净的水而生病甚至死亡,因此啤酒被看作是一种可以替代水的安全饮料。日常家庭生活中,除了成年男性饮用麦酒以外,妇女、儿童、老人甚至病人也都会饮用麦酒,只是他们所饮用的麦酒为兑水后的淡麦酒。①

啤酒,除了在一日三餐中作为用来软化面包的佐餐饮料,在劳动的间歇还被广泛用来为农民、工人解渴,而且由谷物酿造的啤酒含有很多能量,能够为疲惫的劳动者迅速补充体能。在农村,农奴除了要替领主耕种自留地以外,还需为他们服一定的劳役和布恩工,领主则需要为服役农奴提供免费的饮食,啤酒经常作为劳动报酬不可分割的一部分发放给农民和工人。1289 年,在位于费林(Ferring)的巴特尔修道院庄园里服劳役的马车运输工,早餐能够获得黑麦面包、啤酒和奶酪,午餐是肉、鱼和更多的啤酒,晚上在离开庄园前还能大喝一顿。14 世纪晚期,诺丁汉郡的一些割草工,劳动后会享受到丰富的大餐,吃完后他们还会坐下来开怀痛饮;按照仪式,他们会三次离开又三次重新回到大厅来饮酒;饮酒之后领主还会每人赠送一桶麦酒让他们扛在肩上摇摇晃晃地穿过村庄。在城市,手工艺人也会在宗教节日期间获得饮料作为额外的奖励。伦敦桥上工作的泥瓦匠们,在圣灰星期三会享受到 20 加仑的麦酒;四月斋开始的时候,如果要求他们做更多的工作,那么他们会得到更多的麦酒。②

中世纪英国的社会生活虽然乏味,但各种各样的节日和宴会庆典为人们的生活带来不少乐趣。在这些节日庆典中饮酒是不可或缺的一部分,麦酒不仅为奔波劳累的人们补充了体力,而且冲刷了他们心灵的创伤,让他们暂时忘掉了现实生活的残酷;饮酒让他们振奋精神,让糟糕的环境看起来充满希望和快乐。③ 形形色色的宴会和庆典为单调乏味生活带来了活力,因此中世纪的英国被誉为"快乐的英国"。

有关中世纪英国人饮酒宴会的最早记忆可以追溯到盎格鲁－撒克逊时期的《贝奥武甫》。英雄史诗《贝奥武甫》讲述的虽然是斯堪的纳维亚的英雄故事,但其创造年代却在 7 世纪到 11 世纪之间,反映的事实显然含有很多盎格鲁－撒克逊的文化特征。这一古英语史诗表现出了当时日耳曼人武士社会的最重要特征,即他们的饮酒大厅。首领和他们的扈从们在战斗的间隙都会聚集在饮酒大厅开怀痛饮。酒既能维系首领和扈从之间和谐关系,又是对扈从们在战场上奋勇杀敌的奖励。该诗中提到的酒有葡萄酒、

① Kallen, Stuart A. Medieval Food and Customs [M]. San Diego: Reference Point Press, 2015:14.
② Clark, Peter. The English Alehouse: a social history 1200—1830 [M]. London: Longman Group Limited, 1983: 25.
③ Bickerdyke, J. The Curiosities of Ale and Beer: An Entertaining History [M]. London: Swan Sonnenschein & Co.,1889:19.

麦酒、蜜酒等,然而对于这些武士而言,无论他们饮用哪一种类的酒,饮用了多少,最重要的是他们能聚在一起饮用这种会令人沉醉的饮料,他们在战场上的英勇表现使他们有资格来饮用这些酒。[①] 在饮酒大厅里集体饮酒,增加了武士们的奋勇杀敌的勇气,又维系了首领和扈从们的隶属关系和作战的团体精神。盎格鲁-撒克逊的宴饮习俗成为了中世纪以后英国社会各种宴会和豪饮作乐的渊源。

信奉基督教的英国社会,人们生活中出生、结婚和死亡等很多重要场合都有饮酒庆典活动。以结婚和死亡为例,这两种场合都是人们纵情欢乐的时刻。结婚不仅是个人的事情,而且还是公众的习俗。[②] 结婚仪式不仅是个人家庭承诺的公开表述,而且是在社区中创建一个新单位的预先声明。它不仅包含个人选择,还包含一些社交过程。中世纪的结婚过程不仅包括在亲属、朋友以及教会的同意和支持下作出一系列的庄严宣誓,而且还要进行一场意义同样重要的宴会庆典,通常称为"新娘酒(bride-ale)"。结婚庆典通过公众的宴会和饮酒,认可了婚姻中个人协议的合法性,同时也正式地接受了这对新人以及他们所组建的新家庭进入到社区。[③] 婚礼前,有些新娘会酿造些啤酒,在婚宴上出售给参加婚礼的亲友和邻居等,新人以售酒所得之收入作为新家庭生活的启动资金。婚礼当天,人们在教堂举行完婚礼仪式以后,通常会转移到私人家庭或者附近的酒馆,狂欢饮酒,将售酒所得收入悉数交予新娘。亲友们通过饮酒表达对新婚夫妇的良好祝愿和对新家庭的经济支持。新娘酒让经济拮据的新人们既能享受到一场气氛欢乐的婚礼,又不至于让他们因为婚礼的花销而背上经济负担。事实上,婚礼上人们变得放纵而又肆无忌惮,以致于教会不断地重申禁止婚礼参与者的过度放纵行为。大约在1223年,普尔主教曾经规定,婚礼应该庄重而体面,禁止嬉笑取乐,或者到小酒馆饮酒,举办宴会。[④] 然而几百年来,类似的禁令反复出现,这足以证明要想控制新娘酒会的饮酒作乐有多么困难。

守灵酒(wake-ale)同样是中世纪英国社会的一个重要酒会。葬礼是

① Nelson, Max. The Barbarian's Beverage [M]. London: Taylor & Francis e-library, 2004:86.

② Bennett, J. M. The ties that bind: peasant marriages and families in late medieval England [J]. *Journal of Interdisciplinary History*, 1984 (15):111.

③ Bennett, J. M. Women in the Medieval England Countryside [M]. New York & Oxford: Oxford University Press, 1987:94.

④ 亨利斯·坦利·贝内特. 英国庄园生活:1150—1400年农民生活状况研究 [M]. 龙秀清,孙立田,赵文君,译. 上海:上海人民出版社,2005:235.

一个庄重而又严肃的场合,然而也是一个纵情欢乐的时刻。从盎格鲁－撒克逊时期以来,一直到16世纪,期间大量关于为死者守灵时严禁娱乐的规定,印证了在整个中世纪,守灵酒中的精制宴席、豪饮狂欢一直是下葬仪式中不可分割的一部分。通常,大型的守灵宴会都是由富人们来承办。他们将自己的亲朋好友,以及附近的穷人们都召唤过来向死者告别,丧礼仪式过程中和结束以后所有人都能得到慷慨热情的招待。领主死亡后的葬礼,通常会有一个大型的守灵酒会,庄头会准备大量的食物和酒来款待参加葬礼的人们。1368年,为了伯克里第四代领主莫里斯的葬礼,希尔顿庄园的庄头准备了一百只肥鹅,其他的庄园也准备了鹅、鸭和其他家禽等食物。① 除了丰富的食物以外,守灵夜还有大量麦酒消耗,还向穷人发放免费麦酒。在萨瑟克区,1319年温彻斯特大主教的葬礼上消耗了1100加仑麦酒;1417—1418年,埃塞克斯的史蒂芬·托马斯在他的遗愿里要求,在他死后应该用10蒲式耳的麦芽来酿酒,用以分发给穷人,使每位穷人都能够得到一加仑的麦酒。② 由此看来,在中世纪的英国葬礼是一个悲伤与欢乐交织的场合。

　　除了人生重大的事件以外,中世纪各种基督教节日也为人们宴会饮酒提供了机会。哪怕是最底层的农奴每年也会参加大量的宴会和节庆,大部分的节庆都是依照基督教的宗教历法而设立的。③ 每年的大斋节前的忏悔星期二(Shrove Tuesday)人们总会将家中的所有肉、鸡蛋和其他食物都吃进肚子,为大斋节积攒能量,他们还会酿造大量的麦酒,供自己在宴会以及大斋期间饮用,因为麦酒不在斋戒禁止饮食范围之内。④ 大斋期间,饮用啤酒成为很多人保持体力的方法之一。1512年,诺森伯兰郡的一位名为博西的家庭早餐清单显示,在大斋节期间,家里的男女主人除了食用特殊的斋戒食品外,还要准备一夸脱的麦酒和葡萄酒;⑤ 修士们也在斋戒期间饮用麦酒,有些人甚至因为空腹喝酒而变得整天醉哄哄。大斋节结束后的复活节标志着大斋节的结束,人们通常会用丰盛的宴会来庆祝。根据英国大主教理查

① 亨利斯·坦利·贝内特.英国庄园生活:1150—1400年农民生活状况研究[M].龙秀清,孙立田,赵文君,译.上海:上海人民出版社,2005:236.

② Clark, Peter. The English Alehouse: a social history 1200—1830 [M]. London: Longman Group Limited, 1983: 25.

③ Kallen, Stuart A. Medieval Food and Customs [M]. San Diego: Reference Point Press, 2015:60.

④ Denny, Mark. Froth!: The Science of Beer [M]. London: The Johns Hopkins University Press, 2009:18.

⑤ 饭田草.你所不了解的英国——酒吧和啤酒的国度[M].田静,译.北京:新世界出版社,2013:77.

德·斯温菲尔德的记载,1289 年的复活节宴会中,80 人消费了 2 只野猪,5 只家猪,4 头小牛,22 只乳羊,3 只肥鹿,12 只阉鸡,88 只鸽子,2 头腌牛肉和等量的新鲜牛肉,期间供应了 66 加仑葡萄酒,啤酒不限量供应。[①] 紧随而来的是霍克节、圣约翰节、收获节、圣诞节等,这些节日期间还有一些小型的节日。圣诞节的狂欢是无与伦比的,一共持续 12 天。节日期间,农奴为领主烘烤面包,用蜂蜜、肉桂或者其他草药酿造一种特殊的甜味麦酒,领主也会为农奴准备一顿特殊的圣诞大餐。年轻的男女还会在新年到来之后,聚集在朋友家中,他们手持盛满麦酒的祝酒杯(wassail-bowl),唱着节日的赞歌。[②] 总之,中世纪大量的宗教节日成为人们举行宴会、纵情欢乐的机会。

另外,社区、教会和行会等机构出于各种目的也会举办一些酒会。社区时常会举办一些帮助酒会(help-ale)来帮助需要帮助的人。如为朝圣者举办酒会,将出售麦酒所得收入交给他作为旅行路费;为贫穷的寡妇或者受灾的社区居民举办酒会,帮助他们度过难关。教会也会组织一些酒会,用来集资修建和维护公共设施,如教堂、桥梁等。中世纪的行会也为其成员们提供了各种聚会的机会,一年一度的行会聚餐,对于维持行会的团结起着重要的作用。宴会期间,不仅行会成员能够获得大量食物和麦酒供应,而且行会还将大量的麦酒分发给穷人。[③]

各种酒会和宴会给中世纪的人们提供了很多饮酒的机会,但是这些酒会的频率并不高。麦酒的主要消费还是在人们日常生活之中,除了一日三餐在家中饮酒之外,各种类型的酒馆成为人们啤酒消费的另一种主要场所。按照酒馆的规模和提供的服务,可以将酒馆分为三类,客栈(inn)、酒馆(tavern)和麦酒屋[④](alehouse)。客栈通常规模较大,装饰时尚,不仅提供葡萄酒、麦酒和啤酒,而且还提供精致食物和住宿,客栈的主要顾客是有钱的旅行者。酒馆向富人们出售葡萄酒,但不提供住宿。麦酒屋则是规模较小的酒馆,提供麦酒或者啤酒,也提供简单的食物和住宿,顾客主要来自社会底层。在 16 世纪的普通法按照这三种类别对酒馆进行了分类,分别给予它们经营许可,店主的法律义务也按照这三种类别进行界定。三种不同类型

---

① 饭田草 . 你所不了解的英国——酒吧和啤酒的国度 [M]. 田静,译 . 北京:新世界出版社,2013:65.

② Bickerdyke, J. The Curiosities of Ale and Beer: An Entertaining History [M]. London: Swan Sonnenschein & Co.,1889:233–234.

③ Clark, Peter. The English Alehouse: a social history 1200–1830 [M]. London: Longman Group Limited, 1983:28.

④ 在啤酒花酿酒技术普及以后,麦酒屋被统称为啤酒屋。

的酒馆为社会不同等级的社会交往和经济往来提供了便利的场所。客栈和酒馆通常出现在城市,规模较大,装修环境更加优雅,消费价格更高,因此主要是社会中上层社交和经济往来的活动场所。这两类酒馆数量相对较少,根据 1577 年,全国麦酒屋调查数据,30 个英国郡中的 17595 家酒馆中,只有百分之十二被归类为客栈,而酒馆也只有 339 家。[①] 在这三类酒馆中麦酒屋的数量最多,星星点点分布在城市和乡村的每一个角落,成为普通人群社会交往、休闲娱乐等不可多得的场所。

　　有关麦酒馆的早期历史记录相对较少,然而自 13 世纪起,大量的清晰证据表明麦酒馆已经开始遍布全国,到 15 世纪以后,麦酒馆的数量在英国快速地增长起来,16 世纪下半叶到 17 世纪上半叶,啤酒馆呈现出激增的趋势,并且成为这一时期英国的社交中心。麦酒馆数量的增长是多方面作用的结果。13 世纪以降,饮用啤酒在英国逐渐日常化,啤酒的需求量不断扩大,酿酒技术的不断提高,人口的增长和人均消费量的增加等因素,都促进了啤酒的生产和销售扩大。相对于客栈和酒馆而言,啤酒馆的规模通常都比较小,在坎特伯雷遗嘱清单中列出的酒馆中 60% 都是拥有房间数少于 5 间的酒馆;农村啤酒馆的规模则更小,环境也很糟糕。柴郡的托马斯·斯蒂尔描述了 16 世纪 50 年代的酒馆,"破败不堪,墙和门都不封闭";同一时期的另一家位于威尔特郡的乡村麦酒馆"既没有烟囱,也没有烟道;没有阁楼的四英尺高的茅屋周围,一堵石墙都没有"。[②] 虽然大多数啤酒馆设施简陋,但通常都会有一处炉火,对于很多衣衫褴褛、赤裸双脚、家中也无取暖设施的穷人而言,炉火绝对是一种奢侈。冬天来临时,过路的旅客,当地的穷人都会到附近的麦酒馆,要上一杯麦酒,坐在炉火周围取暖聊天,熬过寒冷冬夜。另外,酒馆里进行的各种娱乐活动也吸引着各类顾客,舞蹈、投掷、保龄球等让人们在饮酒的同时能够尽情地放松心情。

　　16 世纪的宗教改革将中世纪的睦邻文化中心从教堂转移到了酒馆。[③] 17 世纪英国的民俗学家约翰·奥布里这样描述约克郡北部的一个村庄的生活情况:"该堂区的居民通常在教堂领受完圣餐后,便直接走向啤酒

---

① Clark, Peter. The English Alehouse: a social history 1200—1830 [M]. London: Longman Group Limited, 1983: 6–12.

② Clark, Peter. The English Alehouse: a social history 1200—1830 [M]. London: Longman Group Limited, 1983: 65.

③ 向荣. 啤酒馆问题与近代早期英国文化和价值观念的冲突 [J]. 世界历史, 2005, (5):26.

馆,在那里一起饮酒,表达教友之情和朋友之意"。① 宗教改革后,新教徒不能容忍那些曾经在教堂里举行的各种酒会,要求将"世俗的"和"神圣的"空间分离开来,社区节庆活动被迫从教堂中驱逐出来。② 而接纳这些活动的场所是酒馆。遍布城市和农村的大小酒馆,日益成为人们睦邻友好的活动中心。根据 1577 年和 17 世纪 30 年代对全国啤酒馆数量的调查数据,1577 年英国大约有 24000 家酒馆,当时全国有三百四十万的总人口,两者之间的比例为 1∶142;而到了 1630 年左右,全国的授权酒馆数约为 32000 到 35000 家,全国的人口数达到了四百九十万,酒馆数和人口总数的比例下降为 1∶89、1∶104;到了内战前夕,这一比例甚至下降到了 1∶87。③ 这种平均比例的算法,虽然能够向人们直观地展示酒馆的分布密度,然而却人为地忽视了地区之间以及城乡之间的差异。相对而言,城市酒馆的密度要高于乡村,东部地区要高于西部和北部地区。由此可以想象,在有些地方酒馆和人口数的比例会更低,酒馆的分布密度更大。

　　总之,从中世纪至近代早期,啤酒消费在英国人们生活中的重要地位。除了日常生活的啤酒消费之外,各种节庆和节日都是啤酒消费的重要场合。然而,纵使各种节日数量繁多,也都是短暂的欢庆和饮乐;而啤酒馆则为人们提供了全天候的饮酒和消遣的场所,形形色色的人经受不住酒精的诱惑,长期地流连于各类酒馆之间。他们有的借酒浇愁,有的过路暂住,有的朋友聚会,有的谈论生意,无论何种原因,他们的共同落脚点最终都选择了酒馆。如果说宗教改革以前,教堂是英国城市和乡村人们的活动中心,那么宗教改革以后,教堂的中心位置逐渐地被酒馆所取代。啤酒馆为英国社会啤酒消费的日常普及,方便大众消费起到了重要作用。

二、各时期英国的啤酒消费量

　　中世纪大部分时间,除了那些专门生产出口啤酒的城市外,某一地方啤

---

① Sharpe, J. A. Early Modern England: A Social History 1550—1750 [M]. New York: Arnold, 1987:283.

② Hutton, Ronald. The Rise and Fall of Merry England: The Ritual Year, 1400—1700 [M]. Oxford: Oxford Press, 1994:260—262.

③ Clark, Peter. The English Alehouse: a social history 1200—1830 [M]. London: Longman Group Limited, 1983: 43–45.

酒的生产和消费通常是紧密联系在一起的。虽然有些历史资料可以帮助我们了解某些时期家庭、庄园或者某些机构的啤酒消费量，然而关于啤酒人均消费量的数据却非常稀少，从已知数据中得出的消费数字，通常也会有较多的出入。一方面，从税收记录中获得的销售数字，可能会忽略掉那些免税群体的消费数字；另一方面，人口数据也可能会出现误差，这些都会影响最终人均消费量的统计数字。即使通过较为准确的数字得出了较为准确的人均消费量，我们仍然可能会忽略另外一个很重要的方面，不同的人群消费的啤酒种类可能不同。在英国，大多数家庭酿酒都会从同一锅麦芽中连续三次获得麦芽汁，从而得到三种浓度不同的麦芽汁，酿出的啤酒的浓度也会依次降低。酿酒者还可以通过控制加水量来控制所得啤酒的浓度。通过这种酿造方法，人们通常可以获得三种浓度的啤酒。浓啤酒有时候被称为十月啤酒（October beer）或者丰收啤酒（Harvest beer），第二次酿造的啤酒通常被称为餐桌啤酒（table beer），浓度依然较高，第三次酿造的啤酒浓度最低，被称为淡啤酒。由此看来，虽然人们的啤酒消费量可能会保持不变，但因饮用了不同种类的啤酒，他们从啤酒中获得营养物质和能量会有较大的不同。鉴于以上的考虑，要准确地计算出英国各时期人们的平均消费量几乎不可能。因此，在统计人均消费量的过程，历史学家有时会忽略啤酒的种类，只考虑啤酒的消费量，而且由于大部分统计数据都是来自官方渠道，如法律文档、庄园记录、税收记录、贵族家庭消费清单、宗教机构和其他社会机构消费记录等，而普通家庭消费记录的历史资料太少，因此对于贵族、宗教机构、庄园消费研究较多；而普通家庭的平均消费，由于缺乏历史记录而只能进行合理的推测。从时间来看，中世纪早期的历史记录较少，而中世纪中后期的历史记录较为丰富，因此大部分研究主要集中在中世纪中后期。

　　盎格鲁－撒克逊时期的啤酒消费历史记载数量不多。然而从现有的资料可知，宴会大厅是早期英国社会活动的中心，人们聚集在此庆祝胜利、宣告彼此的社会关系或者分享土地所产物品。根据这一时期创作的古英语英雄史诗《贝奥武甫》来看，饮酒是宴会大厅庆祝活动的重要内容，通过在宴会大厅里饮酒和就餐，整个社会团结在一起。当时英语里出现了大量用来表达宴会大厅和它们的装饰的术语。这些术语涵盖面广泛，有些用来表达宴会厅里的人员，有些展示宴会时的情感，甚至宴会厅就有多种表达，如beorsele（beer-hall）[1]，ealusele（ale-hall），winsele（wine-hall），这三个词语不仅仅表达了不同类型的宴会厅，而且表达了三种不同类的饮料。关于饮酒宴会的词汇如此详细，充分表明饮酒在当时的重要性。而且似乎他们会

---

[1]　注意当时 Beor 并不是现代意义上的啤酒花啤酒，而很可能是一种发酵的水果饮料。

经常饮醉,该诗中提到了饮酒过度后的暴力行为,有一个坏国王醉酒后杀死了自己的酒伴,而贝奥武甫的优点则是即使喝醉酒也从不残杀自己的伙伴。从诗歌的词语和对宴会的场景描写,可以看出上层社会在饮酒方面比较奢侈,饮酒量较大。历史学家比德(Bede)在他的《历史》中对英国中世纪早期人们的饮酒状况作了较多的描述。根据比德的描述,不列颠岛盛产谷物,然而岛内却充斥着各种罪恶。不仅俗人,连基督教徒都抛弃了来自耶稣基督的负扼,彻底放纵于醉酒、仇恨、争吵、冲突和嫉妒等各种罪恶之中。显然,比德认为过度饮酒是所有这些邪恶事物中的一部分。芬伯格(1972)提到:"盎格鲁 - 撒克逊时期的不列颠,人们饮用了海量的麦酒",盎格鲁 - 撒克逊人的祖先如此的沉迷于麦酒和蜜酒,以至于醉酒被认为是一种很荣耀的状态。[①]

这时期的法律和法规对饮酒的限制也从侧面反映了当时社会的饮酒状态。教会人士的过度饮酒使得很多修道院名誉扫地。一些修道院对于修士的食品供应有所限制,但是对于饮酒则不加限制。修士们认为麦酒是"液体面包",在他们被要求斋戒时,液体营养如麦酒等并不包含在斋戒范围之内。可以想象,空腹斋戒时饮酒会使他们更容易醉酒。因此,教会制定了一些法令,来规范教士行为。埃德加王国里的大主教顿斯坦要求在饮酒杯里用针或钉子做上记号,来限制饮酒者每一小口能够喝掉的最多量。[②] 七世纪坎特伯雷大主教西奥多(Theodore)的《忏悔书》针对教职人员违规程度轻重制定了不同惩罚,规定了对习惯性醉酒的主教予以撤职,过度饮酒导致呕吐的修士要忏悔三天。八世纪,贝德(Bede)主教的《忏悔书》也包含对于过度饮酒的六条规定。[③] 这些法令和法规说明当时教职人员饮酒和醉酒的普遍性,反映了麦酒在当时修道院的广泛普及,日常生活中修士们通常都会得到充足的麦酒供应。

从现有资料来看,当时麦酒已经开始在民间普及了。那时,实物地租还在广泛实施;麦酒通常是用来作为土地持有而应付的租金或者地租的一部分。《伊尼法典》中记载,作为 10 海德土地的"实物地租",佃户应该支付 12

---

① Hornsey, I. S. A History of Beer and Brewing [M]. Cambridge: The Royal Society of Chemistry, 2003:237.

② Bamforth, Charles. Grape vs. Grain: A Historical, Technological, and Social Comparison of Wine and Beer [M]. Cambridge: Cambridge University press, 2008: 33.

③ Hornsey, I. S. A History of Beer and Brewing [M]. Cambridge: The Royal Society of Chemistry, 2003:238.

安博(amber)威尔士麦酒,30 安博清麦酒作为实物地租的一部分。[1]10 世纪时,国王阿尔弗雷德提到他需要人来为他祈祷、打仗和劳动,需要向这三个阶层提供居住的土地、礼物、武器、肉食、麦酒和衣物等,从这些表述来看,麦酒在当时已经被视为生活必需品了。[2]

诺曼征服以后,麦酒的生产也日渐成熟,并且不断地商业化和产业化。研究者通过研读大量历史档案,呈现了社会各阶层日常生活中的啤酒消费情况。就王室和贵族而言,亨利八世的生活习惯被很好的记录下来,他习惯宿醉,随行从简,因为他很可能是朗宁夫人"奔马"酒馆的常客。他的得力助手托马斯·沃尔西也经常喝醉,1500 年他曾在当地市场因醉酒不能胜任职责而被戴上足枷。[3] 伊丽莎白女王不喜欢烈性啤酒,她偏爱一种稍淡些的麦酒,据说她每天早上都要喝 1 夸脱的麦芽酒。[4]1593 年王室成员和 133 宫廷官员以及他们的仆人们共同消耗了 600,000 加仑的的麦酒和啤酒,这一数字相对惊人。[5]1575 年 7 月 9 日,女王到达肯纳尔沃斯堡(kenilworth),王室在接下来的 19 天里消耗了 365 大桶(hogshead)(大约 89,602 升)的麦酒。贵族家庭的啤酒消费量也很庞大。以艾丽斯·代·布赖内(Alice de Bryene)贵族家庭为例,米亚特·普赖斯通过详细地分析该家庭在 1412 年米迦勒节至 1413 年米迦勒节一年间所有的就餐数量和酿酒数量,经过精心计算发现该时间段艾丽斯·代·布赖内家庭每人每天的啤酒消费量大约为 1 加仑,这一数值同梅特兰[6]和诺尔斯[7](Knowles)有关啤酒日常消费量的估

① Nelson, Max. The Barbarian's Beverage [M]. London: Taylor & Francis e-library, 2004: 88.

② Nelson, Max. The Barbarian's Beverage [M]. London: Taylor & Francis e-library, 2004: 87.

③ Hornsey, I. S. A History of Beer and Brewing [M]. Cambridge: The Royal Society of Chemistry, 2003: 334.

④ 饭田草. 你所不了解的英国——酒吧和啤酒的国度 [M]. 田静,译. 北京:新世界出版社,2013:77–78.

⑤ Hornsey, I. S. A History of Beer and Brewing [M]. Cambridge: The Royal Society of Chemistry, 2003:346.

⑥ Maitland, F. W. Domesday Book and Beyond [M]. Cambridge: Cambridge University Press, 1921: 439–440.

⑦ 参见 Knowles, D. The Monastic Order in England [M]. Cambridge: Cambridge University Press, 1949:717.

计相当。[1]1420—1421 年间,沃里克的女伯爵伊丽莎白·伯克利家庭记录
显示,该家庭每天的人均啤酒消费量为 1.4 加仑。[2] 根据第一任白金汉公爵
的家庭消费记录,该贵族家庭每年消耗的麦酒在 30,000 到 40,000 加仑之间,
1452—1453 年间麦酒支出为 192 英镑,占总支出的百分之十四,仅次于葡
萄酒和香料的支出。[3] 一些小的家庭麦酒消费在家庭总支出中的比例甚至
更高,例如 1456—1457 年间,布里德波特的小教堂牧师家庭,麦酒支出为
41 先令,占家庭总支出的 27%,在所有饮食单项支出中比例最高。1425—
1426 年间邓斯特的休·勒特雷尔爵士家庭的麦酒消费为 24 磅,同样这一
比例在所有饮食成分中比例最高。[4] 总的看来,在贵族家庭日常饮食支出
中,麦酒一直是一项占比较大的支出。

宗教机构也是麦酒消费大户。12 世纪达拉谟的主教收取的谷物地租
包括同等量的麦芽、小麦和燕麦,这些麦芽和谷物中的一部分将会用来酿
酒。13 世纪时,圣保罗教会法规规定,每使用 30 夸特的小麦制作面包,就
应该使用 7 夸特的小麦,7 夸特的大麦和 32 夸特的燕麦来酿造啤酒。这
样计算下来,一年间该修道院的酿酒作坊,会消耗掉 175 夸特的小麦,175
夸特的大麦以及 708 夸特的燕麦,酿造出 67,814 加仑的麦酒。[5] 根据诺维
奇教堂修道院的账目记载,1282—1283 年间,修道院大部分人每天会有
1 加仑的麦酒供应。1 加仑的供应量在当时修道院是通行做法,包括比利
(Beaulieu)、博尔顿(Bolton)、邓斯特布尔(Dunstable)等修道院以及圣保罗
教堂修道院。在教会同土地供应者的饮食供给协议中,啤酒日供应量也通
常为每天 1 加仑。1272 年弗莱堡的亚当和他的妻子授予位于约克郡的塞
尔比修道院两处房产和 7 玻非特(1 玻非特等于 15 英亩)土地,作为回报该
修道院每天向他们提供两条白面包,两加仑麦酒、一块棕色面包以及两份半

① Myatt-Price, Evelyn M. A Tally of Ale [J]. *Journal of the Royal Statistical Society*, Series A (General), 1960, 123(1):62–67.

② Ross, C. D. the Household Accounts of Elizabeth Berkeley, Countess of Warwick, 1420–1 [J]. *Transactions of the Bristol and Gloucestershire Archaeological Society*, 1951 (LXX):85–86.

③ Dyer, Christopher. Standards of Living in the Later Middle Ages: Social Change in England c. 1200—1520 [M]. Cambridge: Cambridge University Press, 1989:56–58.

④ Dyer, Christopher. Standards of Living in the Later Middle Ages: Social Change in England c. 1200—1520 [M]. Cambridge: Cambridge University Press, 1989:56.

⑤ Maitland, F. W. Domesday Book and Beyond [M]. Cambridge: Cambridge University Press, 1921: 439–440.

流质食物和少量的津贴。[①] 然而,这一供应量只是针对教会人员,因为当时诺维奇教堂修道院还规定,除了日常的麦酒供应以外,工人还有额外的麦酒供应,1282—1283 年间的额外供应量为 122 大桶[②](tun),第二年增加到 136 大桶。1282—1284 年间,该修道院的酿酒师每年收到了 1815 夸特的麦芽,可以酿造出 173,539 加仑的淡啤酒,或者 90,750 加仑的烈啤酒。[③] 根据布鲁斯·坎贝尔(Bruce Campbell)和他同事们的估算,1 夸特的大麦芽包含大约 468,715 千焦的热量,可以酿造出 400 品脱的烈麦酒和 765 品脱的淡麦酒,其中每品脱的烈麦酒含有 320 千焦的热量,而每品脱的淡麦酒含有 160 千焦的热量。[④] 如果按照教士每天的烈麦酒消费量 1 加仑(8 品脱)来计算,单从啤酒的摄入中,每个教士将会获得 2560 千焦的热量,在加上其他的食物摄取,教士们每天的热量摄取大约会有 5000 到 6000 千焦,这一数字在当时高得惊人。如果按照这样的热量摄入,那教士们都会患上肥胖症,因此,教士们的日常啤酒和食物实际消费量应该低于这个数字。根据芭芭拉·哈维对 15 世纪末威斯敏斯特修道院的研究,当时威斯敏斯特的修士的日常消费量只有其供应量的 55% 到 60%,剩下的饮食都会送给工人、佣人和乞丐们。[⑤] 将多余的食品赠与穷人和佣人在当时的修道院是非常普遍的行为。尽管这样,事实上中世纪英国的很多修士们都倾向于肥胖,大量啤酒的摄入是其中的重要原因之一。

　　普通农民的啤酒消费更有代表性。戴尔在《中世纪晚期的生活水平》一书中全面考查了 13 世纪到 16 世纪早期英国社会各阶层的日常生活水平。在分析农民生活水平的过程中,戴尔从两个方面进行了研究。一方面,他试图重建农民的收入和支出模式;另一方面尽可能地寻找有关农民物质生活条件的直接证据,如住房、衣着和食品等。在重建农民收入和支出模式的过程中,戴尔考查了位于格洛斯特郡克里夫(Cleeve)村庄园里一个收入较好的习惯佃农,名为罗伯特·勒·金。1299 年,他持有 30 英亩的可耕

---

① Hallam, H. E. (eds.). The Agrarian History of England and Wales, Volume II [M]. Cambridge: Cambridge: Cambridge University Press, 1988:826.

② 当时的一大桶(tun)大约等于 240 加仑。

③ Slavin, P. Bread and Ale for the Brethren: The Provisioning of Norwich Cathedral Priory, 1260—1536 [M]. Hertfordshire: University of Hertfordshire Press, 2012:164.

④ Campbell, B. et al. A medieval capital and Its Grain Supply: Agrarian Production and Distribution in the London Region c. 1300 [M]. London: London University Press, 1993:34, note 59.

⑤ Harvey, B. Living and Dying in England, 1100—1540: the monastic experience [M]. Oxford: Oxford University Press, 1993:67–70.

地,按照二圃制和三圃制,他分别可以收获 23.5 夸特和 28 夸特 3 蒲式耳的谷物,其中 3 夸特的大麦用来酿造啤酒。[①] 根据布鲁斯·坎贝尔的计算公式,大麦在制成大麦芽的过程中重量会减少百分之二十五,[②] 因此这些大麦可以制成 2.25 夸特的麦芽,进而可以制成 1721 品脱的淡麦酒,这些啤酒供给两个大人和三个小孩日常饮用,如果妇女和儿童饮用量是男人的一半,那么男人每天的麦酒量为 1.6 品脱左右。[③] 戴尔还分析了 141 份土地继承者同原土地持有者之间签订的抚养协议,发现黑死病前协议中规定每年给予被抚养者的谷物供应量平均为 12 蒲式耳谷物,制作成面包后,所含的热量基本能满足老年人的活动量,却没有多余的谷物用来酿酒。[④] 富裕的农民在抚养协议中要求获得麦芽,说明他们期待能经常饮用麦酒。1380 年诺丁汉郡的一位妇女,每三个星期就会得到一蒲式耳的小麦和两蒲式耳的麦芽。1437—1438 年,贝德福德郡克兰菲尔德(Clanfield)村的富裕农民艾玛·德尔·鲁德在抚养协议中被承诺,每年会获得 12 蒲式耳的小麦(每天 2 磅面包),2 夸特麦芽(每天 2.5 品脱的烈麦酒)以及一配克(2 加仑)的燕麦餐。[⑤] 持有地的多少直接影响农民饮食的构成。根据梅特兰的估计,如果每人每天一加仑麦酒,那么每人每年需要消耗 20 蒲式耳的谷物,这相当于两到三英亩土地的谷物净产量。[⑥] 因此,在签订抚养协议的过程中,大块土地的转让通常会获得更好的食物供应。在林肯郡的朗阁托福特(Langtoft)村,1330 年左右的抚养协议中,持有 24 英亩土地的碧翠斯·阿特·莱恩在抚养协议中每年可以得到 1.5 夸特的杂粮粉和 1.5 夸特的混合谷物(drage),这些谷物足以为她提供充足的面包和麦酒供应;而同村只持有 4.5 英亩的小持有者萨拉·贝特曼在抚养协议中只能得到 1 夸特杂粮粉和 4 蒲式耳的大麦,

① Dyer, Christopher. Standards of Living in the Later Middle Ages: Social Change in England c.1200—1520 [M]. Cambridge: Cambridge University Press, 1989:110–114.

② Slavin, P. Bread and Ale for the Brethren: The Provisioning of Norwich Cathedral Priory, 1260—1536 [M]. Hertfordshire: University of Hertfordshire Press, 2012:163.

③ 这一时期的其它记录显示这一数字显然偏低,因此,可以推测该家庭可能还会从酿酒商那里购买一些啤酒用于家庭日常消费。

④ Dyer, Christopher. Standards of Living in the Later Middle Ages: Social Change in England c. 1200—1520 [M]. Cambridge: Cambridge University Press, 1989:152–153.

⑤ Dyer, Christopher. Standards of Living in the Later Middle Ages: Social Change in England c. 1200—1520 [M]. Cambridge: Cambridge University Press, 1989:153.

⑥ Maitland, F. W. Domesday Book and Beyond [M]. Cambridge: Cambridge University Press, 1921:440.

这些谷物只够她制作面包和浓汤,没有多余的用来酿造麦酒。[1]

黑死病后,英国社会食品的消费模式发生了重大变化。人均食品开支增加了,食品中肉类和麦酒数量增加了,用来制作面包的谷物比例也有大幅增加,人们更多地用大麦而不是燕麦来酿造麦酒,这些变化导致低等阶层与贵族家庭之间的饮食差别越来越小。[2]戴尔分析了收获工人的饮食变化,发现黑死病以后,在这些劳工的日常消费支出中,麦酒的消费比例出现了较大的增长。劳工的日常食品消费通常比普通人的生活水平要高,收获工人是工资获得者中的特殊群体,因为在收获季节劳工市场需求较大,雇主希望这些工人能够认真干活,通常会尽可能地以较高的标准给收获工人提供饮食。分析黑死病前后劳工的饮食支出可以得出英国社会农村饮食的长时段变化。从表 3.1 可以清楚地看出,黑死病以前,诺福克郡瑟奇福德的收获工人食品消费中的麦酒按价值比例,平均值维持在 14% 左右,而黑死病之后,这一数值出现了明显的增加,所列所有年份麦酒消费价值都超过了 20%,有些年份的麦酒价值比例甚至达到 33% 和 41%;1256 年诺福克郡瑟奇福德收获工人每人每天的麦酒供应量为 2.83 品脱,约为 1.61 升,可以提供 513 千焦的热量,只占工人所摄入热量的 4%;而到了 1424 年,工人每人每天的麦酒供应提高到 6.36 品脱,约为 3.61 升,麦酒所提供的热量为摄入总热量的 23%。[3]出现类似变化的是肉食的比重,可以看出肉食在收获工人食品开支中的比例也出现了较大的增长,而面包的消费比例则出现了明显的下降,由此看来,黑色病后收获工人的饮食结构更加平衡,工人不再主要依靠面包来获取劳动所需的热量,麦酒和肉食等为工人提供了更多的营养和能量。由此可以推测普通农民的饮食也经历了同样的变化。[4]

[1]　Dyer, Christopher. Standards of Living in the Later Middle Ages: Social Change in England c. 1200—1520 [M]. Cambridge: Cambridge University Press, 1989:153–154.

[2]　克里斯托弗·戴尔. 转型的时代: 中世纪晚期英国的经济与社会 [M]. 莫玉梅, 译. 北京: 社会科学文献出版社, 2010:131.

[3]　Dyer, Christopher. Changes in Diet in the Late Middle Ages: the Case of Harvest Workers [J]. *Agricultural history Review*, 1988(36):26.

[4]　Dyer, Christopher. Standards of Living in the Later Middle Ages: Social Change in England c. 1200—1520 [M]. Cambridge: Cambridge University Press, 1989:159.

表3.1　诺福克郡瑟奇福德收获工人食品消费分析（1256—1424）（按价值百分百计算）

年份	1256	1264	1274	1286	1294	1310	1326	1341
面包	41	48	49	47	48	43	39	34
浓汤	1	1	2	2	1	1	1	1
麦酒	13	7	11	12	16	14	17	21
肉	4	4	7	14	8	8	11	9
鱼	13	16	12	12	9	10	10	17
奶制品	28	24	19	13	18	24	22	18
年份	1353	1368	1378	1387	1407	1413	1424	—
面包	31	19	15	14	17	20	15	—
浓汤	1	1	1	1	1	1	1	—
麦酒	26	28	22	20	33	29	41	—
肉	15	25	24	30	28	50	28	—
鱼	14	13	15	23	10		6	—
奶制品	13	14	23	12	11		9	—

资料来源：Dyer, Christopher. Changes in Diet in the Late Middle Ages: the Case of Harvest Workers [J]. *Agricultural history Review*, 1988 (36):25.

从 16 世纪到 18 世纪中期，劳动工人和普通人的麦酒消费一直保持在高位。16 世纪以后，啤酒花酿造技术在英国广泛推广开来，啤酒生产成本降低，产量大幅提高，促进了啤酒人均消费量的提高。劳动工人饮食中烈啤酒取代了淡啤酒。1736 年，威廉·艾丽斯在他的宣传册《伦敦和乡村酿酒师》中提到，对于那些久坐不动的人而言，医生建议最好饮用餐桌啤酒（table beer），而对于劳工，用 10 蒲式耳麦芽酿造一大桶（56 加仑），并且至少储存 9 个月的烈啤酒才合适，因为它能够促进排汗，能更好地提供能量，而且养分最容易被吸收。[①] 16 世纪以后的一些家庭消费记录也为我们揭示了当时一些家庭的啤酒消费情况。据威廉哈里森描述，他的妻子每月酿造的啤酒能够为 10 人之家，每人每天提供 5 品脱的啤酒供应。[②] 1636 年，塞西尔家

---

① Ellis, William. The London and Country Brewer…By a Person Formerly Concerned in a Common Brewhouse at London [M]. London: printed for J. and J. Fox, 1736:114-116.

② Stanes, Robin. The Old Farm: A History of Farming life in the West Country [M]. Exeter: Devon Books, 1990:61.

庭的客人、佣人和临时劳工,根据不同种类的啤酒,每天消耗 3 到 5.2 品脱啤酒。[①] 啤酒仍然被看做劳工工资不可分割的一部分。在米德兰,收获干草和谷物时,工人的啤酒供应量一般为每人 1 加仑烈啤酒,天气热的时候还可以得到更多的啤酒;割草工可以通过讨价还价额外得到两品脱餐桌啤酒。挖芜菁工人每天可以得到 4 品脱啤酒和 1 品脱麦酒。冬天工人们得到的淡啤酒也不比收获季节少多少;索普的威廉·摩尔先生全年给他的劳工每天供应 1 加仑啤酒。[②] 一些机构和组织的日常啤酒供应记录,也为我们了解当时社会的啤酒日常消费提供了帮助。1545 年英国的士兵每天啤酒供应量为 7.2 品脱烈啤酒,16 世纪以后海军、水手和渔民的日常啤酒供应量为 8 品脱烈啤酒,可以提供 3200 千焦的热量;[③] 而资料显示,1216 年驻守在多佛(Dover)城堡的士兵每天的麦酒供应量仅为半加仑(4 品脱)。[④] 1300年,驻守在苏格兰爱丁堡城堡的士兵每天的啤酒供应量大约为 1 加仑。[⑤]这反映出 14 世纪士兵的啤酒供应量有了较大提高,此后一直保持在 1 加仑左右。从剑桥大学国王学院的日常生活记录中可以看出,1481 年该学院的日均啤酒消费量为 7 品脱餐桌啤酒,1562 年为 2.2 品脱,1572 年为 2.6 品脱,1664 年为 4 品脱。这些数据表明不同时期学生啤酒的供应量变化较大,16世纪以后整体有些下降。威斯敏斯特改造院 1561 年日常消费记录显示,工作日男人的啤酒供应量为 4 品脱,可提供 1600 千焦热量,女人为 2 品脱,可提供 800 千焦热量;1600 年,伦敦感化院的饮食供应为工作日男人 4 品脱啤酒,女人 2 品脱。[⑥] 鉴于当时伦敦感化院的资金供应短缺,当时的饮食供

① Sambrook, Pamela. Country House Brewing in England, 1500—1900 [M]. London and Rio Grande: The Hambledon Press, 1996:190–192.

② Eden, Frederick Morton. The State of the Poor, or a History of the Laboring Classes in England, vol 1 [M]. London: J. Davis, 1797:546.

③ Muldrew, Craig. Food, Energy and the Creation of Industriousness: Work and Material Culture in Agrarian England, 1550—1780 [M]. Cambridge: Cambridge University Press, 2011: 122–124.

④ Hornsey, I. S. A History of Beer and Brewing [M]. Cambridge: The Royal Society of Chemistry, 2003:291.

⑤ Prestwich, Michael. Victualling Estimates for English Garrisons in Scotland during the Early Fourteenth Century [J]. *The English Historical Review*, 1967, 82(324):536. 依据一夸特大麦大约可以生产 70 加仑啤酒计算。

⑥ Muldrew, Craig. Food, Energy and the Creation of Industriousness: Work and Material Culture in Agrarian England, 1550—1780 [M]. Cambridge: Cambridge University Press, 2011:125–126.

应可以看作是政府认为穷人在劳动时应该得到最低饮食保障。[1] 从以上列举的数据来看,16 世纪到 18 世纪,英国社会的劳动工人、军人和水手等劳动强度较大的群体通常会获得 1 加仑以上的啤酒,以及时补充劳动时散失的水分和体力;从事劳动强度不高的人以及贫困人口,每天的啤酒供应量大约在 2 到 4 品脱。

还应看到,遍布全国各地的啤酒馆还为社会各阶层提供了家庭饮食以外的啤酒消费。除了家庭和各种机构为人们提供了基本的饮食供应,现实生活中,农民、工人、市民等还会在各种社交场合经常光顾啤酒馆。酒馆的啤酒消费量很难计算入到具体人物的日常消费之中,因此经常容易被低估。由于啤酒馆所酿啤酒大多为当地居民所消费,因此可以通过某一地区酒馆酿酒总量和该地区总人口的比例来计算当地人均啤酒消费量。在萨默塞特郡的弗罗姆(Frome)教区,有 36 家啤酒馆,每年销售 6700 大桶(hogshead)烈啤酒。这个教区有 1684 户,如果把富人、老人和寡妇们消耗掉的啤酒计算为总量的 20%,那么剩下的每家每年平均消费量为 254 加仑。[2] 1520 年,考文垂城拥有大约 60 家酿酒厂,每周酿造 146 夸特的麦芽,如果按照每 6 夸特酿造 576 加仑的啤酒来计算,那么该城每人每周要消费 17 品脱的啤酒,实际上,该平均值可能更高。[3] 在英国的城市和乡村,酒馆售酒和家庭自酿在人们的日常生活啤酒供应中相互补充。酒馆销售的啤酒不仅包括社交活动中饮用的啤酒,还包括一些家庭购买的日常饮食所需的啤酒。仅通过某地酒馆每年的售酒总量和人口的比例来计算当地人均啤酒消费量,只能得出一个粗略的数字,实际数字应该会高一些,因为这种方法忽略了家庭自酿啤酒的消费量。自酿自消即使在中世纪晚期仍然在一些地区比较普遍,而酒馆销售的大部分酒来自于专业酿酒作坊,因此只计算啤酒馆的啤酒消费量,只能部分地反映当地的实际啤酒消费量。

通过以上分析,可以大致了解中世纪至近代早期英国社会各阶层日常生活中的啤酒消费情况。总体来看,贵族和社会上层的啤酒消费量始终较高,人均啤酒供应量超过每人每天 1 加仑,宗教机构和一些社会团体的日常

① Archer, Ian. The Pursuit of Stability: Social Relations in Elizabethan London [M]. Cambridge: Cambridge University Press, 1991:190–191.

② Muldrew, Craig. Food, Energy and the Creation of Industriousness: Work and Material Culture in Agrarian England, 1550—1780 [M]. Cambridge: Cambridge University Press, 2011:72.

③ Monckton, H. A. A History of the English Ale and Beer [M]. London: The Bodley Head, 1966:95.

啤酒供应也是 1 加仑(相当于 4.5 升)。就下层社会而言,中世纪早期虽然农民在很多情况下能够以劳动报酬的形式获得啤酒,但他们饮用啤酒的数量和质量都不高,有些人甚至无法经常饮用。黑死病之前,只有富裕的农民能够经常性饮用买酒,其他农民只能在条件允许的情况下饮用啤酒。[①] 然而,随着农业生产力的提高,下层劳动者所获的啤酒供应一直处于上升趋势。黑死病后,英国社会各阶层的饮食结构出现重大变化,啤酒在普通人日常饮食中比例大幅提高。社会各阶层的饮食结构逐渐趋同,这反映了英国社会物质消费水平的总体提高,啤酒成为真正意义上的全民饮料。

第二节　近代以前英国市场上啤酒与葡萄酒的竞争

啤酒并不是中世纪英国社会的唯一酒精饮料,同时存在的还有葡萄酒、蜜酒、苹果酒和梨酒等。蜜酒、苹果酒和梨酒的主要原料分别为蜂蜜、苹果和梨,是三种水果汁发酵后形成的饮料。蜜酒是日耳曼部落的一种古老的饮料。在北欧的斯堪的纳维亚地区和普鲁士等蜂蜜充足的地方,蜜酒非常流行,一直持续到 18 世纪。在英国的西部地区威尔士,蜜酒曾经比啤酒更受人欢迎;11 世纪时,威尔士当局任命一位官员专门负责蜜酒酿造和照看酿酒桶。酿酒桶如此之大足以让国王和他的一位官员同时在里面沐浴。[②] 蜜酒在当时的威尔士地位很高,国王经常用蜜酒来赏赐他的官员。到中世纪中晚期时,蜜酒在贵族们饮食中地位不断下降,一方面因为其他酒精饮料的质量得到较大的提高;另一方面人们认为蜜酒特别有益健康,只应该推荐给病人饮用。[③] 苹果酒和梨酒是社会底层手工酿造的饮料,也主要集中在英国西部地区。1630 年,托马斯·威斯克在描述德文郡时曾经赞美过苹果酒,"那是一种既令人愉悦又有益健康的饮料,深受向南长途航行的水手

---

① Christopher, Dyer. Standards of Living in the Later Middle Ages: Social Change in England c. 1200—1520 [M]. Cambridge: Cambridge University Press, 1989:157.

② Unger, R. W. Beer in the Middle Ages and the Renaissance [M]. Philadelphia: University of Pennsylvania Press, 2004:23.

③ Scully, Terence. The Art of Cookery in the Middle Ages [M]. Woodbridge: Boydell and Brewer, 1995:154–155.

们的喜爱。"[1]16 世纪 80 年代,莫尔文(Malvern)附近的佃农,仍然从公共树林里的果树上采摘蟹梨酿造梨酒。[2]蜜酒、苹果酒和梨酒在英国历史悠久,然而这三种酒的饮用具有地区性,饮用量不大,不足以对麦酒和啤酒在全国范围内的推广产生较大的竞争,而葡萄酒在英国社会消费量大,涉及人群广,一直是啤酒推广和普及的主要竞争对手。

一、中世纪英国的葡萄种植和葡萄酒贸易

现代考古发现,公元前 1 世纪早期,罗马人将葡萄酒传入不列颠岛。[3]考古学家们在不列颠南部发现了大量的定居点和铁器时期晚期的墓葬,还发现了用来饮用葡萄酒的双耳瓶和铜制器皿,这表明当时已经出现了小规模的葡萄酒贸易。然而葡萄酒种植,可能直到公元 43 年罗马人入侵不列颠岛后才被引入。[4]中世纪以后,随着英国社会的基督教化,葡萄酒在英国进一步传播开来。饮用葡萄酒是基督教的圣餐仪式中一个重要环节。13世纪意大利著名的神学家阿奎那曾经这样描述葡萄酒在弥撒中的重要性:"圣餐仪式必须备有葡萄酒,因为这是耶稣基督的遗嘱,当他请领圣礼时选择了葡萄酒……而且在某种意义上,葡萄酒突显了圣礼的功效,那就是精神上的快乐,因为葡萄酒能愉悦人心。"[5]

修道院和贵族在中世纪早期英国葡萄种植方面做出了主要贡献。为了获得葡萄酒,贵族和修道院最早尝试种植葡萄,因为他们拥有资金和技术方面的优势。葡萄种植不仅在选种、耕种、施肥和修剪等方面需要特殊的技能,劳动需要精工细作,而且还因为生产周期长而需要先期的资金投入,这些因素限制了小土地持有者从事葡萄种植,而贵族和修道院在葡萄种植

[1] Westcote, T. *A View of Devonshire in MDCXXX* [M]. Exeter: W. Robert, 1845:56–57.

[2] Leighton, W. A. Early chronicles of Shrewsbury, 1372—1603 [J]. *Transactions of the Shropshire Archaeological and Natural History Soc.*, Ⅲ, 1880(3):349.

[3] Carver, E. The Visibility of Imported Wine and its Associated Accoutrements in Later Iron Age Britain [M]. Oxford: Oxford University Press, 2001:1–3.

[4] Nelson, Max. The Barbarian's Beverage [M]. London: Taylor & Francis e-library, 2004:64–65. 对于罗马人将葡萄种植传入不列颠的说法,西蒙在 1906 年曾经提出过质疑,他认为是基督教会将葡萄种植引入不列颠岛。(参见 Simon, Andre L. The History of Wine Trade in England, Volume I [M]. London: Wyman & Sons, Ltd, 1906:1–6.)

[5] 休·约翰逊. 葡萄酒的故事 [M]. 程芸, 译. 北京: 中信出版社, 2017:36.

方面具有优势条件。[①] 希腊罗马时期葡萄种植在地中海沿岸地区广泛普及开来,并且开始向欧洲北部传播。公元 3 世纪,葡萄种植继续向欧洲北部延伸,到达塞纳河、摩泽尔河和卢瓦尔河地区。5 世纪后期,法兰克王国的建立,促进了葡萄种植在法国的发展。这一时期的历史文献记载显示,贵族、主教和修士们继续在法国种植葡萄树,葡萄种植区域进一步扩大。7 到 8 世纪,修道院的扩张,加速了葡萄种植在欧洲北部地区的发展;证据表明这一时期葡萄种植已经拓展到了莱茵河东岸地区。在英国,10 世纪以前的葡萄种植的记录,大多不太确切。10 世纪至少有两处葡萄园的记载具有确切的证据。公元 956 年,埃德威格王将萨默塞特潘伯勒(Panborough)的一处葡萄园和土地送给了格拉斯顿堡的圣玛丽修道院;[②] 另一处记录是埃德加国王将沃切特附近的一处葡萄园及附属的土地、葡萄种植人员一起送给了阿宾顿修道院。[③]1086 年完成的《末日审判书》详细记录了英国葡萄种植情况。该书中记载了 42 座葡萄园,它们分布于伦敦、威斯敏斯特、埃塞克斯和伊利城等地。葡萄园在英国的分布并不密集,大多位于南部城堡和修道院附近,有意思的是,大多数葡萄园都在世俗领主的名下,很多属于男爵以下的贵族。[④] 一些小修道院的葡萄园一直从盎格鲁-撒克逊时期延续下来,表明它们同欧洲大陆法国之间的密切联系。13 世纪时,英国很多城市周围,特别是有大型宗教机构的城市,都有葡萄园。在沃切斯特、格洛斯特、图克斯伯里、赫里福德以及莱德伯里等地现在仍能找到当时的葡萄园遗址。[⑤]12 世纪中期以后,波尔多成为英国的领地,这对英国本土的葡萄种植形成了冲击。这一时期英国本土的葡萄园种植出现了停滞,英国人对加斯科尼和阿基坦的葡萄园似乎更感兴趣。[⑥] 然而,整个中世纪,英国本土葡萄园的数量仍然在不断增加,到 1509 年,全英国拥有 139 座葡萄园,其中 11 座属于皇

---

① 左志军.欧洲人推崇葡萄酒的历史原因 [J].经济社会史评论,2017(3):52。

② Sawyer, P. H. (eds.). Anglo-Saxon Charters: an Annotated List and Bibliography [M]. London: Royal Historical Society, 1968(626): 215.

③ Finberg, H. P. R. The Early Charters of Wessex [M]. Leicester: Leicester University Press, 1964(99): 141.

④ Unwin, T. Wine and the Vine: An Historical Geography of Viticulture and the Wine Trade [M]. London: Routledge, 1996:136.

⑤ Webb, Rev John (eds.). A Roll of the Household Expenses of Richard de Swinfield, Bishop of Hereford, During Part of the Years 1289 and 1290 [M]. London: J. B. Nichols and Sons, Printers, 1855:xliii.

⑥ Unwin, T. Wine and the Vine: An Historical Geography of Viticulture and the Wine Trade [M]. London: Routledge, 1996: 139-140.

室,67 座为贵族所有,教会拥有 52 座。[①] 总的看来,英国本土的很多葡萄园都不具有经济意义,它们大多为王室、贵族和教会的需求而消费掉。由于土壤和气候等因素,英国本土出产的葡萄酒在口感上与来自欧洲大陆的葡萄酒相差甚远,在市场上没有竞争优势。

中世纪英国社会消费的葡萄酒大部分是从欧洲大陆进口而来。中世纪早期,英国市场出现的主要是日耳曼葡萄酒,而不是来自法兰西的葡萄酒。日耳曼葡萄酒在质量上更优,或者更符合英国人的口味。到了 11 世纪以后,来自法国的葡萄酒逐渐成为英国人的挚爱。1152 年,波尔多公爵的女儿埃莉诺同身兼诺曼底公爵和安茹伯爵的金雀花亨利结为连理,这一政治联姻,直接促进了波尔多同英国的联系。1154 年,亨利入主英国成为亨利二世,而埃莉诺则成为英国的王后,随之而来的是她的领地阿基坦公国也一并成为英国的领地。阿基坦公国包括普瓦图、吉耶纳和加斯科尼。从此以后,英国的葡萄酒商人不再从北部的鲁昂进口葡萄酒,转而向南特港、拉罗谢尔港和波尔多港进口葡萄酒。这也直接导致英国本土葡萄酒产量的下降,因为来自法国西南部的葡萄酒不仅价格便宜,而且更加稳定可靠,英国本土的葡萄种植者无法与之竞争。[②]1224 之前,由于王后埃莉诺对来自拉罗谢尔港的葡萄酒的偏爱,王室更多地从拉罗谢尔港订购葡萄酒。然而,1224 年,当法王路易八世企图将英国人赶出普瓦图和吉耶纳时,拉罗谢尔港选择了投降法国,而南部的波尔多港则一直与英国并肩战斗。这一事件,不仅使波尔多市民获得了自选市长的永久权利,而且促使了英国同加斯科尼之间的葡萄酒贸易快速增长。到 14 世纪上半叶,波尔多每年出口英国的葡萄酒数量达到 40000 桶左右,相当于 500 万人口的英国,每人每年要消费 6 瓶波尔多葡萄酒。[③]

然而,英国的进口葡萄酒并不是全部来自波尔多。来自莱茵河和摩泽尔河的葡萄酒经汉萨同盟商业网络出口到了英国。13 世纪每年英国都会进口几百桶来自莱茵河的葡萄酒。14 世纪来自阿尔萨斯的葡萄酒被认为是来自德意志的最好葡萄酒。随着香槟集市的衰落,北欧城市的商业地位越来越重要。莱茵河和摩泽尔河岸的葡萄园,离北欧商业中心距离较近,因而获得了较多的商业优势。来自科隆和法兰克福的酒商,从当地购买葡萄酒,然后通过汉萨同盟的商业网络将其中的一部分出口到英国。另外,地中

---

① 休·约翰逊.葡萄酒的故事 [M]. 程芸,译. 北京:中信出版社,2017:63.

② Unwin, T. Wine and the Vine: An Historical Geography of Viticulture and the Wine Trade [M]. London: Routledge, 1996:158–159.

③ 休·约翰逊.葡萄酒的故事 [M]. 程芸,译. 北京:中信出版社,2017:64.

海沿岸地区的葡萄酒,通常口感更甜,酒精度高,保质期更长,也深受英国人的喜爱。14世纪早期起,随着意大利经直布罗陀海峡到北欧商路的建立,威尼斯商人开始使用更大地浆帆船,将来自地中海的葡萄酒运输到英国、弗兰德斯等地。来自地中海东部岛屿的马姆齐和罗姆尼葡萄酒在英国越来越受人欢迎。[①]13世纪末,西班牙和葡萄牙驱逐摩尔人以后,葡萄种植和葡萄酿造在伊比利亚半岛广泛开展起来,他们生产类似与地中海东部地区的甜葡萄酒。14世纪以后,奥斯曼帝国在地中海东部地区的不断扩张,来自地中海东部的葡萄酒生产和贸易逐渐减少并最终停止,甜葡萄酒供应逐渐转移到了伊比利亚半岛。14世纪末期时,西班牙的葡萄酒在英国已经非常流行;英国诗人乔叟在《教会赎罪券推销人的故事》中有过对来自西班牙葡萄酒的描述,同时还揭示了当时这种酒普遍造假的现象。[②]1453年,加斯科尼最终落入法国人手中,此时英国人开始越来越偏爱来自地中海沿岸的甜葡萄酒,这导致15和16世纪,英国进口的葡萄酒来源地进一步转向了西班牙和葡萄牙。虽然,16世纪西班牙与英国的矛盾冲突不断加剧并且导致了战争,但16世纪和17世纪仍然见证了两者之间葡萄酒贸易的不断发展。来自西班牙的葡萄酒中,被称为袋酒(Sack)的葡萄酒享负盛名,它也是雪莉酒(Sherry)的前身。从同时代莎士比亚的作品中,我们就能品尝到这种酒的味道。莎士比亚的作品中反复提到袋酒,在《亨利四世》中,莎士比亚最受人喜爱的角色福斯塔夫(John Falstaff)日常饮用的就是袋酒。他的晚餐明细是:阉鸡1只、酱料、袋酒2加仑,另外晚餐后还有8先令2便士袋酒和鳀鱼。[③]除了《亨利四世》,莎士比亚的《亨利六世》和《温莎的风流娘们》中都有多处提到袋酒。总之,到了17世纪中期时,英国葡萄酒进口来源呈现出多样化的局面,这反映了这一时期欧洲社会政治上的不稳定。

　　虽然中世纪的英国从欧洲大陆进口了大量的葡萄酒,然而最初控制葡萄酒进口的却不是英国商人。早在诺曼征服以前,葡萄酒贸易已经发展起来,11世纪时,葡萄酒贸易中的批发和零售已经区分开来。忏悔者爱德华在法令中规定外来商人可以自由地来到英国,从事葡萄酒批发,但不能从事

---

① Unwin, T. Wine and the Vine: An Historical Geography of Viticulture and the Wine Trade [M]. London: Routledge, 1996: 162.

② Chaucer, G. The Canterbury Tales rev. edn [M]. N. Coghill, (trans.). Harmondsworth: Penguin, 1977:265.

③ 休·约翰逊. 葡萄酒的故事 [M]. 程芸, 译. 北京: 中信出版社,2017:80.

葡萄酒零售,零售葡萄酒是王国内商人的特权。^①这种特权如其说是一种独有的权利,不如说是当时英国商人不够强大没有能力从事葡萄酒的批发业务,而只能将零售权控制在自己手中。12世纪,随着安茹和诺曼底公爵亨利入主英国,英国获得了法国西南部最好的葡萄园。为了发展波尔多的葡萄酒业,英国统治者在统治波尔多期间制定了很多有利于该地的条例,这些条例被波尔多人称为《葡萄酒管理条例》。另外,加斯科尼的商人逐渐获得在英国市场公平竞争的机会。由于加斯科尼商人也是英国国王的子民,为了保证他们对王国的忠诚,国王经常会给予他们一些优惠政策。1302年,爱德华一世颁布法令,规定加斯科尼酒商不必遵守海外酒商条款,这使他们获得英国国内商人同等的权利;他们不仅可以在英国境内从事葡萄酒批发业务,还可以随意地在英国境内居住和出售葡萄酒,这实际上允许他们垄断英国境内的葡萄酒贸易。伦敦的酒商对此反应强烈,并且同他们进行了长期的斗争。最终,加斯科尼的酿酒商们不得作出让步,要么放弃加斯科尼的国籍在英国定居,要么在登陆英国40天之内离开返回波尔多,将葡萄酒批发或者零售给伦敦当地的酿酒商们。很多来自波尔多的酿酒商为个体酿酒商,然而更多情况是,一个葡萄酒商代表着很多葡萄种植者和酿酒商的利益。个体酿酒商通常会关注英国某一个区域的市场,当然也有很多商人会在各大城市之间游走,寻找价格较好的市场出售。这些市场主要包括波士顿、赫尔、南安普顿、伦敦、布里斯托尔、切斯特等地,其中伦敦是加斯科尼商人最多的地方。^②

英国市场中另一个重要的外国葡萄酒商群体来自汉萨同盟。12世纪后半叶以后,德意志北部新兴城市力量不断增长,并在此基础之上形成汉萨同盟。德意志北部,科隆和法兰克福的商人主导了来自莱茵河的葡萄酒贸易。1157年,英王亨利二世授权科隆商人在伦敦出售葡萄酒的权利;1281年,来自科隆、威斯特伐利亚以及波罗的海西部城市的商人以钢院为基地建立了商业联盟,在英国开展商业活动。^③汉萨同盟输入英国的葡萄酒不仅来自莱茵河而且还来自于法国。14和15世纪,汉萨商人不仅经营来自莱茵河的葡萄酒,还经常出现在法国和西班牙,特别是拉罗谢尔港,盐商们经常

① Simon, Andre L. Wine and the Wine Trade [M]. London: Sir Isaac Pitman & Sons, Ltd., 1921:27.

② Simon, Andre L. Wine and the Wine Trade [M]. London: Sir Isaac Pitman & Sons, Ltd., 1921:29.

③ Unwin, T. Wine and the Vine: An Historical Geography of Viticulture and the Wine Trade [M]. London: Routledge, 1996:165.

从那里将葡萄酒作为一种补充商品搬上船舱,运送到英国和北欧地区。[①]15
世纪初,通过汉萨同盟出口到英国的葡萄酒总量为 6000 桶,1408—1420 年
超过 1 万桶,1475—1480 年降至 5000 桶,后来又有所增加。[②]

13 世纪末,意大利商人开始出现在北欧葡萄酒市场。虽然他们来到英
国市场的主要目的是优质羊毛,然而他们随船运来的却是来自地中海的奢
饰品——葡萄酒,以此交换羊毛。14 世纪,威尼斯商人组建的由单个船长
统一指挥的国家商船队在地位上超越了早期的热那亚人个人商船。这些
商船队到达大西洋后,分成两队,一队驶往英国,另一队则驶向弗兰德斯。
到达英国的商船起初停靠在伦敦,然而到了 14 世纪,南安普顿的商人们成
功地说服国王,获得了进口地中海葡萄酒的专利权,这使他们成为其他港
口葡萄酒商的眼中钉。[③]1434 年,南安普顿港成为意大利商队的主要集结
地,并且此后成为来自于地中海葡萄酒的重要港口,如马姆齐甜酒、朗内酒
(Romney),以及来自佛罗伦萨附近的维纳西亚白葡萄酒(Vernaccia)——
英国人称其为 “维纳其酒(Vernage)”。[④]14 世纪以后,英国和佛兰德商人,
逐渐取代了意大利商人在羊绒和羊呢贸易中的地位,因此意大利商人不得
不将更多的注意力转向葡萄酒贸易。1453 年,英国失去了法国的阿基坦,
威尼斯商人不失时机地向英王奉上八桶顶级葡萄酒,乘机抢占了英国市场,
马姆齐酒在英国一炮而红,深受人们喜爱。1480 年,英国的克拉伦斯公爵
乔治因叛国罪被判死刑,在挑选死刑执行方式时,他毫不犹豫地选择了在马
姆齐甜酒中淹死。[⑤]

直到 14 世纪以后,英国商人才在葡萄酒贸易中崭露头角,并日益占据
上风。中世纪早期以来,外国商人一直在英国享有一定的贸易权利。1215
年的《大宪章》中有关外国商人的规定,主旨是鼓励国外商人来港贸易,但
必须严格控制他们的商业活动。然而到了 13 世纪末期,国王的政策开始有
利于外来商人。早在 12 世纪中期,英国各港口进口的葡萄酒就开始实施普
遍的关税;12 世纪末,输入酒税(recta prisa)演变成了一种正式权利。根据

---

① Abraham–Thisse, S. The Hanse and France [A]. In A.d' Haenens (eds.). Europe of the
North Sea and the Baltic: the World of the Hanse [C]. Antwerp: Fonds Mercator, 1984:223.

② 刘景华、宋峻. 汉萨商人在英国的活动及其对英国社会的影响 [J]. 广州大学学报,
2008 (11):88.

③ 休·约翰逊. 葡萄酒的故事 [M]. 程芸, 译. 北京: 中信出版社,2017:67.

④ Unwin, T. Wine and the Vine: An Historical Geography of Viticulture and the Wine Trade
[M]. London: Routledge, 1996: 165.

⑤ 休·约翰逊. 葡萄酒的故事 [M]. 程芸, 译. 北京: 中信出版社,2017:70.

规定,对于载货量在 20 桶及其以上的货船,国王有权从每船中获得两桶葡萄酒,按照 20 先令每桶的价格支付给船主。[①] 这两桶酒分别来自于桅杆前和桅杆后,以确保国王能够以低于市场的价格获得最好的葡萄酒。载货量在 10 桶和 20 桶之间的商船,征收一桶葡萄酒;10 桶以下的商船免征葡萄酒。爱德华一世在位时,不仅打压伦敦商人,而且制定了很多有利于外国葡萄酒商的法规。他给予加斯科尼商人在英国从事葡萄酒批发和零售的权利,还免除了加斯科尼商人的输入酒税,转而要求他们每进口一桶葡萄酒缴纳 2 先令的关税。1303 年,他在《商人宪章》中,又将这项特权授予所有的外来商人,同时还增加了一些新的有利于外来商人的条款。其中一条规定,外国商人在整个英国境内都免收城墙税、过桥税和铺路税。[②] 由于一系列的优惠政策,14 世纪加斯科尼出口英国的葡萄酒达到了顶峰。然而,伦敦商人通过请愿等方式不断对加斯科尼的商业地位提出反对,并且作出了长期的抗争;14 世纪第二个十年间,加斯科尼的葡萄种植遭遇了各种原因导致的减产,恶劣天气、饥荒和疾病持续困扰着加斯科尼,因此出口的葡萄酒数量开始大幅减少。1334 年,爱德华三世为了阻止货币外流,规定波尔多商人必须通过购买商品的方式来向英国出售葡萄酒,导致很多葡萄酒商转向佛兰德和汉萨港口。14 世纪 20 年代以及英法之间百年战争的开始,进一步削弱了加斯科尼商人在英国的地位。

与此同时,英国葡萄酒商逐渐开始崛起。爱德华三世的政策导致大量的葡萄酒商逃离英国,为了保持国内的葡萄酒供应,国王、宗教和世俗贵族以及葡萄酒商们不得不自己组建商队去波尔多购买葡萄酒。国王竭尽所能地鼓励他的臣民们建设商船、从事贸易,并且授予他们大量的安全通行证,去往波尔多运回自己所需的葡萄酒。14 世纪初,英国商人从加斯科尼进口的葡萄酒只占总进口量的四分之一左右,而到了该世纪 30 年代末,仅伦敦商人就与加斯科尼商人的进口量相当,所有英国商人的进口量是加斯科尼商人进口量的两倍。[③] 当加斯科尼葡萄酒供应减少时,英国商人便把目光投向了其他地方,特别是地中海沿岸和西班牙。15 世纪末,长期由威尼斯

---

① Gras, N. S. B. The Early English Customs System: a Documentary Study of the Institutional and Economic History of the Customs from the Thirteenth to the Sixteenth Century, Cambridge [M]. Massachusetts: Harvard University Press, 1918:41.

② Unwin, T. Wine and the Vine: An Historical Geography of Viticulture and the Wine Trade [M]. London: Routledge, 1996: 166.

③ James, M. K. Studies in the Medieval Wine Trade [M]. E.M. Veale, (eds). Oxford: Clarendon Press, 1971: 81.

商人垄断的东地中海葡萄酒贸易陷入了危机,奥斯曼土耳其的崛起彻底地切断了东地中海同英国之间的葡萄酒贸易。英国商人转而进口来自西班牙的袋酒。从爱德华三世时期起,英国商人形成了一个惯例,一些商船通常会在官方指定的时间在英国特定港口集结,形成舰队向波尔多行进,以此增强商船抵御攻击的防御能力。1353 年,爱德华三世宣布,所有发往加斯科尼的商船必须于 9 月 8 日在南安普顿城外的卡尔肖特城堡集合,在王室官员的统一指挥下起航。[①] 这一时期商船队伍的加强,促进英国海军力量的快速增强和海上力量优势的形成。英国商船优势地位的形成也同葡萄酒贸易紧密相关。[②]

从事葡萄酒批发贸易的商人类型各异,然而只有葡萄酒商从事葡萄酒零售。伦敦的酿酒商行会于 1437 年从国王那里获得成立公会的特许状。但是从 13 世纪早期开始,酒商们就开始在管理伦敦城市的过程扮演着重要的角色,14 世纪时,他们逐渐地扩大了对伦敦葡萄酒贸易的控制。1364 年,爱德华三世授权酒商同业公会垄断加斯科尼葡萄酒的买入和出售,虽然外国商人仍然参与葡萄酒批发,但是加斯科尼葡萄酒的零售完全控制在伦敦商人手中。[③] 所有进入伦敦的葡萄酒都需在伦敦桥西岸登陆,这强化了伦敦商人对葡萄酒贸易的控制。

总的看来,中世纪到近代早期,英国社会对葡萄酒的需求量巨大,虽然英国境内也有一定数量的葡萄园,但绝大数葡萄酒都是从欧洲大陆进口而来。由于政治因素的影响,英国葡萄酒进口主要来源地发生了一系列的变化,莱茵河和摩泽尔河沿岸地区、加斯科尼、地中海东岸地区以及伊比利亚半岛先后成为英国进口葡萄酒的主要来源。由于英国商业力量的不足,加斯科尼商人、德意志商人和意大利商人在早期英国葡萄酒贸易中占据着重要的地位,14 世纪以后,英国商人力量不断崛起,爱德华三世采取一系列措施鼓励商业队伍的发展,英国葡萄酒贸易的主动权逐渐掌握到了本国商人手中。

---

① Simon, Andre L. The History of Wine Trade in England, Volume I [M]. London: Wyman & Sons, Ltd, 1906: 221−222.

② Simon, Andre L. Wine and the Wine Trade [M]. London: Sir Isaac Pitman & Sons, Ltd., 1921: 29−30.

③ Unwin, T. Wine and the Vine: An Historical Geography of Viticulture and the Wine Trade [M]. London: Routledge, 1996: 168.

二、英国市场上啤酒同葡萄酒的竞争

物以类聚,人以群分。生活在某一生活群体里的人,总会遵循一定群体意识;饮酒经常被看作身份认同和排他的标志。[①] 在中世纪的英国、德意志和低地国家,葡萄酒通常是富有阶层的饮料。[②] 五世纪起,盎格鲁－撒克逊人已经明显地接受了希腊罗马人的饮酒等级习惯,平民饮用麦酒,中等人喝蜜酒,有钱人喝葡萄酒。10世纪埃尔弗里克在他的教材中也写道:有钱人喝葡萄酒,穷人喝麦酒,最穷的人喝水。[③] 由于地理和气候条件的限制,英国土地不太适宜葡萄种植,因此不得不依靠进口来满足国内葡萄酒的供应。高昂的运输成本无形地增加了葡萄酒的零售价格,进而限制了其消费群体。能够在日常生活中经常饮用葡萄酒的群体主要包括王室、世俗和宗教贵族、富有商人和城市中的精英市民等;而普通农民、城镇市民、手工艺人等则只能以啤酒作为其日常饮品。饮料的阶级属性在中世纪英国社会表现的淋漓尽致。尽管如此,随着中世纪晚期和近代早期,啤酒酿造技术的不断提高,啤酒的社会地位也在提高,作为底层阶级饮料的标签开始淡化。

葡萄酒在英国的零售主要分为三大类:王室和大贵族的家庭供应,中上等家庭的日常消费以及酒馆的葡萄酒零售。王室是葡萄酒消费大户,他们所购葡萄酒不仅是维持王室成员的日常消费,还用来维持军队、举办宴会以及款待附庸和下属。中世纪英国生活的一个很重要的特征是毫无节制的热情好客。很多王朝的王室都极尽奢华,国土日常生活中扈从众多。以国王理查德二世为例,每到一处,国王身边都有200名护卫,陪同的还有13名大主教,另外还有男爵、骑士、乡绅等,人数如此之多,以致于每天都有1万人到王室来就餐。[④] 亨利八世国王甚至在其临时宫殿外建了两处葡萄酒喷泉,一处喷出红葡萄酒,一处喷出白葡萄酒,人人可免费饮用。[⑤] 这就不难理解王室需要大量葡萄酒供应的原因了。军队也消耗了大量的葡萄酒,尤

---

① Nelson, Max. The Barbarian's Beverage [M]. London: Taylor & Francis e-library, 2004: 3.

② Henri, Pirenne. Economic and Social History of Medieval Europe [M]. New York: Harcourt, Brace and Company, 1937:153.

③ Nelson, Max. The Barbarian's Beverage [M]. London: Taylor & Francis e-library, 2004: 87.

④ Simon, Andre L. The History of Wine Trade in England, Volume I [M]. London: Wyman & Sons, Ltd, 1906:336.

⑤ Sim, Alison. Pleasures and Pastimes in Tudor England [M]. Stroud: the History Press, 2011:62.

其在战时。百年战争第二年,温莎城堡的治安官收到国王提供的 8 大桶葡萄酒作为军需供应;当年 11 月新酒出来时,国王通过波尔多商人向驻守在苏格兰和其他城堡的士兵,提供了 24 大桶葡萄酒。① 国王还会将葡萄酒作为礼物送给亲戚、宗教机构、牧师、骑士、仆人等。1292 年,1 月 2 日,国王爱德华一世同意每年给予他的女儿玛丽公主 20 大桶葡萄酒。②1225 年,亨利三世送给卡斯提尔国王的使者 4 大桶葡萄酒。③ 王室、大贵族和教会机构葡萄酒消费量巨大,在很多时候他们可以直接从国外购买葡萄酒,此类进口免交关税。④ 直接从葡萄酒原产地进口葡萄酒可以减少中间商环节,当时通过水路运输葡萄酒的运输成本低廉,由此他们能够节省大量资金。另外,他们还会从主要的葡萄酒贸易港口,如伦敦、赫尔、南安普顿以及布里斯托尔等,或者直接从这些商人的酒窖中购买大量的葡萄酒。1335 年 1 月,爱德华三世国王的管家从阿基坦领地购买了 500 大桶当季葡萄酒,不久又从那里获得了 200 大桶。⑤1336 年,国王要求从国内各港口订购 300 大桶好酒,其中从赫尔港上的金斯顿购买 120 大桶,波士顿港 10 大桶,伦敦港 100 大桶,温切斯特和桑威奇各 20 大桶,布里斯托尔 30 大桶。⑥

　　大贵族家庭也消费大量的葡萄酒,他们家庭所需葡萄酒,除了来自自己种植的葡萄之外,还从国外或者国内港口进口。13 世纪,赫里福德大主教斯温菲尔德(Swinfield)家庭消费账簿记录了该主教家庭购买和消费的所有物品,其中包括 1289 年至 1290 年间详细的葡萄酒消费数量。斯温菲尔德家庭消费的红葡萄酒都是购买而来,而大部分白葡萄酒则是自己葡萄园所酿。1289 年秋天,他们葡萄园所产葡萄酿造了 7 酒桶(pipe)白葡萄酒和大

①　Simon, Andre L. The History of Wine Trade in England, Volume I [M]. London: Wyman & Sons, Ltd, 1906:230–231.

②　Hardy, Thomas Duffus. Syllabus of the Documents relating of England and Other Kingdoms contained in the collection known as "Rymer's Federa", Vol. 1 [M]. London: Longmans, Green, & Co., 1869:112.

③　Hardy, Thomas Duffus. Syllabus of the Documents relating of England and Other Kingdoms contained in the collection known as "Rymer's Federa", Vol. 1 [M]. London: Longmans, Green, & Co., 1869:54.

④　James, M. K. Studies in the Medieval Wine Trade [M]. E. M. Veale, (eds.). Oxford: Clarendon Press, 1971:178.

⑤　Close Rolls of the Reign of Edward III [Z]. London: Mackie and Co. Ld., 1898:287, Jan. 4th, 1335.

⑥　Close Rolls of the Reign of Edward III [Z]. London: Mackie and Co. Ld., 1898:368–369, Feb. 1st, 1335.

约 1 酒桶酸果酒。除此之外,该家庭所需的大部分葡萄酒则从不同的城市购买。例如,主教从布里斯托尔买了 12 酒桶(pipe)和 1 桶(barrel)葡萄酒。在去伦敦的路上,他还从很多城市购买葡萄酒用于自己消费。[①] 约克大主教亨利·博威特(Henry Bowet)家庭的波尔多红葡萄酒年消费量达到了 80 大桶。除了教会显贵的家庭消费以外,修道院也消费了大量的葡萄酒。修道院通常会准备了大量的葡萄酒来招待到访的世俗和教会贵族,以及修道院修士。拉姆齐(Ramsey)修道院只用葡萄酒来招待宗教贵族和贵客,修士们日常饮料是啤酒。[②]

中上等家庭和酒馆的葡萄酒基本上是从国内各大小港口批量购买。酒馆大量购买葡萄酒后再以加仑、瓶或者品脱为单位出售。分布于各地城市的酒馆向城市市民和商人出售来自欧洲大陆各地的葡萄酒。据统计,1309 年伦敦有 354 家酒馆。1577 年对英国 30 个郡的调查,显示有 339 家酒馆。除了酒馆外,客栈也出售大量的葡萄酒,1577 年的调查显示,英国 30 个郡拥有 2161 家客栈。这些客栈和酒馆分布于各地的乡村和城市,特别是城市,担负着除家庭和宗教机构消费以外的所有葡萄酒零售任务。酒馆和客栈的顾客,除了旅行的朝拜客、商人以外,还有城市富裕的市民,乡村有钱的乡绅等。城市市民是国王、教会和贵族以外,葡萄酒的主要消费群体,特别是那些由于地理条件的便利,能够以较低价格购买到葡萄酒的港口城市的市民和商人。[③]

在英国拥有葡萄园的人,非王室、宗教机构,即为世俗贵族,普通人根本无法自己酿造葡萄酒。从欧洲大陆通过海运到达英国的葡萄酒在零售中,要遵循《葡萄酒法令》在价格上的管制,为了保证大量的人能够饮用葡萄酒,几百年来葡萄酒的定价相对来讲一直比较便宜。但是受供求关系及政治因素的影响,在中世纪的英国,葡萄酒的实际销售价格,从长期来看一直处于不断上升的趋势。从表 3.3 可以看出,葡萄酒在英国社会的官方定价和实际销售价格,在 12 到 16 世纪期间都发生了巨大的变化,每个世纪的平均销售价格都是上个世纪售价的 1.5 到 2 倍。法定价格也在不断增加,

---

① Webb, Rev John (eds.). A Roll of the Household Expenses of Richard de Swinfield, Bishop of Hereford, During Part of the Years 1289 and 1290 [A]. London: J. B. Nichols and Sons, Printers, 1855:xliv.

② Simon, Andre L. The History of Wine Trade in England, Volume I [M]. London: Wyman & Sons, Ltd, 1906:356.

③ Simon, Andre L. The History of Wine Trade in England, Volume I [M]. London: Wyman & Sons, Ltd, 1906:358.

1538—1581 年不到 50 年的时间,波尔多红葡萄酒的价格甚至翻了一番。葡萄酒价格的快速上涨极大地限制了其消费群体的扩大。大量的劳动群体仍然被排除在葡萄酒的消费群体之外。法墨(Farmer)和戴尔对中世纪英国社会农业工人和建筑工人真实工资的消费指数进行了详细地分析。[①] 为了支付"购物篮"[②] 里所有的商品,13 世纪中期,建筑工人需要 27 个单位的工作,14 世纪早期,需要 35—42 个单位的工作,15 世纪早期减少到 20 个单位,15 世纪中后期只需 12—16 个单位的劳动,从这一数据来看,建筑工人的日工资在 13 世纪到 15 世纪期间增长了约三倍。而农业工人的工资则增长较慢,只有 1.5 到 2 倍。[③] 这也说明,建筑工人和农业劳工的生活水平得到了一定的提高。具体看来,建筑工人的日工资在 13 世纪早期只有 2.5 便士左右,到了 15 世纪末增长到 6 便士左右。[④] 从劳动工人的日工资来看,要想获得每天所需的安全饮料,购买啤酒更加现实;饮用一升葡萄酒,将会耗费他所有的劳动报酬。

表 3.3　12—16 世纪英国国内葡萄酒零售价格表

年代	平均价格（便士/加仑）	最高价格（便士/加仑）地点、时间	最低价格（便士/加仑）地点、时间	备注
12 世纪	1	2 伦敦 1174	0.5 伦敦 1159	法国和摩泽尔河葡萄酒
13 世纪	2	3.5 各地	0.75 各地	Ossey 和马瓦西葡萄酒开始出现，售价分别为 6 和 8 便士。
14 世纪	3.5	4.25 伦敦 1338	2.25 贝里克 1343	加斯科尼葡萄酒。地中海甜葡萄酒价格更高，在 2 先令以上。
15 世纪	7—8			加斯科尼葡萄酒法定价格为 6 便士。

① 参见 Christopher, Dyer. Standards of Living in the Later Middle Ages: Social Change in England c. 1200—1520 [M]. Cambridge: Cambridge University Press, 1989: 306–311. 和 Farmer, D. L. Prices and Wages [A]. In Edward Miller, The Agrarian History of England and Wales 1348—1500, vol. Ⅲ [C]. Cambridge: Cambridge University Press, 1991:491–494.

② 购物篮的商品包括一定量的牛肉、羊肉、猪肉和奶酪,以及大量的大麦和豌豆。

③ Christopher, Dyer. Standards of Living in the Later Middle Ages: Social Change in England c. 1200—1520 [M]. Cambridge: Cambridge University Press, 1989: 306–308.

④ Christopher, Dyer. Standards of Living in the Later Middle Ages: Social Change in England c. 1200—1520 [M]. Cambridge: Cambridge University Press, 1989:215.

续表

年代	平均价格（便士/加仑）	最高价格（便士/加仑）地点、时间	最低价格（便士/加仑）地点、时间	备注
16 世纪		32　1592	8　1510	波尔多红葡萄酒，1538 年法定价格为 8 便士，1565 年为 12 便士，1581 年为 16 便士。
		56　1598	10　1533	袋酒 Sack，1571 法定价格 13 便士。
		40　1594	12　1508	莱茵河葡萄酒
14（固定价格）				普瓦图和昂古莫瓦白葡萄酒 1553 年法定价格为 4 便士。

资料来源：Simon, Andre L. Wine and the Wine Trade [M]. London: Sir Isaac Pitman & Sons, Ltd., 1921: 32–35.

　　对比而言,啤酒和麦酒的价格一直比较稳定,增长较慢。1266 年《麦酒和面包法令》的颁布,对市场上出售的啤酒价格进行了严格的规定,要求酿酒商和麦酒馆以固定的价格出售麦酒。虽然该法令也允许在谷物价格出现变动的情况下,对麦酒的售价作出相应的适度调整,但是总体来看,中世纪啤酒的价格变化不大。根据 1266 年《麦酒法案》的规定,1 加仑麦酒在城市的价格为半便士,在农村只有四分之一便士。1283 年的王室法令规定,优质麦酒价格为 1.5 便士每加仑,淡麦酒为 1 便士每加仑,这相当于手工艺人日工资的三分之一,普通劳工日工资的三分之二。[1] 而到了 16 世纪,由于啤酒酿造技术的改进,啤酒的价格仍然保持在前几个世纪的水平。1547 年,波士顿的最好麦酒销售价格仅为每加仑 1.75 便士,最好的啤酒为每加仑 1.5 便士。[2] 当时劳动工人的日工资可以买到 4 加仑的好啤酒,更多的淡啤酒。价格上的优势,无形中增加了啤酒的消费群体和消费量。

　　从葡萄酒和啤酒的消费群体上看,啤酒消费群体人数多得多。葡萄酒的消费群体只限于社会中上层,而啤酒的消费群体则囊括社会各个阶层和群体。即使王室、宗教和世俗贵族家庭也都大量饮用啤酒,上文中已有具体

[1]　Clark, Peter. The English Alehouse: a social history 1200—1830 [M]. London: Longman Group Limited, 1983: 24.

[2]　Clark, Peter. The English Alehouse: a social history 1200—1830 [M]. London: Longman Group Limited, 1983: 97.

论述。这些家庭啤酒消费的数量惊人,在数量上远超于葡萄酒的饮用量。虽然王室和贵族认为葡萄酒优于啤酒,是他们社会地位的象征。^①但实际生活中,啤酒的消费量越来越占据主要地位。戴尔分析了 14—15 世纪期间多个贵族家庭食品支出情况,发现大部分的贵族家庭啤酒支出比葡萄酒支出要高。例如,布里德波特的小修道院牧师家庭 1456—1457 年间消费了价值 41 先令的麦酒,没有葡萄酒消费;凯瑟琳·德·诺维奇家庭 1336 年 9 月到 12 月间,消费的麦酒价值为 69 先令,葡萄酒的价值为 25 先令;邓斯特的休·勒特雷尔爵士家庭在 1425—1426 年间,消费了价值 24 英镑的麦酒和 25 英镑葡萄酒;托马斯·德·伯克利家庭在 1345—1346 年间消费了 130 英镑的麦酒,46 英镑的葡萄酒;而白金汉公爵汉弗莱·斯塔福德家庭 1452—1453 年间消费了 192 英镑的麦酒和 278 英镑的葡萄酒。^②这些数据显示,家族势力越大,葡萄酒和麦酒消费量越大;在中等贵族家庭支出中,麦酒的消费价值已经等同或者超过葡萄酒的价值,考虑到啤酒的单价要远低于葡萄酒,因此啤酒的消费量更是远超于葡萄酒。另外,在小贵族的家庭支出中,葡萄酒的消费很小,甚至为零,这也体现了在这个群体中啤酒正在取代葡萄酒的消费地位。

葡萄酒在宗教仪式和宗教机构中的消费也受到了啤酒的竞争。按照基督教的宗教仪式,弥撒仪式包括分享面包和葡萄酒。对于地处偏僻、交通不便,又不能自己种植葡萄、酿造葡萄酒的修道院而言,这项规定给他们带来了很大的麻烦。因此,啤酒开始在宗教仪式中代替葡萄酒。最早将啤酒引入宗教仪式的是 5 世纪的爱尔兰修道院,当时流传着大量的有关圣徒如何将水变成啤酒(就像基督曾经如何将水变成葡萄酒一样)用来救治病人等等一些神奇的传说^③;这些圣徒包括圣布里吉特和圣科兰班等,各种传说开始将饮用啤酒神圣化。加洛林王朝的路易国王统治期间,啤酒正式成为官方认可的修道院食品中的一部分,这实际上允许修道院自己决定生产葡萄酒还是啤酒或者两者兼备。816 年的教会会议同意在葡萄酒供应不足的地方,允许修道院在宗教仪式中使用啤酒来代替葡萄酒。^④对于基督徒来

① 左志军. 欧洲人推崇葡萄酒的历史原因 [J]. 经济社会史评论, 2017(3):51–52.

② Christopher, Dyer. Standards of Living in the Later Middle Ages: Social Change in England c. 1200–1520 [M]. Cambridge: Cambridge University Press, 1989: 56.

③ Nelson, Max. The Barbarian's Beverage [M]. London: Taylor & Francis e–library, 2004: 76.

④ Unger, R.W. Beer in the Middle Ages and the Renaissance[M]. Philadelphia: University of Pennsylvania Press, 2004:29.

说,葡萄酒和面包分别象征着基督的血液和身体,食用面包和饮用葡萄酒是为了缅怀基督。起初,在圣餐仪式中主持活动的神父和平信徒共同使用圣杯分享葡萄酒,共同分食一块面包。而到了 12 世纪以后,在圣餐仪式中用圣杯饮用葡萄酒的权利后仅限于主持仪式的司仪神父,平信徒只限于食用面包。1215 年,第四次拉特兰宗教会议界定了圣餐变体论,平信徒被排除在圣餐中接受葡萄酒活动之外。[1] 这剥夺了大量的平信徒在宗教仪式中饮用葡萄酒的权利。在宗教机构中,中世纪英国修道院中普通修士只有在节日或者特殊场合才能饮用葡萄酒,平时的日常生活主要饮料为啤酒。拉姆齐(Ramsey)修道院的修士们日常饮料是啤酒,只有在传统节日、纪念日或者宗教节日,每个修士才能获得半加仑葡萄酒。[2]13 世纪末,比尤利修道院(Beaulieu Abbey)的宾馆招待说明也能体现当时葡萄酒的饮用状况;该修道院要求用葡萄酒招待大修道院院长、小修道院院长和其他显贵要,而牧师和骑士来访时不能全部使用葡萄酒,有些人只能饮用上好的麦酒。[3]

　　有关葡萄酒消费的资料较少,但 14 世纪晚期到 15 世纪葡萄酒的消费呈下降趋势。在英国,14 世纪葡萄酒的人均消费量为每人每年 15 到 31 升,到 15 世纪中期已经降到了 4.5 到 6 升。15 世纪末和 16 世纪,穷人、劳工和技术工人,都不再饮用葡萄酒了;饮用葡萄酒仅限于富人的餐桌、特殊节日和庆祝聚会。[4]17 世纪流行的一本名为"葡萄酒、啤酒、麦酒和烟草的对话"一书,将四种物品赋予人物的性格,利用他们的对话生动地表现这几种商品在当时欧洲市场的相互竞争。[5] 葡萄酒消费的下降趋势同啤酒消费上升趋势形成了鲜明的对比。这种变化反映了百年战争后,英国失去欧洲大陆属地,葡萄酒价格总体上涨给英国饮料市场造成的影响,另一方面也反映了啤酒在英国人饮食中地位进一步提高。

---

① Unwin, T. Wine and the Vine: An Historical Geography of Viticulture and the Wine Trade [M]. London: Routledge, 1996:121.

② Simon, Andre L. The History of Wine Trade in England, Volume I [M]. London: Wyman & Sons, Ltd, 1906:356.

③ Christopher, Dyer. Standards of Living in the Later Middle Ages: Social Change in England c. 1200—1520 [M]. Cambridge: Cambridge University Press, 1989:62.

④ Unger, R. W. Beer in the Middle Ages and the Renaissance[M]. Philadelphia: University of Pennsylvania Press, 2004:132–133.

⑤ 参 见 Hanford, James Holly. Wine, Beere, Ale, and Tobacco: A Seventeenth Century Interlude [J]. *Studies in Philology*, 1915, 12 (1):1–54.

第三节　政府等机构对啤酒生产和消费的管控

啤酒是中世纪英国社会生活的日常必需品之一,关系着社会民生,因此一直是国家各级权力机关、宗教机构以及各种社会组织重点关注的对象。王室、宗教机构、城市和行会等组织对啤酒的生产和消费进行管控,不仅维持了啤酒行业健康有序的发展,而且还能够确保自己从啤酒行业中获得经济利益。由于啤酒同面包一样重要,因此英国王室很早就对它们的生产和销售进行全国性的立法,并设立专门的官员对啤酒的生产和销售进行监督,对违反法律和法规的行为加以惩治。在城市,市政当局和行会也制定了一系列的法规来约束啤酒酿造者,维护市场秩序,避免恶性竞争,进而保持社会稳定。各级权利机构的法律和法规,主要围绕啤酒的生产和消费而设立,不仅针对啤酒酿造者和出售者,还对消费者的饮酒行为作出规范,制定相应的处罚措施。对啤酒行业的监管,还是国王、城市政府及庄园主的重要收入来源,征税和罚款是英国王室财政收入的重要组成部分,城市和庄园主也因此获得了大量收入。

一、对啤酒酿造和销售的立法和规范

早在诺曼征服以前,就能找到一些规范售酒的法令。盎格鲁－撒克逊时期有些法令对麦酒馆的数量作出了规定,如 616 年肯特国王艾塞尔伯特的法令中就有规范麦酒出售者行为的条款;10 世纪时,英国国王埃德加命令在每一个定居点只能有一个麦酒馆。[①] 主教们对教士可能会在酒馆里喝醉感到非常焦虑,因此修道院禁止教士们在酒馆就餐和饮酒。[②]

在 13 世纪中期以前,啤酒的酿造主要以家庭为单位,酿造的啤酒也基本上为了家庭消费,商业酿酒规模较小,普及程度低。此后,商业酿酒逐渐增多,并且在城市和乡村日益普及。市场的扩大急需相应法律和法规的管

---

① Clark, Peter. The English Alehouse: a social history 1200—1830 [M]. London: Longman Group Limited, 1983: 20.

② French, Richard Valpy. Nineteen Centuries of Drink in England (second edition) [M]. London: National Temperance Publication Depot, 1890:29.

理和规范，在此背景之下，英国社会的第一部全国性啤酒法令诞生了，它便是 1267 年公布的《面包和麦酒法令》。其实，早在《麦酒法令》颁布之前，各城市对于规范酿酒行为都已经做出了各种规定。《末日审判书》中记载，在切斯特郡，任何人售酒过程中使用不合格的量具要支付 4 先令的罚金，酿造不健康的麦酒要处罚金 4 先令或者接受体罚。到了 12 世纪下半叶，各地开始公布酿酒者需要遵循的法令，以规范市场。13 世纪早期，验酒官已经在多地出现，并且成为执行麦酒法令的重要一环。[①] 由此看来，在 1267 年以前，英国各地早已形成了各自独有的麦酒法令，虽然这些法令在具体细节上各有不同，但实际上都开始对麦酒的质量、售酒量具和售价进行监管；对于违法法令规定的酿酒者处以罚金、没收麦酒，甚至施以身体上的处罚。他们依靠法庭陪审团、验酒官以及其他相关官员来实施法令。

　　《麦酒法令》的颁布实施极大地扩大了验酒官的权力。诺曼征服以后，威廉一世就非常关心啤酒质量，他曾经为伦敦城任命了四名验酒官（ ale-conner ）。从此之后，验酒官正式成为一份荣耀的市政职业，验酒的技艺也传承了几百年。酿酒官的职责是验证新酿啤酒是否适宜饮用，即啤酒的发酵是否充分。通过测试啤酒粘度，验酒官决定啤酒是否得以充分地发酵，如果粘度过高，则不利于健康，不允许出售。《麦酒法令》颁布以后，酿酒官的职责范围得以拓展，他们不仅有权决定啤酒是否有益健康，而且还对啤酒的定价拥有决定权。《麦酒法令》中提到了两种不同的麦酒，这两种麦酒所含谷物数量不同，因此定价也不同。验酒官的职责之一就是分辨不同种类的麦酒，并对这些麦酒进行定价。如果验酒官认为某种麦酒质量较低，他有权依据麦酒法令的规定改变它的售价。根据《伦敦城书信发文簿 H》记载，理查二世国王在 1377 年 7 月 31 日，公布了一份规范麦酒销售的法令，第一次详细描述了"验酒官"的职责范围，此后每一个行政区都要选举一些验酒官，他们的名字被记录在城市的备忘录卷宗之中。[②] 同样在亨利四世统治时期，验酒官被认为是一份非常严肃的工作，在他们履职之前需要进行庄严的宣誓。1419 年的《伦敦市白皮书》原文记载了伦敦验酒官的宣誓词和验酒官的职责。从宣誓词中可知，验酒官要保证自己辖区内所有的酿酒者在出售最好的麦酒时，价格不能高于 1.5 便士每加仑，次等麦酒价格不能超过 1 便士每加仑；售酒时必须使用加盖官方印章的量具，来盛满清澈的麦酒；如

① 　Bennett, J. M. Ale, Beer, and Brewsters in England [M]. Oxford: Oxford University Press, 1996:100.

② 　Sharpe, Reginald R. (eds.). Calendar of Letter-books of the City of London, Letter-book H [M]. London: John Edward Francis, 1907:71.

有人违反规定,验酒官需向辖区的市政官证实违法行为,记录他们的姓名;在售酒者召唤时,应该时刻准备好去品尝新酒,如果所酿麦酒质量较以前次之,则经由市政官同意后,根据自己的判定,设定一个合理的价格;若有召唤,不能无故不到场;不能因为任何原因,隐瞒、饶恕违反上述规定者或者采用隐蔽的方式侵犯他人权利。① 这些规定,既明确了验酒官的职责也表明了他们需要遵守的规范。

到 14 世纪时,英国所有的商业酿酒者都被纳入到了《麦酒法令》的监管范围。通常情况下,法庭的陪审团会根据当时的谷物和麦芽价格,为不同烈度的啤酒设定不同的价格,价格的设定一般为一年一次,有时会有多次。验酒官负责日常生活中对麦酒酿造和出售的监管。他的职责范围包括:品尝麦酒、对麦酒定价、核实量具、记录违法行为并在法庭上陈述、根据违法行为的具体情况向法庭建议处罚力度等。最后,法庭根据酿酒官的陈述,判决对违法者的处罚。起初法庭只对违法者做出处罚,后来则对所有的酿酒者都处以罚金,法庭的罚金开始变成对于所有酿酒者的酿酒授权。黑死病以后,各地对酿酒者的管理进一步强化。有些地方要求酿酒商必须公布在售麦酒的数量,这样所有人都有同等购买麦酒的机会;他们会处罚那些更喜欢出售麦酒给店内消费的顾客,而不出售给外带顾客的酿酒商。

《麦酒法令》还对酿酒的原材料、麦酒的定价和违法行为的处罚做了明确的规定。酿造麦酒的原料只能包括麦芽、水和酵母。1266 年的另外一条法令规定,从一穗成熟的麦穗中取出 32 颗麦粒,重量应该等于一便士硬币,② 这显然是对酿酒谷物质量作出的要求。《麦酒法令》还根据谷物的价格对麦酒的售价作出了规定:"当一夸特小麦售价为 3 先令或者 3 先令 4 便士,一夸特大麦售价为 20 便士或者 2 先令,一夸特燕麦售价为 16 便士时,城市的酿酒者可以按照两加仑啤酒或麦酒一便士的价格出售,城市以外地区可以按照一便士三加仑的价格出售。当城市里 3 加仑麦酒售价为一便士时,城镇之外的地方,麦酒应该按照一便士 4 加仑出售,此法令全国通用。"当谷物价格每夸特上涨 1 先令时,麦酒的价格可以每加仑提高四分之一便士。③《麦酒法令》还规定了对于违法者的处罚方式。对于违法该法令者,

① Carpenter, John & Richard Whitington. Liber Albus: the White Books of the City of London [M]. Cambridge: Richard Griffin and Company, 1861:274.

② Hornsey, I. S. A History of Beer and Brewing [M]. Cambridge: The Royal Society of Chemistry, 2003:294.

③ Salzmann, L. F. English Industries of the Middle ages [M]. London: Constable and company LTD, 1913:186.

前三次如果所犯罪行并不严重,依据《麦酒法令》应予以罚款;对于严重犯罪而且屡教不改者,应该采用体罚,将违法酿酒者捆绑于死囚车或者让其接受鞭刑。① 在每个城市,都有一个六人组成的陪审团,他们宣誓将会忠诚地履行职责,调查城市中所有的量具是否合格,在城市法庭中询问《麦酒法令》在城镇的执行情况,如果有违法行为,则要将违法者的具体行为、姓名等加以公开,并根据违法情况的严重程度,决定是否处以罚款还是体罚。在农村,庄园法庭也会采用相同的方式来处罚违法酿酒和售酒者。诺福克的黑尔庄园法庭卷宗中记载了 15 世纪该庄园被处以罚金的人员清单,一位名为托马斯拉耶的酿酒者被处以 2 便士的罚款,因为他没有按照庄园的习俗来酿造麦酒。②

《麦酒法令》的执行主要依靠地方政府,由于各地具体习俗和地方政府对法令的不同解读,他们在法令执行的过程中所采用的方法也因地而异,城市当局也会制定一些规章制度来约束麦酒业。根据大雅茅斯城市议会卷宗记载,该城市曾经制定过大量的规章制度来约束酿酒和售酒行为。例如,为了保证城市市场售啤酒的质量,保护城市酿酒者的利益,爱德华六世在位期间,该城市曾经规定,城市居民除了购买城镇内酿造的啤酒以外,不得购买其他啤酒进行出售,违者每桶处 6 先令 8 便士罚金。1554 年 3 月 19 日,城市议会规定,任何居民和船只都不能购买或者接受来自城外的啤酒,违者每加仑处以 3 先令 4 便士的罚金;7 月 2 日又规定,任何面包师和酿酒师在无执政官的许可下都不得都不得从事烤面包和酿酒工作。③ 为了保证城市能够获得价格便宜、品质优良的充足啤酒供应,牛津城对啤酒行业进行了严格的监管。1434 年,牛津大学代理人克里斯托弗·诺里斯将全城的酿酒者召集到圣玛丽大教堂,命令他们规范自己的酿酒行为,让所有人都能饮用品质优良的麦酒;他还要求所有酿酒师庄严宣誓,承诺酿造好酒,遵循麦酒法令,并且指定了两名检察官加以监督。④ 到了 15 世纪末,为了确保牛津城能够获得定期的啤酒供应,该城形成了一套严格的轮流酿酒体系。每位酿

① Bickerdyke, J. The Curiosities of Ale and Beer: An Entertaining History [M]. London: Swan Sonnenschein & Co.,1889:100.

② Bickerdyke, J. The Curiosities of Ale and Beer: An Entertaining History [M]. London: Swan Sonnenschein & Co.,1889:107.

③ Bickerdyke, J. The Curiosities of Ale and Beer: An Entertaining History [M]. London: Swan Sonnenschein & Co.,1889:103.

④ Bennett, J. M. Ale, Beer, and Brewsters in England [M]. Oxford: Oxford University Press, 1996:115.

酒者都必须遵守大学安排的酿酒周期,即每 15 天一个轮回。这种安排将酿酒周期固定到每家酿酒商,减少了城市对酿酒监督的工作量,控制了酿酒商的数量,事实上成为对他们酿酒行为的授权。总的看来,1552 年詹姆士一世立法加强对啤酒馆的管理,之后各地地方政府都根据实际情况颁布了更加详细的规定,内容涉及酒馆主人、经营场所以及顾客等方方面面;对于经营许可的规定甚至细化到控制酒馆的经营时间、地点、设施配备(如床、房屋的后门)等具体细节。

　　行会也对酿酒者的酿酒和售酒进行规范和指导。13 世纪特威德河上的伯威克(Berwick-upon-Tweed)城市行会曾经规定 "任何妇女都不能一次性使用超过一查尔特隆[①](chaldron)的燕麦来酿造啤酒用来出售;任何妇女在复活节至米迦勒节之间都不能按照低于 2 便士每加仑的价格出售啤酒,而从米迦勒节到来年的复活节之间不能按照低于 1 便士每加仑的价格出售啤酒。"[②] 这项规定强调了当时妇女在酿酒活动中的主导地位,同时也对酿酒原料做了特殊的规定,燕麦是当时英国北部酿酒的主要原料。规定中还提到酿酒的周期性特征,在不同时期售酒价格有所不同。中世纪英国城市中酿酒者行会成立的时间普遍较晚。以伦敦为例,1342 年约翰恩菲尔德在伦敦创建了一个酿酒者兄弟会,直到 1406 年伦敦城才允许创建酿酒者行会,1438 年在支付 141 英镑后,伦敦的酿酒者行会最终获得国王颁发的成立公会许可权。[③] 酿酒行会监管所有从事啤酒行业的人员,包括酿酒商、旅馆经营者、厨师、烤薄饼师和售酒小贩。各地的酿酒行会还会制定一些行规来规范啤酒市场。行会的规定涉及面广泛,包括对酿酒商酿酒质量、所用的售酒量具、售酒从业人员以及酒桶的使用和维护等方方面面的规定。[④] 记录显示,行会也拥有对其会员的违章行为作出处罚的权利。1421 年,一位名叫威廉·佩恩的酿酒商因拒绝向国王提供一桶麦酒而被罚款 3 先令4 便士,用来购买天鹅供行会会长早餐食用;阿尔德盖特的西蒙·波坦金因为售酒时缺斤短两而被行会罚款 3 先令 4 便士,用来给行会会长购买天

---

① 　查尔特隆是英国旧时的容量单位,1 查尔特隆等于 36 蒲式耳。

② 　Hornsey, I. S. A History of Beer and Brewing [M]. Cambridge: The Royal Society of Chemistry, 2003:299.

③ 　Bennett, J. M. Ale, Beer, and Brewsters in England [M]. Oxford: Oxford University Press, 1996:62.

④ 　具体内容可以参考 Hornsey, I. S. A History of Beer and Brewing [M]. Cambridge: The Royal Society of Chemistry, 2003: 321,对于酿酒公会一些具体条款的列举。

鹅。[1]15 世纪以后,城市中酿酒行会的影响力逐渐增加。伦敦成立酿酒公会以后,酿酒行会的势力大增,在行业事务的谈判中,行会同城市在力量上变得势均力敌;行会在啤酒的定价、质量、测量、市场监管等方面获得了广泛的权利。

从监管内容来看,防止造假和保证啤酒质量一直都是英国王室、城市和行会组织的重要关注点。为了保证啤酒质量以及销售价格同啤酒质量相符,城市和乡村都要求,酿酒者售酒之前必须在麦酒馆前插上麦酒棒召唤验酒官来品尝麦酒,违者将处以罚金。为了保证出售啤酒的分量充足,售酒者必须使用带有官方印章的量具;行会的规定也要求,麦酒在出售时必须先使用售酒者的容器测量后才能倒入别人的容器中。[2]为了防止酿酒者在麦酒批发过程中缺斤少两,1531 年亨利八世颁布法令禁止酿酒者私自制造售酒酒桶。在该法令还解释了此项禁令颁布的原因:"英国王国的麦酒酿酒商和啤酒酿酒商们,为了自己利润和收益,曾经每天都在自己的房子里制造各种酒桶,这些酒桶实际容量远小于标准容量,极大地损害了国王的臣民的利益,违法了各种法令、法规和古老的法律和习俗,极大地损害了箍桶匠行业和他们的行会",因此任何麦酒和啤酒酿酒商都不得从事箍桶匠的行业。[3]国家和地方在规范麦酒屋从业者的行为时,还引入了从业保证金制度。1495 年,一项法令规定,允许治安法官向他批准的麦酒馆馆主征收良好行为保证金。[4]行为不端者将会没收保证金,或者剥夺经营麦酒馆的授权。酿酒者和售酒者的造假行为,一直是社会的普遍焦虑。当时文学作品对麦酒妻形象刻画深刻地反映了民众的这种焦虑。由于 15 世纪以前,啤酒行业的主要从业者为妇女,人们很容易就将该行业的所有造假行为同女性身份联系起来,因而麦酒妻便成了文学作品中经常出现的人物。最典型的麦酒妻形象出现在 1517 年约翰·斯凯尔顿的《埃莉诺·拉明的啤酒桶》一诗中。该诗的主人公埃莉诺·拉明是一位丑陋而又邪恶的麦酒馆老板娘,

[1] Hornsey, I. S. A History of Beer and Brewing [M]. Cambridge: The Royal Society of Chemistry, 2003:137.

[2] Hornsey, I. S. A History of Beer and Brewing [M]. Cambridge: The Royal Society of Chemistry, 2003:321.

[3] Bickerdyke, J. The Curiosities of Ale and Beer: An Entertaining History [M]. London: Swan Sonnenschein & Co.,1889:111–113.

[4] Bennett, J. M. Ale, Beer, and Brewsters in England [M]. Oxford: Oxford University Press, 1996: 106–107.

她经常向旅客和附近劳动的工人出售动过手脚的麦酒,还经常缺斤少两。[①]

　　另一个立法和监管重点在于规范啤酒馆经营活动。12世纪以后,人口的增长和商业的发展促进了农村和城市啤酒业的发展。黑死病以前,酿酒和售酒的规模较小,从14世纪后半期以后,商业酿酒规模不断扩大,啤酒馆数量在全国范围内急剧增加。啤酒馆逐渐成为人们生活中的重要活动场所,与此同时,来自社会各阶层对它的抱怨也不断增加,于是国家和地方便将之视为重点监管的场所。鉴于啤酒馆经营产生的一些社会问题,王室、城市以及社会机构还制定了一些针对性的法律和法规。例如,为了减少麦酒馆里的非法卖淫活动,很多地方法规都积极地反对授权女人经营麦酒馆,老年寡妇除外[②]。1540年,切斯特城规定14至40岁之间的妇女禁止经营麦酒馆和酒馆。[③] 如果说早期的《麦酒法令》主要针对酿造和销售麦酒过程中的欺诈行为,关注酿酒商们所卖的物品,那么到了15世纪末期以后,英国议会的立法开始发生了重大转向,它们更多地关注于对麦酒馆的许可,控制麦酒馆经营者。立法的出发点从“物”,转向了“人”。1495年,亨利七世的议会制定法令授权治安法官对于他们认为不合适的麦酒馆加以禁止和镇压,确保麦酒馆的“良好行为”。[④] 爱德华六世统治期间,议会认为酒馆和麦酒屋的快速增长给王国带了难以容忍的伤害和麻烦,[⑤] 因此为了阻止酒馆中邪恶行为的持续,1552年爱德华六世颁布了一部新的法令,旨在限制新建啤酒馆的数量;该法令规定任何人只有获得执政官的许可以及被认可行为良好的情况下,才能经营麦酒馆。[⑥] 换言之,每一家酒馆必须有官方授予的经营许可证。季审法庭会议会根据当地已有酒馆数量来决定未来给予许可证的数量;对于良好行为的认可,地方政府具有较大的自由度。1619年,中央政府的公告对良好行为的认可给予了一些具体的指导,这些强制性的条件包括:禁止在礼拜时经营酒馆,禁止购买和典当偷盗物品,以及容留流氓、流

---

① Bennett, J. M. Ale, Beer, and Brewsters in England [M]. Oxford: Oxford University Press, 1996: 123.

② 允许老年妇女酿酒和售酒是减少社区对这些人救助负担的重要途径,同时又不会担忧她们利用自己女性身份从事卖淫等非法活动。

③ Bennett, J. M. Ale, Beer, and Brewsters in England [M]. Oxford: Oxford University Press, 1996: 108.

④ Statutes of the Realm [Z]. 11 Henry Vii c. 2.

⑤ Statutes of the Realm [Z]. 5/6 Edward Vi c. 25.

⑥ Porritt, Edward. Five Centuries of Liquor Legislation in England [J]. Political Science Quarterly, 1895, 10(4): 615.

浪者、身强力壮的懒丐和无主人员。^①詹姆士一世和查理一世统治期间,议会制定了一系列的法令,进一步"强化""澄清"或者"整理"了1552年法令规划的授权议题。^②这些法令还以先前法令为基础作出了一些创新,明确了麦酒馆的真实用途是为旅行者提供食宿,为当地的穷人提供饮食,而不是为了娱乐。这些法令为限制酒馆里进行的娱乐活动提供了法令依据,体现了当时中上层社会对酒馆中"不法活动"的忧虑和弹压。

二、针对饮酒行为的立法和规范

中世纪的英国人因袭了盎格鲁－撒克逊祖先大量饮酒的传统。中世纪的大量宴会,如庆生宴、婚礼宴、欢迎宴、欢送宴、庆功宴、守灵宴等,人们都会纵情饮宴,很多人都会喝得酩酊大醉;日常生活中,遍布各地的酒馆里也不乏形形色色的酒徒。醉酒会导致人意识不清,由此会产生一系列的社会问题,因此控制饮酒一直是法律和法规重要关注点。

中世纪早期的修道院大多要求修士们禁欲苦修,因此对于饮食有严格的要求,修士和教士喝醉酒通常会受到不同程度的惩罚。生活在6世纪的圣吉尔达斯(St. Gildas)规定,任何修士如果饮酒不加限制而导致口齿不清,不能参与吟诵圣歌,那么他将不允许吃晚饭;圣大卫修道院的教规规定,在上帝的修道院中主持仪式的牧师,由于疏忽而非无知而饮用葡萄酒或者烈性酒,必须忏悔三日;如果他们在受到警告的条件下,仍然毫不在意,那么他们必须忏悔四十日;那些出于无知而饮醉之人必须忏悔十五日;出于疏忽而饮醉之人,必须忏悔四十日;出于藐视法纪而饮醉之人,则要接受隔离三日的处罚;出于好客的目的迫使别人饮醉的人,必须如同自己饮醉一样接受忏悔的处罚;出于邪恶或者仇恨,以达到羞辱或者嘲笑他人的目的,而迫使他人饮醉,如果没有做出足够的忏悔,必须像灵魂谋杀者那样忏悔。^③7世纪,坎特伯雷大主教西奥多命令,任何人任何时候都不能饮醉,饮醉之人

---

① Hughes, P. L. and J. E. Larkin (eds.). Stuart Royal Proclamations [M]. Oxford: Oxford University Press, 1973: 409–413.

② Hailwood, Mark. Alehouses and Good Fellowship in Early Modern England [M]. Woodbridge: The Boydell Press, 2014:24–25.

③ Bickerdyke, J. The Curiosities of Ale and Beer: An Entertaining History [M]. London: Swan Sonnenschein & Co.,1889: 96–97.

有违上帝和他的使徒的训令；[①]世俗基督徒过量饮酒必须忏悔十五日。[②]邓斯坦修道院的法典,进一步强化了对教士的饮酒限制。其中规定教堂中禁止饮酒,教堂守夜时人们应该控制饮酒,牧师应该时刻警惕饮醉,不应该成为吟游诗人。[③]七世纪坎特伯雷大主教西奥多(Theodore)的《忏悔书》针对教职人员违规程度轻重制定了不同惩罚,规定了对习惯性醉酒的主教予以撤职,过度饮酒导致呕吐的修士要忏悔三天。八世纪,贝德(Bede)主教的《忏悔书》也包含对于过度饮酒的六条规定。[④]同一时期,约克的总主教要求所有的神职人员都不得进入酒馆,然而效果并不明显,很多修士仍然我行我素。[⑤]1359年,艾斯利普(Islep)大主教要求伦敦主教限制其辖区的狂欢、醉酒以及不诚实的行为,三年之后艾斯利普大主教对一些教士的不节制行为,作出了严厉的处罚;1468年,坎特伯雷修道院院长和代理主教们在访问辖区时规定,教堂里举行的新娘酒和救助酒等酒会应该禁止,违者逐出教会。[⑥]教会组织不断强化的法规,一方面表现出教会对醉酒行为的极力控制,另一方面也反映出这些法规的执行效果并不理想,这才导致教会法规一再强化管制,甚至以逐出教籍作威胁。

　　除了教会组织对饮酒有所限制,盎格鲁撒克逊时期的王国也颁布了规范饮酒行为的法律法规。975年,埃德加国王关停了很多麦酒馆,要求一个村庄只能保留一家麦酒馆。为了控制人们的饮酒数量,埃德加要求人们饮酒必须使用一种统一规格的麦酒杯,这种杯子容量为4品脱。杯子被上刻有八个等量的刻度。这样当装满啤酒的酒杯在酒会的众人之间传递时,每人一次只能饮用一刻度的啤酒,超过一个刻度的人将会受到惩罚。然而这种带刻度的酒杯并没能阻止人们过度饮酒,反而刺激了大家以刻度为参照更多地饮酒,以致于1102年安瑟尔姆修道院规定禁止牧师参加酒宴,不准

①　Nelson, Max. The Barbarian's Beverage [M]. London: Taylor & Francis e-library, 2004: Taylor & Francis e-library, 2004: 97.

②　Bickerdyke, J. The Curiosities of Ale and Beer: An Entertaining History [M].　London: Swan Sonnenschein & Co.,1889: 97.

③　同上。

④　Hornsey, I. S. A History of Beer and Brewing [M]. Cambridge: The Royal Society of Chemistry, 2003: 237.

⑤　饭田草.你所不了解的英国——酒吧和啤酒的国度 [M].田静,译.北京:新世界出版社,2013:169.

⑥　French, Richard Valpy. Nineteen Centuries of Drink in England (second edition) [M]. London: National Temperance Publication Depot, 1890:122–123.

使用刻度杯饮酒。①

  诺曼征服后的英国立法,大多针对规范酿酒和售酒市场行为,而到了都铎王朝和斯图亚特王朝时期,围绕啤酒馆和醉酒行为的立法日益增多。英国宗教改革以后,新教徒要求将世俗和宗教神圣严格区分开来,以前在教堂举行的各种酒会被迫转移到酒馆之中。酒馆成为酗酒行为的集中地,过度饮酒在英国泛滥成灾,每一个地区的城市、小镇、村庄都遍布着啤酒馆、酒馆和客栈,日日夜夜,里面挤满了酒徒。② 清教徒们指责酗酒是所有违反神意和教规的罪恶之首。"醉酒的酒徒杀死了朋友,毁掉了爱人,泄露了秘密,藐视所有人。他心中不再对上帝怀有敬畏,不再珍爱自己的朋友和亲人,忘却了正直、文明和仁慈,因此我斗胆将酒徒称之为野兽,非人,甚至比野兽还要糟糕……"③ 清教徒的布道宣传册到处散播着上帝对酒徒的审判。1673 年的一张名为"对酒徒的及时警告"的布道,不仅列举了醉酒的罪恶,而且选择了二十一个酒徒悲惨结局的实例来警告年轻人和老年人要对醉酒保持警醒。该海报从两个方面叙述了醉酒的危害,一方面醉酒会危害健康,另一方面醉酒会使人不敬神而成为野兽,进而犯下各种严重的罪恶。二十一个酒徒个个都因醉酒而惨死,在作者看来,都是上帝对醉酒罪恶的宣判。④ 类似的布道宣传海报遍布伦敦各个街道。伊丽莎白统治的后半期,对于醉酒行为的谴责日益增多,到了詹姆士一世和查理一世时达到了顶峰,而且整个17 世纪,一直充斥着对醉酒的谴责。

  社会舆论促使国家通过立法来诊治醉酒导致的社会问题。早在全国性法令发表之前,庄园法庭和市镇法庭已经开始对混乱的饮酒行为进行管理和惩处。例如 1465 年,在亨廷顿郡的布劳顿镇,治安官被要求将所有晚八点以后出现在麦酒馆的人戴上足枷,无论他们的行为是否违法;1516 年,汉普郡的贝辛斯托克镇的法庭陪审团发布命令,任何酒馆都不得在晚上七点

① Bickerdyke, J. The Curiosities of Ale and Beer: An Entertaining History [M]. London: Swan Sonnenschein & Co.,1889: 97.

② Furnivall, Frederick J. (eds.). Phillip Stubbes's Anatomy of the Abuses in England in Shakspere's Youth, (Part I) [M]. London: N. Trubner & CO., 1877–1879:107.

③ Furnivall, Frederick J. (eds.). Phillip Stubbes's Anatomy of the Abuses in England in Shakspere's Youth, (Part I) [M]. London: N. Trubner & CO., 1877–1879:108.

④ Anon. A Timely Warning to Drunkards: Or the Drunkards Looking-Glass in Which is Set Forth the Great and Beastly Sin of Drunkenness: with One and Twenty Examples of Gods Judgments Upon Several Drundards [Z]. London: J. Coniers, 1673.

以后容留学徒，以及晚上九点以后招待佣人。①类似的规定还出现在其他市镇，这些法令的出发点是为了表明酒馆的"真正和基本用途"，即为旅行之人以及不能为自己提供饮食的人提供饮食服务，而不是为了娱乐和接待那些懒惰之人，让他们在此以下流和滥醉的方式消耗金钱和时间；詹姆士一世在其统治的第一个年头就颁布了一项法令，申明了酒馆的上述作用，限制各类酒馆中的过度饮酒行为，对于违法规定的麦酒馆主人处以 10 先令的罚款。②在此之后，1606 年詹姆士一世的议会发布了第一个全国性的、旨在镇压令人讨厌的醉酒罪恶的法令；该法案重申了"醉酒之罪恶乃是很多其他重大罪恶的根源和基础，如杀戮、持刀行凶、谋杀、谩骂、乱伦、通奸等罪恶，极大地玷污了上帝和我们国家的荣誉"，第一次将醉酒定为违法行为，违者将处以五先令的罚款；如果被定罪人拒不缴纳上述罚款，可以依据法庭法官的令状和命令查封其财产；违法且无力支付五先令者，每次违法都应戴上足枷六小时。另外，违反上述法令，长期出没于麦酒屋的人会被戴枷四小时。③上述两道法令的效果似乎并不明显，于是 1609 年，詹姆士一世又颁布了另一项针对麦酒馆主人的法令，原因在于"尽管已经制定了先前的两项法律和条文，过度饮酒和醉酒等不节制行为和极端罪恶仍然越来越盛行，极大地冒犯了万能的上帝……"该项法令重申了上述两条法令对饮酒者的处罚，同时强调了麦酒馆主人在违法行为中的责任，一经法院判决，违规的麦酒馆主人将三年内不准经营酒馆。④伍德恩德比村的托马斯被控告非法经营啤酒馆，于非正常营业时间让闲散和妨碍治安人员在其啤酒馆饮酒、赌博，这一行为已于 1669 年 1 月 11 日在霍恩卡斯尔的法庭中得以证实。因此，伍德恩德比村的教堂执事和监管人需征收其价值 20 先令的商品以用于救助教区的穷人，并且三年内禁止其重新零售麦酒和啤酒。⑤1619 年的公告中还补充规定了晚上九点之后禁止饮酒的命令。这一时期的立法，不仅在于剔除那些违规的麦酒馆经营者，维持酒馆经营的秩序，更重要的是禁止酒馆中进行的过度饮酒行为和所有娱乐项目。

16 世纪末至 17 世纪初，针对麦酒馆和醉酒行为的立法不断加强，然而

---

① Mclntosh, M. K. Controlling Misbehavior in England, 1370—1600 [M]. Cambridge: Cambridge University Press, 1998:76–78.

② Statutes of the Realm [Z]. 1 James I c. 9.

③ Statutes of the Realm [Z]. 4 James I c. 5.

④ Statutes of the Realm [Z]. 7 James I c. 10.

⑤ Page, William (eds.). The Victoria History of the County of Lincoln, Volume two [M]. London: Archibald Constable and Company Limited, 1906:338.

从法律的执行情况来看,酒馆经营和过度饮酒的混乱局面有所改观,但情况并不乐观。就 1552 年法令的执行情况而言,该法令颁布以后并没有立即产生较大的影响。很多地方,如米德尔塞克斯、剑桥、沃切斯特以及桑威奇等地,一直在坚持麦酒馆经营许可权的授权,而根据 1577 年的调查可知,很多郡县根本没有执行经营许可授权。管理上的混乱首先来自于 1552 年法令本身,因为该法令并没有明确地说明对于良好行为的酒馆主人的授权期限,即授权期限为一年还是永久授权。中央和地方监管缺乏统一协调进一步加剧了酒馆授权的混乱局面。由于在执法上缺乏统一标准,同样的两名法官在不同时间点很可能会给同一家酒馆颁发类型不同的授权许可。逃避获得授权的情况非常普遍,1600 年以前大约有一半左右的酒馆是非法经营。①17世纪 20 年代以前,由于缺乏对非法经营的有效惩戒,有些人公然对抗执法。将违法者送入监狱通常会导致该家庭贫困,进而增加社区的救济负担;同时违法者又没有可以缴纳的罚款,这种情况极大地增加了执政官执行法律的难度。种种原因导致都铎时期对酒馆和醉酒行为的管理进展缓慢。

詹姆士一世执政后,针对醉酒行为和非法售酒的新一轮立法活动强化了对违法行为的执行力度,因此对不法行为的镇压取得了较大成效。詹姆士执政初期,中央政府企图通过规范酒馆经营授权程序,来满足其不断增长的财政需求,然而由于其真正目的是为了敛财,而不是为了管理,因此很快中央政府对酒馆的管理遭到了普遍的抵制。与此同时,地方政府开始制定各种具体的有效措施来规范和管理酒馆经营行为。此后,1623—1624,詹姆士制定的王国法令不仅确认了先前法令的有效性,而且将 1604 年和 1606 年制定的法令永久化;同时该法令还细化了对具体违法行为的判定,如依据一位证人的证词就可以判定违法行为,不在居住地的酒馆中饮酒会被认为是违法,一位法官的目击就可以判定醉酒行为等;②1625 年的法令规定了对收留非法顾客的酒馆主人的具体处罚措施③。1627 年议会的法令填补了以前法令的漏洞,对于无力支付罚金的人处以公开的鞭笞,重复违法的人将会被关进感化院。④ 这些更加细致化的法令极大地便利了地方政府对酒徒、出入麦酒馆人员以及酒馆主人的定罪和处罚。国家立法进一步将过度饮酒问题同酒馆主人的非法经营联系在一起。到 17 世纪末为止,麦酒

① Clark, Peter. The English Alehouse: a social history 1200—1830 [M]. London: Longman Group Limited, 1983:170.
② Statutes of the Realm [Z]. 21 James I c. 7.
③ Statutes of the Realm [Z]. 1 Car. I. c. 5.
④ Statutes of the Realm [Z]. 3 Car. I. c. 4.

馆的增长势头开始下滑,针对麦酒馆的管理机制更加严格,且日益制度化;而中央政府对麦酒馆的管理逐渐边缘化,议会在监管麦酒馆方面也再无任何法律上的重大变化。地方行政官实际上控制着麦酒馆的经营许可权,小治安裁判法庭(petty sessions)的法官成为酒馆经营许可权的主要发放者。到 17 世纪 70 到 80 年代左右,很多郡都指定了一年中特定的几天来统一发放许可权,即所谓的麦酒营业证发放期(brewster sessions)。

地方行政官对麦酒馆的管理日渐制度化和统一化。小治安裁判法庭经常向各个地方的治安官通报许可清单,而治安官也积极协调,做好各地酒馆的集中登记,按时出席法庭的庭审。17 世纪后期,法庭对酒馆经营授权的管理变得更加严格,酒馆授权被集中到指定的经营地点,这一措施有利于法官对非法售酒行为的打击。17 世纪 90 年代,达拉谟郡的季审法庭起初通过告示的形式警告集镇中的无证麦酒零售商,进而对继续违规经营者处以每月 20 先令的罚款,直到他们退出市场;诺森伯兰郡也发起了针对旧式麦酒零售的运动,打击那些在偶尔集市上酿造和出售麦酒的商贩。[①] 经过一系列的举措,小型麦酒经营商数量日益减少,酒馆经营逐渐掌握到了少数社会地位较高的人手中;先前经营酒馆为了维持生存的穷人,不再能够获得酒馆经营许可权。酒馆数量过度增长、醉酒行为泛滥的趋势得到了较大的遏制。到 18 世纪中期为止,英国已经建立一套行之有效的酒馆管理机制。

总的看来,中世纪以来,国家、城市、庄园等各级行政机关对麦酒酿造、销售和饮酒行为的立法和管理,一方面从侧面体现了啤酒作为英国社会日常生活必需品的重要性,规范啤酒生产、销售和消费对于维护经济的健康发展和社会稳定意义重大;另一方面,各级政府对啤酒生产、销售和消费的管理,还为他们带来了非常可观的经济利益。从国家层面来看,1266 年的《面包和麦酒法令》实施以后,该法令逐渐发展成为对酿酒的授权许可,所有酿酒者都必须缴纳一定数量的罚款,由于酿酒人数众多,酿酒数量和频率也不断攀升,酿酒罚金成为中央财政收入的重要来源。1552 年爱德华六世颁发的法令使中央政府控制了全国的酒馆经营许可权,酒馆主人获得经营许可权所需缴纳的费用,成为中央和地方获得财政收入的另一个重要途径。詹姆士一世曾经利用任意颁发酒馆经营许可权来缓解自己财政收入窘迫的处境。1617 年,他将小客栈的经营许可权出售给了贾尔斯·蒙派森,1618 年他又授与詹姆斯·斯彭斯对无证酒馆征收罚金的特权,以此国王获得大量

---

① Clark, Peter. The English Alehouse: a social history 1200—1830 [M]. London: Longman Group Limited, 1983: 180.

的现金收入。① 除此之外,对酿酒原料(如谷物、啤酒花等)征税也增加了国家的财政收入。英国社会习惯饮用啤酒花酿造的啤酒以后,由于英国国内所需的啤酒花大多从欧洲大陆进口,啤酒花成为了重要的进口商品。1623年,政府对啤酒花征收总额 1% 的关税;1635 年,按照重量计算,每英担(112 磅)啤酒花的关税为 2 先令 6 便士,后来又涨到 5 先令;随后啤酒花关税不断上涨,1657 年为每英担 10 先令,1690 年为 20 先令。② 内战期间,议会还对麦酒和啤酒征收商品税,对麦芽征收每夸特 2 先令的税金。由于王国法令的执行大多依赖地方政府,因此城市和乡村的执法者也在执行法律的过程中获得了大量的经济利益。伦敦城在执行《麦酒法令》的过程中宣布,对于未经验酒官验视而出售的麦酒,要处没收全部在售麦酒的处罚,这些被没收的麦酒一半收归法院,一半归验酒官所有;对于高价出售麦酒所处罚金也是按照这种方式加以分配。③ 在农村,庄园法庭同样在执行《麦酒法令》的过程中获得了巨大的经济利益,很多庄园法庭记录中都详细地记载了违法酿酒者所缴纳的罚金。这些财政收入在和平时期,对于维护农村和城市公共设施(教堂、道路、学校等)、救济穷人等方面起到了重要的作用;战时,对于缓解国家财政短缺作出了重要的贡献。

　　本章探讨了中世纪至近代早期英国社会的啤酒消费量及其变化。中世纪以来,上层社会和宗教机构拥有大量的地产和特权,因此他们饮食消费中啤酒的供应量一直很充足。虽然他们消费了大量的葡萄酒,而且认为葡萄酒比啤酒有益健康,但从整体上看,到中世纪晚期时,随着葡萄酒价格的不断上涨,社会上层和宗教机构的葡萄酒消费一直处于减少的状态,啤酒消费量则稳中有升。主要原因在于,黑死病以后,庄园经济土崩瓦解,封建生产关系逐步向资本主义生产关系转变。旧贵族势力不断被削弱,经济状况不断恶化,因此他们不得不削减生活中的奢侈品消费,特别是小贵族家庭日常消费中的葡萄酒越来越少,逐渐被啤酒所替代。同样,宗教机构的经济状况也在日渐恶化。宗教改革后,修道院的大量地产被剥夺,宗教机构的经济实力受到了致命的打击,因此不得不削减日常开支,减少葡萄酒消费。此外,

① 饭田草.你所不了解的英国——酒吧和啤酒的国度 [M].田静,译.北京:新世界出版社,2013:96.

② 饭田草.你所不了解的英国——酒吧和啤酒的国度 [M].田静,译.北京:新世界出版社,2013:97.

③ Carpenter, John & Richard Whitington. Liber Albus: the White Books of the City of London [M]. Cambridge: Richard Griffin and Company, 1861:312.

随着英国在欧洲大陆战争中失去葡萄酒产地以后,进口葡萄酒的价格一直处于上升状态,葡萄酒越来越成为少数富有阶层的饮料,消费群体日渐缩减,越来越多的人转向饮用价格更加便宜的啤酒。

就社会下层而言,虽然从盎格鲁－撒克逊时期起,啤酒已经被视为日常必需品了,但普通劳动大众的日常啤酒消费量并不高,很多家庭不能获得稳定持续的啤酒供应。从13世纪起,随着农业生产力的不断提高,普通家庭的啤酒消费日益增加,商业酿酒在各地发展迅速;黑死病导致的一系列社会变革,整体上改善了下层社会的物质生活条件;人口骤减引起的工资上涨,提高了普通家庭的购买能力和消费能力,导致普通家庭日常饮食结构更加合理,啤酒消费量不断提高。此外,瘟疫导致的疾病和死亡现实,进一步强化了人们对日常饮食安全的考虑,越来越多的人意识到被污染的水源对健康的危害,而选择饮用啤酒。同时,这一时期英国封建生产关系的解体和资本主义生产关系的逐步确立,极大地解放了劳动生产力,三圃制的普及以及先进农具的使用,[①] 促进了农业生产的发展,谷物的产出比进一步提高,酿酒谷物的产量不断提高,加上啤酒酿造技术的改进,有利的条件保证了啤酒的供应,尤其是啤酒花酿造技术的推广,节约了酿酒成本,保证了啤酒能够长期保持稳定的价格,使得越来越多的底层家庭有能力消费啤酒。

国家立法对啤酒生产和消费的管控也促进了啤酒市场的良性发展。13世纪后期建立起来的全国性啤酒业监管法律体系,保证了市场销售啤酒的质量和啤酒供应价格的长期稳定。验酒官制度确保了《啤酒法令》在全国范围内的有效实施,为我们留下了法律执行的详细文献。通过执行《面包和啤酒法令》,国家保证了各阶层基本生活饮食价格的长期稳定,维护了社会的稳定;同时法令的实施,还为国家和地方带了大量的财政收入,用以解决其他社会问题。

---

① 刘景华.近代欧洲早期农业革命考察[J].史学集刊,2006(2):62.

第四章

啤酒生产和消费对英国经济社会的影响

　　同面包一样,啤酒是中世纪英国社会重要的生活必需品,社会需求量大;生产和消费规模逐渐增长,必然会对相关的农业和手工业生产产生巨大的影响。酿酒原材料的商品化必然促进农业生产根据市场需求作出相应的调整,加快农产品生产的商业化进程。酿酒业在谷物选择上的偏好,导引着农业生产中不同谷物的种植面积的变化;啤酒花的需求增长,激励英国农民投资种植啤酒花,从而改变了特定区域内农业生产的面貌,促进了区域农业经济的发展和各区域之间农产品的交换。啤酒馆的发展见证了中世纪英国社会商品经济发展的进程。酒馆、客栈最初作为过路商人和旅客在旅行途中落脚休息之地,逐渐发展成为城市和乡村社会大众睦邻友好和社交活动的重要场地,宗教改革以后进一步成为城市和乡村社会的活动中心。啤酒馆的发展对中世纪英国经济社会的发展产生了重要的影响。中世纪"快乐的英国"充斥着形形色色的酒会,举办酒会和饮酒活动,不仅促进了社区的睦邻友好,而且还行使了社会扶助和救济的重要职能,是中世纪英国民间慈善事业的重要表现形式。

第一节　啤酒生产和消费对农业等产业的影响

　　啤酒的酿造原材料主要为谷物麦芽、水和酵母,以及啤酒花。从原材料生产来看,谷物和啤酒花都是农作物,啤酒生产和消费的增加必然导致这些酿酒原材料市场需求的增长。中世纪晚期,大麦成为英国社会啤酒酿造的主要谷物原料,啤酒消费量的增加,促使大麦种植面积的扩大;同时,啤酒花需求的增加,促使农民开始引进欧洲大陆的啤酒花品种,并且在英国国内一些区域内种植啤酒花,以减少国内市场对欧洲大陆啤酒花进口的依赖。总体看来,英国中世纪晚期啤酒市场的扩大对农业生产产生了深刻的影响。一方面,它促进了农业生产中不同类型谷物种植的优化,促进了农业生产过程中谷物种植的商业化;另一方面,啤酒花的引入和种植,增加了英国农业生产的农作物品种,促进了农业区域化生产布局,进而从整体上促进了农业生产的商品化趋势。从相关手工业和行业来看,酿酒业还促进了麦芽制作、包装业(如箍桶业)、金属冶炼业等行业的发展。另外,除了直接从事生产和销售啤酒的从业人员外,啤酒业的发展还衍生出其他一些行业和就业岗位,如运水工、啤酒花采摘工人等,为底层社会带来了大量的就业机会。

一、酿酒业对大麦种植面积的影响

在诺曼征服以前,根据土地名称的记载,英国出现了两个表示大麦种植地的名称, bertun（beretum,beertun）和 berewic,这些词语的意思是"一处大麦地和大麦农场",也可以用来通称所有的谷物农场,边远的农场等。然而这些词语在诺曼征服以前的最初意义很可能是"大麦农场"。当时英国一共有 38 个地方的名称带有这些词语,是带有小麦的地方名称数的两倍,这足以证明大麦在当时农业种植的重要地位。从当时大麦种植分布来看,最大的种植区域包括:诺福克郡、兰开夏郡、约克郡的北赖丁、萨福克郡、北安普敦郡、格洛斯特郡以及牛津郡。总体来看,大麦的种植区域分布较广,然而其主要种植区域在英国东部和米德兰东部。[①] 和小麦的种植相比,英国南部地区通常以种植小麦为主,很少种植大麦,而北方郡县则大量种植大麦,小麦种植面积较小。

谷物的种植受土壤和气候条件的影响。14 世纪末到 15 世纪,在埃塞克斯郡、萨福克郡南部和东部地区以及诺福克东部的部分地区,小麦和燕麦是主要的商品作物。埃塞克斯的很多庄园,小麦和燕麦的种植面积占耕地总面积的 90% 以上。[②] 在斯陶尔河以北,英国的东部人口密度较大、土质更加肥沃的地方,大麦和豆类作物取代了燕麦的地位。在东盎格利亚地区,农业种植的最显著特征体现在大麦的重要地位上。在诺福克,尤其是东诺福克地区,大麦是主要的经济作物,种植面积通常会占耕地面积的一半以上。从这一时期农民缴纳的什一税可以看出,佃农租地和领主自留地的作物耕种相似,在埃塞克斯的科尔恩、费林、凯尔威登等地,农民上缴的什一税主要是小麦和燕麦,而在剑桥郡的林顿、萨福克郡的霍客森以及诺福克的马萨姆等地,大麦是主要的缴税作物。在诺福克,最能证明大麦重要性的证据则是大麦租,所有的土地持有形式,无论大小都必须缴纳这种租金。[③] 有时候为了获得大麦租,领主自留地会被全部用来出租,而在自留地不出租或者支付现金租金的地方,房屋租赁也通常会收取大麦租。

---

① Hallam, H. E. (eds.). The Agrarian History of England and Wales, Volum II (1042—1350) [C]. New York: Cambridge University Press, 1988:36.

② Miller, Edward. The Agrarian History of England and Wales 1348—1500, vol. III [C]. Cambridge: Cambridge University Press, 2011:60.

③ Miller, Edward. The Agrarian History of England and Wales 1348—1500, vol. III [C]. Cambridge: Cambridge University Press, 2011:64.

1350 年至 1500 年期间，大量的证据表明农作物耕种过程中大麦的重要性在不断增长，这是一个普遍的发展趋势。虽然农作物的种植面积每年都可能发生变化，但在剑桥郡、萨福克郡和诺福克郡的很多的庄园里，大麦或者大麦和燕麦混合谷物的种植比例在很多年份都占据着决定性的优势（见表 4.1）。1381—1382 年间，剑桥郡的谢尔福德庄园大麦的种植比例为 60%，1461—1462 年富尔伯恩庄园大麦的种植比例甚至高达 75.4%；表 4.1 中所列的数据虽然只是一部分庄园的谷物种植数据，或许在另外一些庄园或者表格所列庄园的其他年份，大麦种植比例并不高，但是从整体上看，黑死病以后大麦在庄园谷物种植中的比例变化最为显著，这反映出大麦需求的增长，这种趋势一直延续到 18 世纪早期。马克·奥夫顿根据康沃尔、赫特福德郡、牛津郡、沃切斯特郡、林肯郡、诺福克郡、萨福克郡以及肯特郡的一些遗嘱清单，对这些郡不同的谷物耕种面积作出了估计。[①] 英国经济学家克雷格·缪尔德鲁（Craig Muldrew）在此基础上通过估算，补充了 17 世纪的农作物耕种比例数据，并对 17 到 18 世纪全国范围内谷物的耕种比例做了初步的估计。从对这些地区农作物的种植比例统计来看，到 18 世纪时，大麦一直是农作物中种植面积最大的品种（见表 4.2）。1600 年，大麦的种植面积大约为 1,780,000 英亩，占总耕种面积的 30%，总产量达到 16,020,000 蒲式耳，占农产品总产量的 34%。到了 1700 年，大麦的耕种面积为 2,040,000 英亩，产量达到 32,640,000 蒲式耳，占总产量的 38%。这一时期，不仅大麦的种植面积在所有农作物中比例最高，而且大麦的产出比以及总产量一直处于上升状态，并始终保持为总产量最高的农作物。虽然到了 18 世纪后期，大麦的种植面积开始减少，但是由于单位面积产量的增加，大麦的总产量仍然保持了增长态势。

表 4.1　自营地谷物耕种比例（按照百分百）

庄园	年份	小麦	小麦和裸麦	黑麦	豆类	大麦	燕麦和大麦	燕麦
剑桥郡								
伯维尔	1398—1399	46.2	—		3.2	46.9		3.6
艾尔沃斯	1402—1403	26.6	—	—	40.1	30.3		2.9
福尔伯恩	1435—1436	29.8	15.1		0.6	30.1	24.4	
福尔伯恩	1461—1462	—	10.3			75.4	—	14.4

① 参见 Overton, Mark. Agricultural Revolution in England: The Transformation of the Agrarian Economy 1500— 1850 [M]. Cambridge: Cambridge University Press, 1996.

续表

庄园	年份	小麦	小麦和裸麦	黑麦	豆类	大麦	燕麦和大麦	燕麦
格雷夫利	1391—1395	27.5	—	—	29.4	39.5	—	3.5
大谢尔福德	1363—1365	13.0	17.1		—	35.8	30.4	3.7
大谢尔福德	1383—1384	14.1	16.1	—	10.7	42.3	12.1	4.7
萨福克郡								
布兰登	1386—1387	2.7	22.1	—	—	59.1	—	16.1
埃克斯宁	1357—1359	17.8	21.2	—	5.8	55.2		
诺福克郡								
伯彻姆	1356—1362	—	—	27.0	3.3	41.4	—	28.3
布兰克斯特	1367—1369	20.7	—	4.9	4.9	58.5	2.7	8.2
卡罗	1455—1456	14.3	6.5	—	2.4	60.5	—	16.3
卡罗	1484—1485	14.2	13.0			63.3	—	9.5
阿普豪	1372—1373	15.5	—	9.7	7.7	58.0	—	9.2

资料来源: Miller, Edward (eds.). The Agrarian History of England and Wales 1348—1500, vol. Ⅲ [C]. Cambridge: Cambridge University Press, 2011:63.

表 4.2　克雷格·缪尔德鲁对全国谷物种植比例的统计

年代	作物	英亩	面积比例	产出比	总产量	产量百分比
1600	小麦	1,530,000	26	9.5	14,535,000	31
	黑麦	470,000	8	9.5	4,465,000	9
	大麦	1,780,000	30	9	16,020,000	34
	燕麦	890,000	15	13	9,450,000	20
	豆类	830,000	14	9	2,988,000	6
	其他	500,000	8	—	—	—
	休耕	2,000,000				
	总量	8,000,000	100	—	47,458,000	100

续表

年代	作物	英亩	面积比例	产出比	总产量	产量百分比
1650	小麦	1,600,000	22	12.5	20,000,000	31
	黑麦	520,000	7	13.5	7,020,000	11
	大麦	2,040,000	28	12	24,480,000	38
	燕麦	1,060,000	15	14	9,328,000	14
	豆类	980,000	14	11	4,312,000	7
	其他	1,000,000	14	—	—	—
	休耕	1,800,000	—	—	—	—
	总量	9,000,000	100	—	65,140,000	100
1700	小麦	1,600,000	22	14.5	23,200,000	31
	黑麦	520,000	7	12.5	6,500,000	9
	大麦	2,040,000	28	16	32,640,000	43
	燕麦	1,060,000	15	16	8,480,000	11
	豆类	980,000	14	13	5,096,000	7
	其他	1,000,000	14	—	—	—
	休耕	1,800,000	—	—	—	—
	总量	9,000,000	100	—	75,916,000	100

资料来源：Muldrew, Craig. Food, Energy and the Creation of Industriousness: Work and Material Culture in Agrarian England, 1550—1780 [M]. Cambridge: Cambridge University Press, 2011:141–142.

14 世纪后半期起，大麦的种植面积和总产量出现持续的双增长，这种现象同英国市场对大麦供应需求的增长是密不可分的。大麦市场需求不断增长的同时，英国社会的啤酒消费市场也出现了两个重要变化。首先，英国社会对酿酒谷物的喜好发生了变化；在 13 世纪和 14 世纪的英国，人们最喜爱的酿酒谷物为燕麦,而黑死病以后大麦在酿酒谷物中的比例不断提高,人们越来越喜爱使用大麦或者燕麦和大麦的混合谷物来制作麦芽。[①]其次,黑死病后,啤酒进一步在下层社会人群中普及,城市和农村社会的人均消费量也大幅增长,啤酒消费总量不断增长,啤酒市场急剧扩大,麦酒馆遍布城市和乡村的各个角落,英国人的饮食结构发生了重大的改变。显然,这几种变化之间存在着某种密切关系,英国啤酒市场出现的两个重要变化是农业生产中大麦种植面积提高的原因和动力。

从现有数据来看,15世纪之后,英国社会整体啤酒消费量出现较大程度的提高,从消费价值来看其至超过了面包。首先来看贵族家庭的麦酒和面包消费总量。1425—1426年,邓斯特的休·勒特雷尔爵士家庭麦酒消费24英镑,面包消费17英镑;1452—1453年,白金汉公爵汉弗莱·斯塔福德家庭麦酒支出192英镑,而面包支出只有112英镑。[②]约翰·德·维尔的家庭在1431—1432年间麦芽消费额为36英镑,而小麦的支付额只有27英镑。[③]宗教机构的日常支出也发生了类似的变化,以威斯敏斯特修道院为例。14世纪早期,该修道院小麦的消费量大于大麦和大麦与燕麦的混合谷物,而到了14世纪末,情况发生反转。中世纪晚期,该修道院大麦的消费一直要高于小麦;1626—1527年,该修道院的消费了1209夸特的麦芽,而消费的面粉只有555夸特。[④]农村社会的日常生活消费也发生了同样的变化。戴尔通过对农村收获工人的麦酒供应量揭示了中世纪晚期整个农村社会的麦酒消费量也发生了重大变化。戴尔以诺福克郡塞季福德地区收获工人的饮食变化为例,分析了农民日常生活中食物机构的变化。从食物的价值来分析,13世纪后半期,收获工人的面包消费价值一直占50%左右,这一数值一直处于下降趋势,到了15世纪早期已经下降到20%左右。与此同时,麦酒的消费价值一直处于上升状态,由13世纪后半期的15%左右,上升到15世纪早期的30%,甚至达到40%。从啤酒提供的热量来看,13世纪下半叶,面包为收获工人提供了高达74%左右的热量,而到了1424

① Unger, R. W. Beer in the Middle Ages and the Renaissance [M]. Philadelphia: University of Pennsylvania Press, 2004:158.

② Christopher, Dyer. Standards of Living in the Later Middle Ages: Social Change in England c. 1200—1520 [M]. Cambridge: Cambridge University Press, 1989:56.

③ Woolgar, C. M. (eds.). Household Accounts from Medieval England [M]. Oxford: Oxford University Press, 1993:no. 20.

④ Galloway, James A. Driven by Drink? Ale Consumption and the Agrarian Economy of the London Region, c. 1300—1400 [A]. In Carlin, Martha and Joel T. Rosenthal (eds.). Food and Eating in Medieval Europe [C]. London: The Hambledon Press, 1998:95.

年,这一比例下降到 40%;而麦酒提供的热量则处于上升状态,由 4% 左右上升到 23%。① 收获工人饮食的变化可能反映出所有农村家庭饮食结构变化。农村由于贫穷而无法或者很少饮用啤酒的家庭,在 15 世纪也变得越来越少,因为 15 世纪的牧师和道德家们经常抨击英国的农民聚集在啤酒馆里饮酒。② 同样城市的穷人在 15 世纪以后,也可能不再饮水而是饮用啤酒。1345 年伦敦的法令还提到水是穷人的饮料,从而斥责酿酒商们从城市供水管道取水酿酒。③ 几十年以后,有证据表明麦酒和面包一样成为基本饮食。例如,1381–1382 年的一条伦敦市法令要求酿酒商们需像面包商们一样按照四分之一的量来出售商品"以帮助穷人……因为市长和参议员们认为对于穷人们而言,麦酒同面包一样重要"。④ 因此,酿酒商们不应该拒绝向穷人们出售四分之一便士的麦酒。这样看来,黑死病后,英国社会各阶层的啤酒消费量都有所提高。

通过以上分析不难看出,黑色病以后,英国社会饮食结构发生了重大变化,这必然对农业生产产生重大的影响。面包需求的减少导致小麦需求的减少,而啤酒消费量的增长促进了大麦需求的上升。在制作面包过程中,谷物的能量损失只有 15% 左右,而酿造啤酒则流失了谷物 70% 左右的热量。⑤ 从热量的角度而言,酿酒的热量效率太低。因此,人们饮食结构中面包和啤酒消费的任何变化,都会对市场中的谷物销售的整体规模和市场份额产生巨大的影响,进而影响到农业生产的谷物种植比例的大调整。就伦敦地区而言,1300 年,大麦的种植面积占比 13%,到该世纪末,这一比例上升到了23%。而如果加上大麦与燕麦的混合谷物(这种谷物也经常用来酿酒),酿

① Dyer, Christopher. Everyday Life in Medieval England [M]. London: Cambridge University Press, 2000: 82–83.

② Bailey, Mark. Rural Society [A]. In R. Horrox (eds.). Fifteenth-Century Attitudes: Perceptions of Society in Late Medieval England [C]. Cambridge: Cambridge University Press, 1994:150–68.

③ Riley, H. T. (eds.). Memorials of London and London Life [M]. London: Longmans, green, and Co., 1868:225.

④ Sharpe, Reginald R. (eds.). Calendar of Letter-books of the City of London, Letter-book H [M]. London: John Edward Francis, 1907:183.

⑤ Galloway, James A. Driven by Drink? Ale Consumption and the Agrarian Economy of the London Region, c. 1300—1400 [A]. In Carlin, Martha and Joel T. Rosenthal (eds.). Food and Eating in Medieval Europe [C]. London: The Hambledon Press, 1998:92.

酒谷物的种植比例则由 20% 上升到 32%。① 另一方面,大麦的种植区域不断扩大。伦敦市场啤酒需求量的扩大,不仅促使伦敦临近地区酿酒谷物种植面积的增长,大麦种植区域还不断地向外拓展。肯特郡的北部和东部一直是大麦生产的重要地区,大麦种植面积出现显著增长的区域在伦敦的西部和北部。在赫特福德郡、贝德福德郡、白金汉郡以及牛津郡的部分地区,酿酒谷物逐渐成为主要的商业作物。14 世纪末时,酿酒谷物的种植比例经常高达 50% 以上。从 14 世纪末伦敦市宣布的法案来看,向伦敦供应酿酒谷物的地区拓展到了剑桥郡、亨廷顿郡的一些地区。②

就市场行为而言,谷物市场同样发生了巨大的变化:1300 年左右,伦敦地区庄园自留地出售的谷物中,小麦的比例为 43%,到了 14 世纪末期下降到 28%;反观同一时期酿酒谷物的市场份额,则一直处于增长状态,由 29% 上升到 49%。③ 由此看来,到了 14 世纪末庄园自留地出产的所有谷物,大概有一半左右要被制作成麦芽,用于酿造啤酒。酿酒谷物市场的扩大,导致谷物经销商和运输商的地位逐渐显露出来。在米德尔塞克斯北部和赫特福德南部的一些小镇上,被称为"麦芽商"(maltmen)的谷物商人,在市场上扮演着越来越重要的角色。那里的麦芽商们以他们的城镇为大本营,将来自北方大麦生产区的谷物,通过国内运输通道运送到伦敦城的酿酒商手里。伦敦周围的大麦产区的麦芽商逐渐加强同伦敦的麦芽贸易往来,以伦敦为中心的麦芽陆路运输体系逐渐形成,并一直持续到 16 和 17 世纪。

总之,黑死病以后,英国社会啤酒消费的增长,直接导致农业生长中酿酒谷物种植面积的扩大和市场中酿酒谷物交易的增长。中世纪晚期英国社会饮食结构中,面包需求不再是主导农业生产的指挥棒,啤酒消费需求的增长成为新的指导农业生产结构变化的指挥棒;英国区域化、商业化农业生产趋势进一步增强。

① Galloway, J. A. London's Grain Supply: Changes in Production, Distribution and Consumption during the Fourteen Century [J]. Franco-British Studies, 1995 (20):10.

② Sharpe, Reginald R. (eds.). Calendar of Letter-books of the City of London, Letter-book H [M]. London: John Edward Francis, 1907: 411.

③ Galloway, J. A. London's Grain Supply: Changes in Production, Distribution and Consumption during the Fourteen Century [J]. *Franco-British Studies*, 1995 (20):10.

二、英国的啤酒花种植及影响

从植物学分类来看,一共存在 5 类啤酒花,酿酒商们喜爱在酿酒过程中添加的是原产自欧亚大陆和美洲的啤酒花。[1] 啤酒花的种植历史悠久,至少从希腊时期起,欧洲人已经开始了解啤酒花。普林尼在他的《自然历史》一书中记载,啤酒花被用来当作开胃菜和制作沙拉。在啤酒花被用于酿造啤酒之前,它对人们显然还具有其他方面的重要作用,特别是它的药用价值。神圣罗马帝国皇帝费迪南德一世皇帝的御医、意大利植物学家马蒂奥利认为,啤酒花的根、叶、花和球果具有疗伤作用;他建议从啤酒花瓣中的糖分和植物汁液中提取糖浆,来治疗发热和很多疾病。[2]1657 年,植物学家科尔斯在他的《植物历史》一书中记载,经过加工的啤酒花可以治疗一半左右的身体疾病。[3] 尽管啤酒花对人类具有很多用途,但只有在人们广泛利用它来酿造啤酒之后,它才真正成为人们广泛种植和加工的植物。

依据中世纪有关啤酒花的早期文献记载,公元 736 年位于巴伐利亚地区哈勒道(Hallertau)有一处啤酒花花园;768 年法兰克国王丕平授予某一修道院的地产清单中也提到了啤酒花花园。[4] 13 世纪起,欧洲大陆的国家法令中开始经常提及啤酒花园,这表明当时啤酒花种植的范围不断扩大,同时表明啤酒花的使用范围不断扩大,在啤酒酿造过程中使用啤酒花越来越普及。14 世纪时,在德意志,啤酒花是一项重要的栽种农作物。1364 年,为了回应列日和乌特勒支大主教对啤酒花啤酒的抱怨,神圣罗马帝国皇帝查理四世颁布的一项法令,授予教会组织对进入自己管辖领地的啤酒花啤酒征收一定费用的权利。这项法令表明,在当时的德意志啤酒花酿酒已经非常普遍。[5] 根据 1440 年编纂的一本古英语和拉丁语词典对 hop 一词的解释,啤酒花是酿造啤酒的种子。这一解释来自于佛兰德尔,表明啤酒花酿酒技

---

① Hieronymus, Stan. For the Love of Hops: the Practical Guide to Aroma, Bitterness, and the Culture of Hops [M]. Boulder: Brewers Publications, 2012:54.

② Gross, Emanuel. Hops in Their Botanic, Agricultural and Technical Aspect and as an Article of Commerce [M]. London: Scott, Greenwood and Co., 1900:1–2.

③ Bickerdyke, J. The Curiosities of Ale and Beer: An Entertaining History [M]. London: Swan Sonnenschein & Co.,1889:85.

④ Corran, H. S. A History of Brewing [M]. Newton Abbot: David & Charles, 1975: 42.

⑤ Gross, Emanuel. Hops in Their Botanic, Agricultural and Technical Aspect and as an Article of Commerce [M]. London: Scott, Greenwood and Co. 1900: 4.

术在 15 世纪中期已经输入英国。① 最早在英国使用啤酒花酿造啤酒的是来自佛兰德尔的移民。14 世纪时,尼德兰各地已经广泛接受了来自德意志的啤酒。来自尼德兰的移民不喜欢饮用英国不加啤酒花的麦酒,于是开始从尼德兰进口啤酒,后来直接在英国酿造啤酒。理查德·阿诺德 1502 年出版的《伦敦编年史》记载了酿造啤酒的原料配方,表明了啤酒的酿造方法已经在英国传播开来。此后的很多历史文献中都有酿造啤酒的记录。16 世纪以后啤酒逐渐在英国各地被广泛地接受。

亨利八世统治期间,大量的弗兰德斯人定居肯特郡,并且在那里耕种啤酒花、酿造啤酒。此时,啤酒花在英国仍然被认为是"有害健康的野草"和"邪恶的野草",不应该在添加到麦酒里面,因为它"会使人抑郁"。一直到 1554 年,议会才正式批准啤酒花的培育,啤酒花种植逐渐被认为是最重要的农业部门之一。② 到 16 世纪末,啤酒花的种植已经遍及英国全境。③ 肯特郡一直是英国最大的啤酒花种植区,这和当地土壤和气候条件密切相关。在肯特郡有五个啤酒花种植区。它们分别是:①从查塔姆到坎特伯雷以外的东部区域,此处土壤出产肯特郡最好的啤酒花;②肯特郡中部地区,此处的啤酒花园生长在低湿沙(Lower Greensand)土壤之中,生产的戈尔丁啤酒花质量上乘,酿酒价值极高;③北部区域范围较小,出产的啤酒花质量中等;④西部区域范围相对较小;⑤肯特郡的林地区,这是位于西部伊甸之桥和东部赫德孔(Headcorn)之间的一个大型啤酒花种植区域;它往西一直延伸到坦布里奇韦尔斯、兰伯赫斯特、霍克赫斯特和滕特登。另外,啤酒花还种植于苏塞克斯的东部地区,那里普遍种植的品种为法格啤酒花;萨里郡和汉普郡之间也有一片啤酒花种植区,此处种植的法纳姆啤酒花质量优良;沃切斯特郡的啤酒花园主要在该郡西部的蒂姆山谷;赫特福德郡东部有大片的啤酒花种植园,此处最好的啤酒花产自卢格河岸和瓦伊河谷。④ 到 1700 年左右,英国境内啤酒花耕种面积达到了 20,000 英亩左右,主要分

---

① Clinch, George. English Hops: A History of Cultivations and Preparation for the Market from the Earliest Times [M]. London: Mccorquodale & Co. Ltd., 1919: 64.

② Marsh, John B. Hops and Hopping [M]. London: Simpkin, Marshall, Hamilton, Kent & CO., Limited, 1892:30.

③ Hornsey, I. S. A History of Beer and Brewing [M]. Cambridge: The Royal Society of Chemistry, 2003:342.

④ Clinch, George. English Hops: A History of Cultivations and Preparation for the Market from the Earliest Times [M]. London: Mccorquodale & Co. Ltd., 1919:40–44.

布在肯特、苏塞克斯、萨里和汉普郡。①

啤酒花种植是一项前期投入巨大的产业。这项种植工序复杂繁琐，很多工作都需要手工完成。根据肯特郡一位种植者的描述，啤酒花种植从安苗到打包出售，中间要经历很多种工序，每项工序需要大量的资金和劳动投入。首先需要耕地、耙地、定线、安苗、插条，然后是施肥、修整、架设木桩、捆扎、排水等等工序；等到啤酒花成熟，还需要雇佣工人采摘、晾晒、打包出售。啤酒花种植是农业生产中需要劳动力投入最大的行业。②同时，啤酒花种植还面临着诸多的风险。由于啤酒花生长对土壤和气候要求较高，其生长的关键阶段如果突遇恶劣天气，则几天之内就会对产量和质量产生巨大的影响。病虫害也会给啤酒花的生长产生巨大的伤害，遭遇虫害的啤酒花即使在天气状况良好的情况下，也很可能产量低下。如果再加上农业生产中常见的极端天气，如旱灾、强风、洪水、霜冻等，啤酒花的质量就更加难以保证。因此在很多情况下，某一个地区的啤酒花价格和质量很难保持恒定。

虽然啤酒花种植投入大、风险大，但是其具有重要的经济效益。随着16世纪英国社会对啤酒口味的适应，啤酒消费规模日益扩大。啤酒花作为重要的酿酒原料，经济效益日益凸显。16和17世纪英国的啤酒花供应远不能自给，需从欧洲大陆进口大量的啤酒花。由于啤酒花长期处于供不应求的状态，因此价格昂贵。15和16世纪，南安普顿的商人进口了大量的啤酒花。根据安普顿的城市记录，1608年啤酒花的价格为每英担（112磅）8英镑，而当时麦芽的价格仅为每蒲式耳2先令。③有关16和17世纪啤酒花价格的记录显示，1583、1584、1590、1591年剑桥的啤酒花价格分别为每英担1英镑6先令，16先令，8先令和2英镑18先令。1700至1702年之间，伦敦啤酒花的价格起伏很大，1701年价格为每英担6英镑，而1701年到1702年间，价格则在1英镑14先令至1英镑18先令之间徘徊。④高昂的价格和市场供应的不足，激励了英国国内的农民扩大啤酒花的种植面积。

---

① Patterson, Mark & Nancy Hoalst-Pullen (eds.). The Geography of Beer: Regions, Environment, and Societies [C]. New York: Springer, 2014:79–80.

② Marsh, John B. Hops and Hopping [M]. London: Simpkin, Marshall, Hamilton, Kent & CO., Limited, 1892:31–32.

③ Clinch, George. English Hops: A History of Cultivations and Preparation for the Market from the Earliest Times [M]. London: Mccorquodale & Co. Ltd., 1919: 47.

④ Rogers, James E. Thorold. A History of Agriculture and Prices in England, Vol. Vi 1583—1702 [M]. Oxford: Oxford University Press Warehouse, 1866:200–210.

　　随着国内啤酒花种植面积的扩大和啤酒花进口量的增加,英国一些城市和地区形成了专门从事啤酒花交易的市场。在英国的东南部,肯特、苏塞克斯、萨里和汉普郡的主要啤酒花市场集中在萨瑟克区的主要街道上。1729 年出版的《一个啤酒花园的财富》一书中的雕刻画清晰地描绘了该区的啤酒花交易市场。另外,在坎特伯雷、梅德斯通、赫特福德、沃切斯特等地还有定期的啤酒花市场。

　　这一时期,议会还针对啤酒花市场制定了一系列的相关法令。1603 年,为了打击国外的啤酒花商人的造假行为,因为他们供应的啤酒花中混合了"叶子、藤茎、粉末、沙子、稻草、木片、渣滓等其他污物"以增加重量,议会制定法令要求对进口啤酒花进行监管,没收不洁净啤酒花;对于购买和使用腐败或者不卫生啤酒花的酿酒者也要处以没收啤酒花的处罚。[①] 自此之后,进口啤酒花的加工过程需在收税官员的监督之下进行。[②] 安妮女王统治时,议会制定了两项有关啤酒花的法令。1702 年制定的议会法令目的在于减轻啤酒花运输商的关税负担;该法令规定对于货物不超过 50 包啤酒花的船只,关税额不应高于 1 先令 8.5 便士。[③]1710 年的另外一条法令规定,爱尔兰进口的所有啤酒花只限于产自大不列颠,严禁进口佛兰德斯的啤酒花,违者将没收啤酒花和运输啤酒花的船只。议会还规定了针对啤酒征收的税额。[④] 安妮女王时,啤酒花的关税为每磅 3 便士。而 1734 年,颁布另一项法令规定,所有在英国境内生产和加工的啤酒花都应缴纳每磅 1 便士的商品税。为了防止逃税,该法令同时规定啤酒花种植者必须向税务部门提供他们啤酒花耕地的所有细节,违者每英亩罚款 40 先令;烘烤室和储藏室的具体细节也应该如实相告。如有人将进口的啤酒花从包装袋中拿出,然后用英国的包装袋重新包装,则要每英担缴纳 10 英镑的罚款。重复利用带有税务官员印章的包装袋者将被罚款 40 英镑。[⑤] 这一时期议会有关啤酒花的法案,具有三个方面的重要意义。首先,一些法令对于规范啤酒花生产、加工和销售等环节起到了重要作用,保证了酿酒商们能够购买到品质良好的啤酒花。其次,一些立法措施限制了啤酒花的进口,有利于保护国内啤酒

---

① *Statutes of the Realm* [Z]. 1 James I c. 18.

② Bickerdyke, J. The Curiosities of Ale and Beer: An Entertaining History [M]. London: Swan Sonnenschein & Co.,1889:73.

③ *Statutes of the Realm* [Z]. 1 Anne c. 20.

④ *Statutes of the Realm* [Z]. 9 Anne c. 13.

⑤ Clinch, George. English Hops: A History of Cultivations and Preparation for the Market from the Earliest Times [M]. London: Mccorquodale & Co. Ltd., 1919: 59.

花生产者扩大啤酒花种植规模,发展本国农业生产,进而尽可能地实现啤酒花自给自足,减少对国外啤酒花进口的依赖。最后,有关啤酒花关税和税收的立法,增加了政府的财政收入。

值得注意的是,16世纪后出现的大量啤酒花种植技术方面的书籍为英国啤酒花种植提供了宝贵指导。英国历史上最早介绍啤酒花种植技术的书籍出版于1574年,作者为雷纳德·斯科特。这本题为《一个啤酒花园的绝好平台》的小册子,对于啤酒花种植意义重大;该书在16世纪70年代连续出版了三版。作者以自己在肯特郡种植啤酒花的经验和观察为基础,给啤酒花种植者提供了大量实用性建议,内容覆盖啤酒花种植和加工的全过程,例如如何选择合适的土壤和适宜建立啤酒花园的环境,如何做好土壤的准备工作,如何下苗、架杆、捆扎、培土、采摘、晾干以及打包等。[①] 该书对啤酒花种植和加工的各个环节都给出了确实可行的建议,甚至到了300多年以后的今天,仍然具有实用价值。同时该书的出版发行还证明16世纪晚期肯特郡啤酒花种植者已经积累了丰富的农业生产经验。同一时期,被誉为"英国瓦罗"的诗人塔瑟(Tusser)也创作了一本书,名为《农业生产的一百个好点子》,也为啤酒花种植提供了一些有意义的细节;1573年,该书还被加以扩充,改名为《农业生产的五百个好点子》。此后在1631年,杰维斯·玛卡姆出版了《肯特林地的富饶》一书也提到了啤酒花种植。18世纪20年的田园诗《啤酒花园》和《一个啤酒花园的财富》也有关于啤酒花种植的描述。众多关于啤酒花种植的书籍出版发行,表明啤酒花种植在当时的农业生产中已经占据重要的地位,啤酒花种植受到了广泛地重视,人们在啤酒花种植方面积累的比较丰富的经验。

啤酒花种植是15世纪啤酒花酿酒技术传播到英国以后,农业生产中出现的新景象。由于其独特的生长条件,英国啤酒花种植主要集中在肯特郡、苏塞克斯、汉普郡、萨里郡等南部地区。这些地区耕地中越来越多的土地被用来种植啤酒花,从而形成了一片片专门化、商品化的农业生产区域。国内啤酒花种植的不断扩大不仅减轻了啤酒花对外进口的依耐性,而且增加了农民和国家财政收入。啤酒花市场的发展和扩大,繁荣了市场,增加了劳动就业。每年啤酒花收获季节来临之时,成千上万的啤酒花采摘者成群结队地赶赴啤酒花生产地,这成为英国啤酒花产区的每年一度的劳动大军迁移奇观。总之,英国16世纪以来的啤酒花种植,扩大了农业商品化生产的内容和范围,对农业和商业的发展产生了深刻的影响,同时也为国家财政收入

① 具体内容参见 Scot, Reynolde. A Perfite Platforme of a hoppe Garden [M]. London: Henrie, 1574.

的增长贡献了巨大力量。

三、与酿酒相关的行业

　　酿酒和售酒不仅为直接参与者提供大量就业机会,还衍生和影响了一些相关行业;这些行业有些为啤酒生产提供原材料和服务,如麦芽制作、啤酒花采摘和运水工等,有些与啤酒销售相关联,如制桶业。这些相关行业有些发展成独立的手工业部门,如麦芽制作和制桶业,从事这些行业的手工业者甚至形成了独立的行会。这些行业的发展为社会提供大量的就业岗位,促进了商品经济的发展,尤其是三个主要行业。

　　首先来看麦芽制作。麦芽制作是酿造啤酒的重要准备工作。古典作品中经常提到麦芽酒(malt liquor),但是他们提到的酒是否真正意义上的利用麦芽酿造的啤酒还有待考证。如塔西佗所述的酒是“腐败的大麦水或者小麦水,同葡萄酒有些相似”,普林尼提到的酒“用浸泡过的谷物制作而成”。可能有些情况下,谷物被浸泡在水中直到发芽,而浸泡谷物的水也被用来作为酿酒麦芽浆。[1] 尽管这样,不列颠人很可能很早就已经了解了真正制作麦芽方法。根据公元 410 年,伊西多鲁斯的记载,“谷物浸入水中,让其发芽,让其酒精激发和释放;然后将之烘干、碾碎,之后将之投入一定量水中,这种溶液发酵之后就变成了一种令人愉悦、温暖、力道强劲而又让人沉醉的酒。”[2] 足见当时人们已经完全掌握了麦芽和啤酒的制作方法和流程。虽然后来酿酒过程中所使用的谷物和最终的酿酒产物出现很多变化,但酿酒的操作程序和最终所得饮料的大体状况一直保持不变。

　　麦芽制作的原料选择,理论上可以使用任何类型的谷物或者豆类,如大麦,小麦、燕麦、黑麦、玉米、大米或者大豆、豌豆等。在英国、威尔士和苏格兰等地制作麦芽常用的谷物包括小麦、燕麦、大麦以及一些混合谷物。在所有谷物中,大麦最适合用来制作麦芽,因为它含有更多的淀粉,而且本身含有 7% 可溶于水的葡萄糖。中世纪早期,自然经济之下,酿酒规模小,酿酒大多为了满足自己家庭所需,因此麦芽制作也大多由家庭来完成。修道院在制作麦芽方面积累了丰富的经验,很多修道院以能酿造优质的啤酒而闻

---

① 　Stopes, H. Malt and Malting [M]. London: F. W. Lyon, 1885: 5.

② 　Loftus, W. R. The Maltster: A Compendious Treatise on the Art of Malting in All Its Branches [M]. London: W. R. Loftus, 1876:3.

名,其中的原因之一在于他们制作的麦芽质量优良。

随着商品经济的不断发展,城市和乡村的酿酒者逐渐不再自己制作麦芽,而直接从市场上购买麦芽;制作麦芽逐步成为一门独立的手工业行业,麦芽贸易也在英国国内外发展起来。14世纪末和15世纪初,在伦敦和全国各地都有关于麦芽商的大量历史记录。根据赫特福德郡的史料记载,赫特福德和伦敦城之间的麦芽贸易量巨大,涉及麦芽商的案例不断增长。15世纪70年代,一位名为威廉·西姆斯的公共麦芽运输商,向韦尔镇的执政官申请法庭复审令状,因为他在当地的一场商业庭审中遭到了不公正的判罚。同一时期,赫特福德郡南部奥尔顿纳姆的一位每周都要前往伦敦的、名为罗伯特·马斯卡的麦芽商被指控诱拐女学徒。[①]在诺维奇的韦尔城和圣埃德蒙兹贝里街,麦芽贸易异常繁荣,以致于1663年查理二世以关卡税的名义制定了一项专门的税收法令。该法令的标题为"在赫特福德郡、剑桥郡和亨廷顿郡界内维修公路的法案"。该法令序言中陈述了法令制定的原因,"由伦敦通往约克和进入苏格兰境内的古老公路和邮路,以及从伦敦通往林肯郡的道路,在赫特福德郡、剑桥郡和亨廷顿郡境内绵延几百英里,其中很多道路由于每周经由此地马车的碾压,以及去往韦尔镇的大量大麦和麦芽贸易……而损坏严重,几乎不能通过,因此变得非常危险。"[②]根据此项法令,政府在赫特福德郡的威兹米尔(Wadesmill)、剑桥郡的卡克斯顿以及亨廷顿郡的斯蒂尔顿三处设立关卡,收税修路。该法令的制定反映出当时英国国内陆路麦芽贸易的繁忙和规模之巨。

由于同啤酒酿造业的密切关系,麦芽制作一直被给予广泛的关注,麦芽也长期被视为国家重要商品之一。几个世纪以来,麦芽生产和销售经常成为国家法令的关注对象。这些法令的制定有些是为了指导麦芽制作的市场行为,如1315年,伦敦市制定了一项规定,鉴于制作麦芽消耗了大量的小麦,该法令要求从此之后麦芽应该利用其他谷物制作。国王爱德华二世向全国发布了类似的法令,要求从此之后不得使用小麦来制作麦芽。斯托(Stow)甚至认为如果国王没有发布这一法令,那么全国大部分的人将会因饥荒而饿死。[③]伊丽莎白女王也制定过限制过度制作麦芽的法令。[④]这些法令反映出当时英国面包和啤酒市场在谷物使用方面的争夺。有些法令目的在于管理麦芽销售的市场行为,确保人们能够购买到优质的麦芽,防止欺

① *Victoria History of the County in England* [Z]. Hertfordshire, iv, 1912, p. 242.

② Statutes of the Realm [M]. 15 Charles II c. 1.

③ Stopes, H. Malt and Malting [M]. London: F. W. Lyon, 1885: 8.

④ Statutes of the Realm [Z]. 39 Elizabeth I c. 16.

诈行为的出现；1394 年，理查德二世通过的一项法令规定，来自亨廷顿、赫特福德、贝德福德和剑桥销往伦敦的麦芽必须要适度的去除灰尘和杂质。[1]出于此项目的而制定的最重要的法令于 1548 年由国王爱德华六世颁布。该法令首先分析了麦芽制作过程中各种欺诈行为，并且针对性地规定了麦芽制造的操作规程和对违法行为的处罚。对于麦芽制作的流程，该法令要求任何麦芽制作商在制作麦芽过程中，从浸泡谷物到麦芽制作完成时间不能少于三周，六、七、八月除外；在被除外的三个月中，麦芽制作的时间不应该低于 17 天。对于违反此项法令者，每夸特麦芽处以 2 先令的罚款。对于将好坏麦芽混合出售的行为以及出售没有经过适当去尘的麦芽，分别将按照数量处以罚金。[2]该法令几经废止和重启，一直到维多利亚时期才最终被废止。

　　由于麦芽是日常消费品，因此对财政贡献巨大，不难理解王室立法的另一个目的是为了获得财政收入。政府可以通过管理麦芽市场，从惩治违法行为中获得罚金收入；很多法令的规定中，都有对违法者按照不同的标准处以罚金的规定条款，这些罚金是王室和城市财政收入的重要来源之一。在内战期间，1644 年英国议会开始对麦芽贸易征税，用以维持战争费用。该法令要求所有用小麦和大麦制作的麦芽都应每夸特缴纳 2 先令的商品税。此后，国会还多次针对啤酒和麦芽征税。征税的范围不断扩大，从英国、威尔士扩大到苏格兰，征税额也不断上涨。到 1728 年，英国的麦芽税为每蒲式耳 6 便士，这一税率一直持续到 1760 年。

　　为啤酒业提供原料而衍生出的行业还有啤酒花采摘。16 世纪以后，随着英国国内啤酒酿造规模的扩大和啤酒花需求的增长，英国国内啤酒花种植面积不断扩大。每年秋天，啤酒花果实成熟时，种植区需要大量的采摘者帮助种植园主采摘果实。这为生活在伦敦东部人口密集区的穷苦阶层提供大量的就业机会。伦敦东区的穷人们将肯特郡、萨里郡和苏塞克斯的啤酒花采摘视为他们的特权。[3]每年啤酒花成熟之际，种植园主都会提前通知采摘者做好采摘准备。于是啤酒花采摘者纷纷准备好贴有自己名字的篮子或者采摘桶，等待出发。等到啤酒花成熟之后，采摘者们便带家携口、成群结队地奔向啤酒花园区。从伦敦通往肯特郡的路上，顿时人潮涌动，场面蔚为壮观。人群中，既有白发苍苍的老者，也有蹒跚学步的儿童，虽然路途遥

---

①　Statutes of the Realm [Z]. 17 Richard II c. 4.

②　Statutes of the Realm [Z]. 2&3 Edward VI c. 10.

③　Bickerdyke, J. The Curiosities of Ale and Beer: An Entertaining History [M]. London: Swan Sonnenschein & Co.,1889:92.

远而艰辛,然而他们眼中却充满着希望和期盼。因为呈现在他们面前是广阔而又充满花香的田园,而不是拥挤不堪、肮脏潮湿的城市贫民窟;他们面临的将是几个星期的辛苦劳动,然而采摘啤酒花所得的报酬,在收成好的时候能够给他们的家庭提供充足的饮食,帮助他们熬过寒冷而又饥饿的冬季。

啤酒花采摘为大量的穷人带来了工作。每英亩所需啤酒花采摘者数量不定,一般而言,在肯特郡每五十英亩土地所需人员不超过200人。① 如果1700年啤酒花种植面积为20000英亩,每英亩需要4人采摘,那么当时大约需要八万人的采摘队伍。而据肯特郡的一位著名啤酒花种植者描述,1890年种植区至少需要三十三万人的外地采摘者,当时的啤酒花种植面积为55724英亩。② 这一数字是否准确还有待考证,然而规模如此之大的人口迁移和劳动力短缺成为当时英国啤酒花产区的一种奇特现象。啤酒花采摘对于伦敦地区的穷人的生活而言,意义重大。在伦敦东区的贫民窟里,当坐在冰冷的火炉和空空橱柜旁的父母,看着因饥饿而啼哭不停的孩子时,他们时常会相互安慰,"采摘啤酒花的季节快来了"。③ 啤酒花采摘给他们带了就业和收入,对他们而言,每年的啤酒花采摘简直就是一场快乐的狂欢。

除了来自伦敦地区的"外地人"以外,啤酒花种植区域也有人数相当的采摘者,他们通常同那些"外地人"分开而居。采摘者通常会十人分为一个组,一人领头,负责给采摘者安排采摘工作。在工作日的某一时候,测量者会测量每一位采摘者采摘数量,并做登记。测量完后,采摘筐中的啤酒花会被装入袋子中,运送到烘烤房中烘干,冷却后装入长袋之中。采摘者的报酬通常以蒲式耳为单位支付。

啤酒的销售也影响了一个重要行业——制桶业。盛酒容器一直是制约其发展规模的重要影响因素。在木桶发明之前,酿酒和盛酒容器大多为陶器。相对木制酒桶而言,陶器容量较小,而且容易破碎,不利于酒类的运输。木桶很可能是公元前2世纪和1世纪凯尔特人的发明,当时意大利的葡萄酒大量出口到高卢,受此启发凯尔特人发明木桶,以取代产自地中海的双耳

---

① Stratton, Rev. J. Y. Hops and Hop-pickers [M]. London: Society for Promoting Christian Knowledge, 1883:29-30.

② Marsh, John B. Hops and Hopping [M]. London: Simpkin, Marshall, Hamilton, Kent & CO., Limited, 1892: 46.

③ Marsh, John B. Hops and Hopping [M]. London: Simpkin, Marshall, Hamilton, Kent & CO., Limited, 1892: 42.

瓶。[1] 圣人高隆邦的圣迹故事中多次提到盛放啤酒所用的大桶,这是关于木桶盛放啤酒的最有力证据。[2] 在英国各地的城市和乡村星星点点分布着成千上万个制桶小店,他们出售各式各样的木制桶。这些桶的使用目的各异,主要分为两类,一类盛装干物,如水果、种子、杂物等,一类盛装液体,如葡萄酒、啤酒和油类等。由于使用目的不同,制桶材料和制作工艺要求也有所不同。盛装液体的木桶通常使用橡树、榉树和栗树制作而成。盛酒桶根据其固定的容量分为几种类型,最大的容量为 225 加仑(1023 升) 被称为大桶(tun),其次为 108 加仑(491 升)体积的大桶(butt 或者 pipe),72 加仑(327 升) 容量的大桶(punches),54 加仑(245 升) 容量的大桶(hogshead); 小桶也分几种,分别为 36 加仑(barrel)、18 加仑(kilderkins)、9 加仑(firkins)和 4.5 加仑容量(pins)的木制桶。

中世纪英国的新婚夫妇通常不得不光顾村子里的制桶店,因为他们需要木桶盛装各式各样的物品,比如饲料桶、盛水桶、牛奶桶、腌菜桶和啤酒桶等等,这些桶通常会终生使用。[3] 乡村的制桶店一般为一人经营的小店,这种店投资较小,只需一个棚屋、一套工具和几个旧木桶就可开业。然而,制桶匠却需 7 年的学徒生涯才能熟练地运用各种工具,制作出各种尺寸大小的密封木桶。制桶匠通常为家族经营,父传子,子传孙;制作木桶不仅极耗体力,对技术的要求也近乎苛刻。

在城市,制桶匠通常在行会的管理下经营;学徒期满的制桶匠,将成为授权的自由市民。都铎时期,英国啤酒贸易的快速发展,促进了酒桶需求的增长。到 1591 年,伦敦市的弗利特街到圣凯瑟琳之间有 20 家大型的酿酒作坊,吸引了大量的顶级制桶匠;这些制桶匠人收入高,还享受着行会垄断所带来的好处。[4] 贸易的发展促进了制桶业的专业化,手艺最好的工匠专注于制作和修理啤酒桶和水桶。啤酒业的不断发展,对制桶业产生了重大的影响,导致制桶业越来越依附于酿酒业。为了防止酿酒商出售啤酒时缺金短两,亨利八世曾经颁布法令严禁啤酒酿造商自己制作啤酒桶,要求将制

① Hornsey, I. S. A History of Beer and Brewing [M]. Cambridge: The Royal Society of Chemistry, 2003: 212.

② Nelson, Max. The Barbarian's Beverage [M]. London: Taylor & Francis e-library, 2004:94.

③ Kilby, Ken. Coopers and Coopering [M]. Princes Risborough: Shire Publications Ltd, 2004: 25.

④ Kilby, Ken. Coopers and Coopering [M]. Princes Risborough: Shire Publications Ltd, 2004: 29.

桶工作还给制桶匠,让制桶匠来制作各种容量的酒桶;出售的啤酒桶容量应为 36 加仑,麦酒桶的容量为 32 加仑。他还授予制桶行会主权利,授权他们测量和寻找不合格的酒桶,给所有的酒桶做记号。^① 符合规格的酒桶会被刻上圣安东尼的十字。这种十字标示可能就是现在广泛使用的 X 型标示的起源。^② 伦敦的制桶业行会力图保持自己的独立地位,16 世纪他们曾多次贿赂议会官员,通过有利于他们的法律,然而由于酿酒行会对议会影响更大,他们的游说作用不大。^③

从上述三个行业来看,啤酒行业的发展从生产到销售给不同的行业产生了深刻的影响。其所衍生的行业和就业岗位为众多的社会群体带了工作和收入,为相关农业领域和手工业的发展提供了市场动力。反过来,这些相关行业的发展也为啤酒的酿造和销售提供了必须的原料、工具和服务,为酿酒业的不断扩大作出了贡献。

从本节分析可以看出,中世纪至近代早期英国酿酒业的发展对农业生产产生了深刻的影响。酿酒业对大麦的偏爱以及啤酒酿造规模的不断扩大,促进了农业生产中大麦种植面积的不断增长,大麦成为英国近代早期最重要的粮食作物。啤酒花酿酒技术的推广,带动了英国国内外啤酒花贸易的不断扩大,英国国内啤酒花种植也在特定的区域内不断的扩大规模。啤酒花种植不仅为啤酒酿造提供了生产原料,而且还为大量的穷人提供了工作机会;每年一次的啤酒花采摘,形成了规模巨大的短期人口迁移景象,对啤酒花生产区和伦敦东区劳动力迁移区的生产和社会生活产生了深刻影响。大麦和啤酒花种植规模扩大,改变了英国农业生产的面貌,农业生产的区域化、商品化、专门化生产进一步加强。附属于啤酒行业的麦芽制作行业和制桶业也随着酿酒业规模的扩大而不断扩大生产,进一步依附于啤酒产业。啤酒行业及其附属行业的发展不仅丰富了人们的物质生活,而且为社会提供了大量的工作机会,为国家财政收入作出了巨大的贡献。

① Statutes of the Realm [Z]. 23 Henry III c. 4.

② Bickerdyke, J. The Curiosities of Ale and Beer: An Entertaining History [M]. London: Swan Sonnenschein & Co.,1889:113.

③ Kilby, Ken. Coopers and Coopering [M]. Princes Risborough: Shire Publications Ltd, 2004:29.

第二节 啤酒馆的经济和社会功能

作为现代英国酒吧的前身,啤酒馆一直是各种文献资料中常见的词汇。从乔叟故事中的朝圣之旅,到托马斯·杨对各色人等过度光顾酒吧的抱怨,再到现代人列举英国人特性的清单,无一不体现出啤酒馆在英国社会和文化中所处的重要位置。[①]啤酒馆不仅仅是啤酒消费的主要场所,而且在英国历史发展进程中扮演着重要的经济和社会角色。从各个时期,国家和地方对啤酒馆的立法和行政执法,都可以看出啤酒馆在中世纪和近代早期英国社会中所扮演的重要角色。

一、中世纪到近代早期英国啤酒馆的发展

不列颠土地上的酿酒历史悠久,而商业售酒究竟源于何时,由于相关历史资料的限制而很难有所定论。从现有的历史资料来看,中世纪早期法律文献中已经出现啤酒馆的记录。7 世纪肯特国王的多项立法中都有涉及啤酒馆数量的记录;10 世纪以后,法律文献中针对啤酒馆的规定日益增多。12 世纪,随着英国城市的兴起和各地之间商路的重启,商业酿酒开始在城市和乡村出现。起初在乡村,麦酒妻们只是在收获之后,或者在她们能够获得一定量的酿酒原料之后,小规模地酿造一些麦酒,留下一部分供家庭成员饮用,剩余部分出售给附近的村民或者来往的路人。这种售酒规模通常非常小,由于大部分农民家庭的房屋都非常简陋,房间狭小,不足以允许顾客在屋内饮酒,因此售酒没有固定的销售场所,很多都是沿街叫卖。[②]在城市,酿酒规模同样很小,而且也大多是间歇性的酿酒,售酒大多在户外。伦敦和很多城市的大街上,商贩经常沿街叫卖麦酒;每当市集来临之时,商贩们都会从周围各地赶来,在街道上摆摊售卖麦酒。总的看来,在黑死病之前,啤

---

① Hailwood, Mark. Alehouses and Good Fellowship in Early Modern England [M]. Woodbridge: The Boydell Press, 2014:1.

② Chadwick, D. Social Life in the Days of Piers Plowman [M]. Cambridge: Cambridge University Press, 1922:66.

酒销售大多是小规模的业余经营,没有固定的经营场所。[①] 很多麦酒妻在为顾客提供啤酒之外,并不能为他们提供食物和住宿。1500 年以前,能为旅客的经济活动和社会往来提供住宿、马厩和休闲等服务的主要机构为客栈。客栈是大型、目的很明确的社会设施,它的主要功能是为旅客提供住宿和饮食服务。客栈主要分布在城市,从乔叟的朝圣故事可知,早在 11 和 12 世纪客栈已经出现,而到了 15 世纪时,客栈的数量已经相当可观。[②] 酒馆最早出现于 12 世纪,数量相对较少,也主要分布在城市。同客栈一样,酒馆拥有固定经营场所,主要为社会上层和中层提供葡萄酒。从面向的顾客来看,客栈和酒馆主要是针对社会中上层,他们提供的饮料主要是葡萄酒,而啤酒馆则主要以下层社会为服务对象;啤酒馆主小规模地销售低成本麦酒,销售场所并不是特意设立的经营场所,大部分时候都户外。黑死病之前,客栈和酒馆在社会服务功能方面的作用要远大于啤酒馆。

黑死病之后,啤酒馆的数量出现了急速的增长。根据 1577 年政府对啤酒馆数量的调查,历史学家估计当时全国的啤酒馆数量约为 24000 家,这一数字和当时全国的人口比例为 1:142。从各地具体情况来看,有些城市啤酒馆的分布比例更高,例如,诺丁汉的啤酒馆和当地的人口比为 1:33,约克郡为 1:69。[③] 宗教改革后,啤酒馆的数量继续呈增长趋势。根据 17 世纪 30 年代的统计,英国境内所有类型啤酒馆的数量大约在 48000 到 55000 家之间,比 1577 年的数字增加了一倍;1700 年啤酒馆的数量增长到了 58000 家。虽然这一时期英国人口数量在不断增长,然而从比例上看,人口增长的速度显然比不上啤酒馆增长的速度;1630 年左右,英国人口和啤酒馆数量的比例为平均 89—104 人分享一家啤酒馆;到了 1700 年左右,这一数字下降到 87 人。[④] 在某些地方啤酒馆增长的速度比全国平均数要高得多,如 1665 年在斯塔福德郡每 16 至 17 户中就有一户为持证的啤酒馆经营者,[⑤] 1647 年,

① Clark, Peter. The English Alehouse: a social history 1200—1830 [M]. London: Longman Group Limited, 1983:23.

② Clark, Peter. The English Alehouse: a social history 1200—1830 [M]. London: Longman Group Limited, 1983:6.

③ Clark, Peter. The English Alehouse: a social history 1200—1830 [M]. London: Longman Group Limited, 1983: 43.

④ Clark, Peter. The English Alehouse: a social history 1200—1830 [M]. London: Longman Group Limited, 1983: 43–45.

⑤ Xiang, Rong. The Staffordshire Justices and Their Sessions (1603—1642) [D]. University of Birmingham, 1996:153.

兰开夏郡南部地区一些村庄,平均每 12 户就有一户经营啤酒馆。^① 在城市和农村,数量众多的啤酒馆日益融入人们的日常生活,成为人们社会交往中心。

啤酒馆的不断涌现是中世纪晚期英国城市和乡村社会出现的一种显著变化。^② 与之相应的另一个变化是越来越多的酒馆经营者不再自己酿造啤酒,而是从专业酿酒商手中购买啤酒进行出售,酿酒和售酒逐渐分离开来。根据牛津大学的档案记载,1311 年,牛津西北部的麦酒酿酒商人数为 22 人,零售商为 17 人;东南部的酿酒商人数为 31 人,零售商为 44 人;1351 年时,牛津大学西北部的酿酒商仅剩 5 人,零售商为 14 人,东南部的酿酒商减少到 6 人,零售商为 30 人。^③ 从这些数据可以看出,酿酒商数量大量减少,啤酒酿造越来越集中到少数专业酿酒作坊,零售商越来越倾向于从当地的专业酿酒商中购买麦酒用于零售。1699 年,伦敦城所有在售的啤酒只有不到 1% 由零售商自己酿造。^④ 同时,零售商们更倾向于让顾客在室内消费,而拒绝在户外销售麦酒。在 14 世纪末,沃灵福德的售酒商们拒绝在户外售酒,坚持要求顾客在店内消费。麦酒馆门口树立的长长的麦酒杆,标示着它的存在,强调着它的重要性。

黑死病到宗教改革之间的两百年间,啤酒零售行业发生了深刻的变化,拥有固定经营场所的啤酒馆成为啤酒零售的主要形式。从麦酒妻毫无规律的户外售酒到啤酒馆的固定经营,这种转变不仅是经营方式的变化,而且更多地反映出啤酒馆逐渐转变为社会活动的中心。人们将生活中的各种庆祝活动逐渐由教堂转移到啤酒馆之中,教堂在社区中的中心地位逐渐让位于啤酒馆。啤酒馆不仅为顾客提供啤酒饮料的供应,而且还提供各种娱乐活动,如下棋、保龄球等活动来吸引顾客,娱乐性饮酒活动在啤酒馆广泛开展起来。从宗教改革到英国内战期间的一百多年,啤酒馆正式成为英国社会的中心。

向荣曾分析了 16、17 世纪英国啤酒馆快速增长的原因。除了啤酒花酿

① 向荣. 啤酒馆问题与近代早期英国文化和价值观念的冲突 [J]. 世界历史,2005(5): 24。

② Clark, Peter. The English Alehouse: a social history 1200—1830 [M]. London: Longman Group Limited, 1983:29.

③ Salter, Rev. H. E. (eds.). Mediaeval Archives of the University of Oxford (Vol II) [M]. Oxford: Oxford University Press, 1922:184–189, 262–264.

④ Mathias, Peter. The Brewing Industry in England 1700—1830 [M]. Cambridge: Cambridge University Press, 1956: 6.

酒技术引入英国后所引发的一系列技术上的进步之外,还有其他经济和社会方面的原因。首先,从经济方面来看,16、17世纪正值英国社会形成以伦敦为中心的统一国内市场,封建的自己自足的家庭经济、庄园经济和狭隘的地方经济已经土崩瓦解,农本经济开始向资本主义经济过渡。商品经济的发展,促进了商品和人员流动的增长,分布于水陆交通要地的啤酒馆为各类商旅人士提供了休憩之地。啤酒馆数量的增长顺应了当时国内贸易扩大的需求,是贸易发展的标志。其次,啤酒馆的增长还同社会分化以及贫困问题紧密相关。圈地运动后,英国社会阶层分化加剧,下层社会贫困问题突出。穷人因无法实现生活上的自给自足而不得不求助于啤酒馆,在那里他们不仅能够获得饮料和食物,而且还能通过饮酒来麻醉自己,忘却现实的饥饿和烦恼。贫困和饮酒如同孪生兄弟,贫穷问题严重地区往往啤酒馆增长速度很快。从对斯塔福德郡的贫困地区啤酒馆增长速度的分析可知(参见表4.3),贫困是促使啤酒馆数量快速增长的重要因素。此外,宗教改革以后,教会不再参与民间组织的各种娱乐活动,这一变化造成的娱乐场所的真空,为啤酒馆的快速发展提供了动力。中世纪以来,英国社会宗教节日众多,宗教改革以前,教会一直为这些节庆活动准备活动和娱乐场地,教堂一直是各堂区的社会活动中心;而宗教改革以后,教会不再参与世俗娱乐活动,以前教会组织的各种酒会也被禁止,于是人们便逐渐转向啤酒馆的娱乐活动,社会活动中心逐渐从教堂转向啤酒馆。

表 4.3　斯塔福德郡贫困程度与啤酒馆增长速度之间的分区比较

百户区	皮尔希尔	托特蒙斯洛	卡特勒斯顿	奥弗洛	塞斯登
1665 年免交"炉税"家庭的百分比	29.6%	29.4%	33.2%	32.5%	40.7%
1605-1640 年啤酒馆增长的百分比	15.1%	18.8%	50%	64.4%	148.7%

资料来源: Xiang, Rong. The Staffordshire Justices and Their Sessions (1603—1642) [D]. University of Birmingham, 1996:155.

近代早期英国啤酒馆快速增长的同时,针对啤酒馆的控诉和请愿活动也在不断增加。啤酒馆是社会大众饮酒和娱乐的场所,这种公共场所不可避免会出现一些违法行为,如醉酒、打架斗殴、赌博、偷盗、强奸、卖淫、通奸以及聚众滋事等。随着啤酒馆数量的猛增,这些违法行为也呈上升趋势,进而被社会舆论无限扩大。16、17世纪,英国社会流传着大量的宣传册,痛斥啤酒馆里流行的种种罪恶。例如,理查德·罗丽吉的《最近察觉和发现的一个怪兽》一书,针对"大约50或60年前,啤酒馆还很少见……而如今每条街道都充斥着这类的酒馆,大多数阶层的市民都经常关顾它们"[1] 这一现象,除了细数啤酒馆饮酒可能导致的放荡行为,还将啤酒馆描述为盗窃和各种犯罪团伙地下活动的总部。[2] 类似的文献还有托马斯·德克的《伦敦的更夫》(1608)和《灯笼和烛光》(1608)等,这些被称为"捉兔(coney-catching)"小册子的宣传册所表达的思想,反映出当时英国中上层社会对啤酒馆的基本认知;他们认为啤酒馆是醉酒行为、底层社会懒惰和犯罪行为的摇篮;啤酒馆是"由穷人经营为穷人服务"的场所,容留赤贫者和流浪汉,滋养犯罪、骚乱和醉酒,促进了滥交和其他僭越正统社会道德违法行为的发展,是社会大众对抗现有宗教和政治秩序的大本营。[3] 彼得·克拉克认为当时社会中上层过度夸大了啤酒馆对社会秩序、家庭结构和文化、政治价值产生的影响;到17世纪40年代,啤酒馆虽然数目众多,但仍然不是一个充分发展的产业。啤酒馆的经营场所仍然狭小而简陋,店主多为穷人、新移民、妇女、老人和病人居多,他们对社会的影响力较小;顾客虽然大多来自社会下层,然而他们之间的分歧多于一致,并不能形成具有影响力的团体。[4]

鉴于社会中上层对啤酒馆的违法行为会引起社会动荡的担忧,国家议会以及地方政府在立法、授权许可、纳税等各方面采取了一系列措施来限制和管理啤酒零售业。从16世纪中期开始,城市政府和各郡法庭花费了大量的时间和精力来管理啤酒行业。然而早期制定的很多措施由于中央和地方之间缺乏协调而变得效率低下,直到17世纪20、30年代起各地的管理措施才开始发挥实效;英国革命期间,政府采取了进一步措施,到17世纪末18世纪初,一整套综合有效的啤酒馆管理机制逐步形成;1750年左右,啤酒馆问题基本得以控制。17至18世纪新旧世纪交替之际,经过一百多年的管理和规范,啤酒馆经营发生了翻天覆地的变化。简陋破败的啤酒馆已经一去不返还,取而代之的是设施优良的经营场所;啤酒馆店主也大多变成了社区中富有而且影响力较大的人物;此时啤酒馆的社会功能同一百多年前

---

[1]　Rawlidge, Richard. A Monster Late Found Out and Discovered [Z]. Amsterdam, 1628: 8.

[2]　Achilleos, Stella. Drinking and Good Fellowship: Alehouse Communities and the Anxiety of Social Dislocation in Broadside Ballads of the 1620s and 1630s. https://extra.shu.ac.uk/emls/journal/index. php/emls/article/download/122/108

[3]　Clark, Peter. The Alehouse and the Alternative Society [A]. In Pennington, Donald and Keith Thomas (eds.). Puritans and Revolutionaries. Essays in Seventeenth-Century History presented to Christopher Hill [C]. Oxford: Clarendon Press, 1978:48.

[4]　Clark, Peter. The English Alehouse: a social history 1200—1830 [M]. London: Longman Group Limited, 1983:159-160.

相似,然而它们的经营与社会发展却更加协调一致。这一时期,啤酒馆开始向现代英国"酒吧"转型,"public house"一词开始出现,它囊括了所有的啤酒馆、酒馆和小型客栈,三种类型的酒馆开始融合,并最终形成近代意义的酒吧。①

二、啤酒馆的经济社会功能

考察啤酒馆在经济中的作用,首先可从啤酒馆的经营者和顾客角度。啤酒馆不同于客栈和酒馆,其经营者和顾客大多来自社会底层。1590—1619年,肯特郡季审法庭记录的啤酒馆经营者职业显示,大约有一半左右的啤酒馆经营者为劳工、农夫和小土地持有者;在埃塞克斯的特林村,60%的啤酒馆经营者为茅舍农或者劳工阶层。②英国革命前,很多涌入伦敦和其他城市的农夫和小手工业者都依靠啤酒零售作为生存手段。人口增长、农业生产方式的改变、土地短缺以及失业等因素导致大量的农业人口涌入大小城市,期望能找到就业机会,然而由于受到城市市政管理和行会制度的制约,大量的城市移民很难融入城市已有的行业之中,于是不得不从事啤酒零售业。无论对于那些希望改善家庭经济条件,还是纯粹为了生存的劳动者来说,这一行业都具有其他行业无以比拟的优势。因为经营啤酒馆不需要经过特殊的培训和学徒生涯,没有行会的限制、资金投入少、家庭经营、行业管理松懈而且社会需求量大等等各种优势,促使经营啤酒馆成为社会下层的首选职业。由于经营者来自社会底层,通常啤酒馆设备简陋。到16、17世纪时,城市和乡村的大部分啤酒馆依然设施简陋,房间数大多不超过5个。

虽然在啤酒馆里偶尔也能见到绅士、牧师、富有农民和商人的身影,但啤酒馆的顾客大多来自社会底层。1638年,托马斯·德克写道,那些在啤酒馆中豪饮、唱歌和打斗的人主要是"补鞋匠、补锅匠、小商贩和搬运工

---

① Clark, Peter. The English Alehouse: a social history 1200—1830 [M]. London: Longman Group Limited, 1983:195.

② Clark, Peter. The English Alehouse: a social history 1200—1830 [M]. London: Longman Group Limited, 1983:74.

等"；①16、17世纪以伦敦为中心的内陆贸易网络的形成，加上各种因素造成无地农民人数的上涨，导致城市和农村的很多社区充斥着小商贩、补锅匠、旅行的商人、迁移的劳工和士兵等，他们大多选择啤酒馆过夜。②在利·亨特的诗歌"乡村啤酒馆"中，也描述了啤酒馆的多位顾客，他们是运输工、磨坊主、乞丐、马夫和农夫等。③总的看来，啤酒馆的顾客可分为当地人和旅客两种。通常情况下，临近主干道和马车道的啤酒馆里外地顾客数量较多。过路的旅客大体上可以分为三类：小土地所有者和乡村的手工艺者、分销商和中间商、流浪的穷人。

　　啤酒馆何以成为社会下层劳动阶层聚集的中心？这和啤酒馆承担的社会经济功能紧密相关。很多地方的法律文档都记载了啤酒馆经营者向执政官申请经营许可权时所列出的理由，即服务交通要道上过往的旅客。1623年，斯塔福德郡法庭收到一份请愿，要求授权在沃特林大街的申斯通开设一家啤酒馆，因为那是一条货运马车、载客马车和畜群经常经过的道路；两三年后，威尔特郡比塞特峡谷的居民们表示当地特别需要一家啤酒馆，以招待从此路过的乘客和旅行者，因为那里已经成为了一条往西通往伦敦的公用道路。④1552年，爱德华六世制定法令要求所有的啤酒馆都必须获得经营许可；第二年他又颁布法令，要求限制酒馆的数量，每个村庄、市镇或者城市只能拥有一家只销售葡萄酒和麦酒的酒馆。而对于啤酒馆和客栈，该法令则没有强加数量限制，因为它们不同于酒馆只出售酒精饮料，它们还为那些住宿的旅客提供住宿和食物。⑤詹姆士一世制定的第一条法令就重申了啤酒馆的"真正和基本用途"在于为旅客提供饮食和住宿服务。这些法令的制定足以证明，在16、17世纪王室和议会针对啤酒馆的一系列立法和行政管制措施中，啤酒馆的基本社会功能仍然得到了社会中上层阶层的认可，这也是在国家立法措施不断强化的背景下，16和17世纪英国啤酒馆的数量不降反升的重要原因。当时英国社会商品经济快速发展和国内市场逐步

①　Dekker, Thomas. English Villanies Seven Severall Times Prest to Death [M]. London: Printed by M. Parsons,1638:Sig. K3v.

②　Rollison, David. Exploding England: The Dialectics of Mobility and Settlement in Early Modern England [J]. *Social History*, 1999, 24(1):1−15.

③　Bickerdyke, J. The Curiosities of Ale and Beer: An Entertaining History [M]. London: Swan Sonnenschein & Co.,1889:187.

④　Clark, Peter. The English Alehouse: a social history 1200—1830 [M]. London: Longman Group Limited, 1983:128.

⑤　Hornsey, I. S. A History of Beer and Brewing [M]. Cambridge: The Royal Society of Chemistry, 2003:337.

形成的大背景下，国内商品和人员流动空前频繁，啤酒馆在国家法令强化限制的情况下反而出现不断增长的趋势，正是当时国内市场繁荣的明证之一。

啤酒馆起初只出售啤酒，到中世纪末期开始出售食物，食品主要以圆面包和蛋糕为主。这类食物制作简单，而且价格实惠，很适合穷人顾客。对于那些能够获得充足谷物和燃料的酿酒者来说，制作面包是他们经常从事的副业，因为经常光顾啤酒馆的穷人们通常无法自己制作食物。在埃塞克斯，爱德华·贝斯的妻子是当地的麦酒零售商，据说她经常烘烤棕色面包出售给当地的穷人。[①] 中世纪末英国民间好客习俗逐渐淡化，啤酒馆逐渐成为流动商贩、流浪的穷人获得食物的主要场所。富有的商人通常会选择客栈获取饮食和娱乐的便利，而小商贩、修补匠人、牲畜贩子、运输工等大多会在啤酒馆里获得食物和饮料供给。17世纪60年代，在国王的林恩和诺维奇之间奔走的公共运输工罗伯特·唐宁，路途中通常每周两次光顾比灵福德的一家啤酒馆，他和他的同伴们都会在那里购买食品和饮料。[②] 除了饮食以外，啤酒馆还通常会出售烟草。烟草于16世纪80年代进入英国，并迅速传播开来，啤酒馆很快成为烟草的主要零售点。国内外出产的烟草，通过流动商贩批发给啤酒馆主，然后在啤酒馆零售。对于啤酒馆经营者而言，烟草是一项有利可图的副业。对于下层社会而言，烟草同啤酒一样是一种很有吸引力的麻醉剂，它能暂时让人忘却痛苦和忧伤。

除了饮食服务以外，啤酒馆也为旅行者提供住宿服务。在客栈和酒馆没有充分发展的时候，承担接待旅客任务的大多为教会组织。在很多宗教机构的法令和章程中，都明确规定教士必须遵循好客的礼仪。伊科布里基（Ecgbridge）的一项法令要求主教和牧师必须建造济贫院来招待那些贫穷的陌生人和旅客。[③] 教会组织会根据旅客的不同社会等级给予他们应有的接待。随着商品经济的发展、流动人口的增加，教会组织的接待能力显然不能满足不断增长旅客的需求，客栈和啤酒馆便应运而生，承担起部分接待任务，并且日益成为接待旅客的主要力量。客栈和啤酒馆的住宿服务，对过路的商人非常重要，特别在夜间，住宿能够保证他们人身和财产的安全。中世

---

① Clark, Peter. The English Alehouse: a social history 1200—1830 [M]. London: Longman Group Limited, 1983:133.

② Clark, Peter. The English Alehouse: a social history 1200—1830 [M]. London: Longman Group Limited, 1983:129.

③ Bickerdyke, J. The Curiosities of Ale and Beer: An Entertaining History [M]. London: Swan Sonnenschein & Co.,1889:183.

纪道路崎岖不平、异常难行,而且有些路段强盗横行,^①位于道路两侧的客栈和啤酒馆除了为过路的商人提供饮食服务,还可以为夜间赶路的商人提供安全庇护。

都铎时期和斯图亚特早期,流浪现象成为英国的主要社会问题,给王室统治者们带了很大的麻烦。地方行政官们不得不面临着巨大的行政压力,为流动人员提供食物和救济,维持社会秩序成为他们最为头疼的事情。17世纪初,全英国大约有80000多个流浪汉在英国各条大路上流浪,很大一部分人涌向了城市。^②1620年,伦敦每年平均会接纳1500名非法流浪者,他们大部分都居住在郊区的啤酒馆等地。^③即使旧时教会组织的好客行为依然存在,也不能满足数量如此之众流浪人员的住宿需求。于是,从都铎时期开始,法官和一些当地官员日益依赖啤酒馆为他们提供住宿服务。此时的啤酒馆由于经营场所有限,有些店主会拒绝给一些顾客提供住宿服务,而大部分啤酒馆都会容留顾客住宿。规模较大的啤酒馆通常能够为顾客提供几张床位,而大部分啤酒馆设施都很简陋,顾客要么同店主同住一张床,要么只能在屋子里的木凳或者桌子上将就一两晚上。

啤酒馆不仅仅为往来客人提供短暂的过夜服务,很多时候外来移民到达一个地方通常会一直居住在啤酒馆里,直到他们找到新的工作为止。16世纪中期,利兹的一位纺织工人来到德比郡乡下的一个煤矿寻找工作,以一家乡村的啤酒馆作为落脚点。啤酒馆不仅为他们提供居住点,还经常帮助新移民逃避官方的抓捕。都铎时期的《济贫法》试图采取严厉的措施来消除迁移问题。1572年伊丽莎白女王制定法令,规定被定罪为窃贼和懒汉的人,将会受到严厉地鞭笞,并且在右耳上用烧红的烙铁烙上印记;二次定罪者将会被罚做两年佣人,三次被抓将会视为重罪。^④针对政府对游民的打击,啤酒馆服务员很多时候会成为新移民到达新地方的第一份工作,从而使他们成为合法的居民。如果那些劳工不能获得工作而不得不重新踏上迁移之路,啤酒馆还可以为他们办理通行文件,从而使他们逃避政府的惩罚。从

① Maskell, Henry P. & Edward W. Gregory. Old Country Inns [M]. London: Sir Isaac Pitman & Sons, Ltd, 1910:2-3.
② Clark, Peter. The English Alehouse: a social history 1200—1830 [M]. London: Longman Group Limited, 1983: 129.
③ Dionne, Craig & Steve Mentz. Rogues and Early Modern English Culture [M]. Michigan: The University of Michigan Press, 2004:43.
④ Dionne, Craig & Steve Mentz. Rogues and Early Modern English Culture [M]. Michigan: The University of Michigan Press, 2004:44.

1531 年开始,所有的贫困旅行者都被要求携带法官签署的通行证,表明旅行的原因和目的地,否则将被视为游手好闲者而受到鞭笞或监禁。很多穷人都会在啤酒馆里购买伪造的通行证。16 世纪早期,很多流浪汉都去光顾位于埃塞克斯西蒂尔伯里的一家啤酒馆,从当地一位缺钱的牧师手中购买手写的通行证。[①] 当地人有时也会长期以啤酒馆为家,特别是那些熟练工人。他们通常是已经学满出师的学徒,但还没有建立自己的家庭和事业。一位名叫威廉·特里姆的熟练纺织工于 1568 和 1569 年间曾在诺维奇的四家啤酒馆里居住,每次居住两到三个月。[②] 啤酒馆的长期住客还有当地单身汉们。

人员和商品流动频繁,使啤酒馆日益变成商品集散中心。斯图亚特王朝早期,客栈、酒馆和啤酒馆已经开始成为开放市场以外的重要商品交易中心,成为商业活动的枢纽。[③] 富有商人和大型交易通常选择客栈和酒馆作为交易地点,啤酒馆则是下层社会商品交易场所。同开放市场相比较,各类酒馆具有很多优越条件。首先,客栈或者酒馆为商品交易提供更加私密的空间,在恶劣天气情况下,还可以为人员和商品提供遮风挡雨的地方;客栈和酒馆还能为商人提供更加宽阔的商品储藏空间。其次,客栈和酒馆里的商品交易避免了市场交易的各种限制;因为市场开放时间固定,其他时间禁止商品交易,法令严格禁止在开市之前截留购买和囤积货物。同样,啤酒馆里的商品交易不受时间限制,而且交易更加灵活,批发和零售量不受限制。啤酒馆经营者经常会从商贩手中购买和囤积一些物品,在市场外出售。在农村,很多啤酒馆主还会经营一家类似街头小店的商店,向不方便进城购物的村民出售各种小商品。16 世纪 60 年代,在萨里郡,一位名为杰弗里·霍恩的啤酒馆店主,不仅向附近的穷人出售啤酒和面包,还为他们提供蜡烛、盐和其他生活必需品。[④] 此外,啤酒馆的顾客,如旅行商人和小商贩等,会在啤酒馆里同店主和其他顾客做生意;埃塞克斯的贝肯曼在啤酒馆里购买牲猪,流动商贩还在啤酒馆里出售香烟、无花果等。[⑤] 服务人员也会在啤酒

---

① Clark, Peter. The English Alehouse: a social history 1200—1830 [M]. London: Longman Group Limited, 1983:139.

② Clark, Peter. The English Alehouse: a social history 1200—1830 [M]. London: Longman Group Limited, 1983:136.

③ Braudel, Fernand. Civilization and Capitalism 15th –18th Century, Volume II, The Wheels of Commerce [M]. Reynolds, Sian, Trans. London: William Collins Sons & Co Ltd, 1983:353.

④ Clark, Peter. The English Alehouse: a social history 1200—1830 [M]. London: Longman Group Limited, 1983:138.

⑤ Clark, Peter. The English Alehouse: a social history 1200—1830 [M]. London: Longman Group Limited, 1983:138.

馆里为顾客提供服务。理发师会在啤酒馆里为顾客理发，搬运工为顾客搬运货物，还有临时的教师教人读书识字，等等。啤酒馆店主允许各类人等免费在馆内活动，除了饮酒之外不会额外收取费用，因为买卖双方交易时，通常会以饮酒的方式才能达成。罗杰·劳（Roger Lowe）在日记中记载，当牧师伍德先生建议他少喝酒时，他告诉伍德先生有时候他不得不花上两便士购买啤酒才能做成生意。[①]

穷人离不开啤酒馆，还因为啤酒馆为穷人提供财政帮助。近代早期以前，英国信贷体系还处在萌芽状态，啤酒馆为穷人提供的信贷服务成为帮助他们度过难关的重要途径。中世纪晚期以来，英国社会人口不断增长，失业率高涨，基本生活物品的价格起伏不定，加上社会流通的小型货币量不足，穷人的生活状况日益恶化。啤酒馆店主是当时社会向穷人提供信贷服务主要来源之一，他们所提供的信贷不仅仅包括在酒馆里的消费欠款，还提供实物抵债、实物抵押借贷等服务。啤酒馆里记账消费现象非常普遍，店主会根据顾客的偿还能力，在一定期限范围内为他们提供一定量的信用额度，并且允许他们多次小额地偿还欠款。从当时的啤酒零售商的遗产清单可以看出，赊账消费非常普遍。1573年，罗格·马斯卡去世时，200多人欠他总计1400英镑之多的债务未还。[②]坏账是啤酒馆店主最担心的事情，但是大多数啤酒馆还是能够从信贷活动中受益；同时小额的信贷对于穷人来说尤其重要，能够帮助他们度过最艰难的农业欠收时期，使他们不至于饥饿而死。实物典当是啤酒馆主常用的一种信贷方式；穷人在经济困难时，可以将家中的家具、衣物或者首饰等抵押在啤酒馆里换取现金或者食物等，等到有能力偿还债务时可以将物品赎回。流浪途中，霍布斯太太在牛津郡亨利镇附近的一家啤酒馆，将自己的指环典当给店主以换取食物和饮料。[③]

啤酒馆还是信息集散中心。近代早期，啤酒馆扮演了邮局、失物招领中心、就业信息中心、广告机构等等一系列重要角色。[④]16、17世纪人口的增长和社会转型产生了大量的无地和少地农民，他们迫切需要寻找就业机会。

①　Lowe, Roger. The diary of Roger Lowe, of Ashton-in-Makerfield, Lancashire, 1663—1674 [Z]. Sachse, William L. (eds.). New Haven: Yale University Press, 1938:59.

②　Bennett, J. M. Ale, Beer, and Brewsters in England [M]. Oxford: Oxford University Press, 1996:87.

③　Clark, Peter. The English Alehouse: a social history 1200—1830 [M]. London: Longman Group Limited, 1983:137.

④　Tlusty, B. Ann. Bacchus and Civic Order [M]. Charlottesville and London: University Press of Virginia, 2001: 162.

传统的就业市场很难满足如此之多待业人员的工作需求，而啤酒馆里人员密集，信息流通快捷，因此很多待业人员希冀能在啤酒馆找到工作机会，行业招工人员也会利用啤酒馆作为他们招收熟练工人的场所。运气好的人会在啤酒馆里成功地找到就业机会。1590年，来自怀特岛的普鲁内拉·考利在南安普顿郡的一家啤酒馆里遇到了法兰西·尼古拉斯，后者知道她失业后，主动提出给她一份工作，她欣然同意。[①] 另外，由于当时信息交流方式原始，而且社会识字率较低，因此城市市民、村民以及流动人员之间的信息联系不畅。人们为了获得亲人、朋友或者商业信息，通常会将集市或者市场作为接头点，然而市场开放有时间限制，于是啤酒馆和客栈等便成为人们信息沟通的接头点。南安普顿郡霍尔本的搬运工约翰·汤普森经常往返伦敦和当地之间，他在客栈搬运货物时一直顺便帮他人捎带往返信件。[②]

除了以上经济和社会功能以外，啤酒馆还为英国人的日常社会活动提供了重要的公共空间，成为人们生活中重要的社交场所。罗杰·劳是兰开夏郡马克菲尔德的阿斯顿镇市场上的一位呢布店学徒，他从1663年开始记录生活日记，一直持续到1674年。日记中记录了他的大量饮酒经历，主要分布在五年的记录中。在这五年中，他一共记录了490条日记，有关饮酒的记录为170次，饮酒记录占所有日记量的35%；[③] 日记中记载的饮酒经历大多为职业饮酒和娱乐饮酒，发生的场合都是在啤酒馆。从罗杰的饮酒日记，我们可以管窥当时啤酒馆在社会交往中的重要作用。在他日记的170次饮酒记录中，只有13次没有提到饮酒伙伴，剩余的157次记录罗杰都提到了饮酒伙伴的名字，总人数达到129人。和罗杰饮酒的有亲戚、朋友、商业伙伴等，大多数为男士。此外，罗杰还多次参与到群体饮酒。[④] 当外地的朋友来拜访罗杰时，罗杰通常会将朋友带到啤酒馆招待他们，反之，朋友也会在啤酒馆里招待他。1665年2月，为了招待来自伦敦的罗伯特格蕾丝·沃斯，他们一起饮酒到晚上12点。啤酒馆的饮酒活动还帮助他们调解个人纠纷。罗杰记录了三次自己在啤酒馆同他人解决纠纷的经历。1663年2月，罗杰

① Clark, Peter. The English Alehouse: a social history 1200—1830 [M]. London: Longman Group Limited, 1983:139.

② Brown, James R. The Landscape of Drink: Inns, Taverns and Alehouses in Early Modern Southampton [D]. Department of History University of Warwick, 2007:144–145.

③ Martin, A. Lynn. Drinking and Alehouses in the Diary of an English Mercer's Apprentice, 1663—1674 [A]. In Holt, Mack P. (eds.). Alcohol: A Social and Cultural History [C]. Oxford: Berg, 2006:94.

④ 参见 Lowe, Roger. The diary of Roger Lowe, of Ashton-in-Makerfield, Lancashire, 1663—1674 [Z]. Sachse, William L. (eds.). New Haven: Yale University Press, 1938:52.

帮助协调老约翰·詹金斯和他儿子马修之间的纠纷，当时父子之间正在打官司，闹得不可开交，在罗杰的帮助下，他们最终达成一致意见，并一同到啤酒馆饮酒，签订协议。①罗杰同他的新情人埃姆·波特在啤酒馆喝酒，被他前任情人玛丽·内勒的亲戚迪克·内勒发现，两人在啤酒馆发生激烈争吵，一周以后迪克主动要求在约翰·詹金斯的啤酒馆达成和解。②后来，罗杰还和情人埃姆·波特的前男友在啤酒馆里发生了争吵，两天后他们在另外一家啤酒馆里达成和解。③通过这些例子可见，啤酒馆是社会交往过程中调节个人纠纷的理想场地。在啤酒馆共同饮酒代表着友谊和友情，拒绝别人的饮酒请求则被看作是敌意。1667年5月的一个星期二，罗杰出于友爱，想要拜访波特先生，并且邀请他一起去啤酒馆饮酒，但是他没有接受，并且显得很生气，这让罗杰感到很伤心。④

　　从罗杰的日记可以看出，女人也经常出入啤酒馆、参与社交活动。在追求埃姆·波特的过程中，他记录了埃姆多次在啤酒馆饮酒。1664年八月的一个星期一，当时罗杰已经对埃姆动心，他知道埃姆在坦克菲尔德啤酒馆里同亨利·肯宁一起饮酒，所以很伤心。一个星期以后，罗杰到另外一家啤酒馆遇到了埃姆，他们在包间里坦承了相互之间的爱意。罗杰还多次陪伴他的朋友在啤酒馆里向他们心爱的姑娘求爱。这些足以证明当时啤酒馆的顾客不仅是男性，女性光顾啤酒馆也很常见，她们也充分了参与了啤酒馆的社交活动。女性通常在男性朋友或者女性朋友的陪伴下关顾啤酒馆。

　　除了个人社会交往外，社区的各种庆祝活动，特别是仪式通常在啤酒馆里举行，仪式中的饮酒活动促进了社区的团结。罗杰的日记中记载了多次参加这些仪式的经历。他曾经两次作为教父参加儿童的洗礼，并且花费了大量的金钱用于购买啤酒。婚礼的庆祝活动也在啤酒馆中进行，罗杰经常慷慨地出资购买啤酒，在劳伦斯·彭德尔贝里的婚礼上，罗杰花费了6便士。⑤罗杰的日记中还记载了他参加的葬礼等其他仪式。

　　啤酒馆不仅是社交中心，而且还是社区的娱乐中心。宗教改革以后，英

---

① Lowe, Roger. The diary of Roger Lowe, of Ashton-in-Makerfield, Lancashire, 1663—1674 [Z]. Sachse, William L. (eds.). New Haven: Yale University Press, 1938:14-15.

② Lowe, Roger. The diary of Roger Lowe, of Ashton-in-Makerfield, Lancashire, 1663—1674 [Z]. Sachse, William L. (eds.). New Haven: Yale University Press, 1938:70-71.

③ Lowe, Roger. The diary of Roger Lowe, of Ashton-in-Makerfield, Lancashire, 1663—1674 [Z]. Sachse, William L. (eds.). New Haven: Yale University Press, 1938:114.

④ 同上。

⑤ Lowe, Roger. The diary of Roger Lowe, of Ashton-in-Makerfield, Lancashire, 1663—1674 [Z]. Sachse, William L. (eds.). New Haven: Yale University Press, 1938:61.

国社会上层和社会主流思潮对教堂娱乐活动和旧时仪式采取了普遍的抵制态度，教堂逐渐失去了社区睦邻友好活动中心的地位，取而代之的是啤酒馆。到斯图亚特王朝早期时，在很多教区，尤其是英国南部，啤酒馆已经成为社区游戏和娱乐的中心。[①] 除了传统的游戏以外，新型的室内游戏在啤酒馆里开始流行起来，如掷骰子、十五子棋、纸牌游戏等各式各样的游戏。行吟诗人的说唱歌谣也在啤酒馆里广泛传唱。根据罗杰的日记记载，啤酒馆饮酒是罗杰生活中的主要娱乐方式，他多次参与朋友之间的饮酒活动，直至深夜；他还提到和朋友在啤酒馆喝酒时，还参加打保龄球等游戏。[②]

综上所述，不难看出中世纪末期和近代早期啤酒馆对英国社会发展扮演着重要的作用。啤酒馆以及客栈和酒馆，不仅在经济活动中扮演着重要角色，而且对社会交往、社区的团结稳定起到了至关重要的作用。米歇尔·奥凯拉格汉认为酒馆在城市精英新型社交方式的形成过程中扮演着至关重要的作用，他们逐渐通过社交活动和饮酒作乐的方式形成的精英群体社会认同。[③] 威辛顿也认为，英国啤酒馆的娱乐性饮酒对于在团体和市民之间形成群体认同感和团结一致的氛围至关重要。[④]

第三节　酒会及其社会功能

中世纪以来，英国社会流行着各种类型的酒会(ales)；这些酒会不仅给人们带来欢乐，还在社会交往和慈善救济等方面扮演着重要的角色。酒会的最早起源，无从考查，但很有可能与日耳曼人的饮酒习俗、基督教的慈

---

① Clark, Peter. The English Alehouse: a social history 1200—1830 [M]. London: Longman Group Limited, 1983:152.

② Clark, Peter. The English Alehouse: a social history 1200—1830 [M]. London: Longman Group Limited, 1983:86—87.

③ O'Callaghan, Michelle. Tavern Societies, the Inns of Court, and the Culture of Conviviality in Early Seventeenth-Century London [A]. In Smyth, Adam (eds.). A Pleasing Sinne: Drink and Conviviality in Seventeenth-Century England [C]. Cambridge: Cambridge University Press, 2004:37-38.

④ Withington, Phil. The Politics of Commonwealth: Citizens and Freemen in Early Modern England [M]. Cambridge: Cambridge University Press, 2005:131-137.

善宴会理想以及农民之间自我救助的习俗有着一定的关联。[①] 从盎格鲁－撒克逊时期的证据可见，到公元 1000 年时，教堂酒会所产生的种种问题已经相当让人困扰了，这些问题包括在教堂里饮酒和举办宴会、守夜时醉酒以及宴会时举行的各种游戏活动。13 世纪，英国社会各种酒会已经形成习俗，教会逐渐承担起了举办酒会的责任，并且将此作为获取利益的一项重要途径。[②] 到了中世纪晚期，以集资为目的的官方饮酒活动达到了全盛时期。虽然各种流行的酒会名称有所不同，举办目的也不尽相同，然而英国社会流行的酒会大多以慈善类型为主。[③] 近代以前的几个世纪中，英国流行的酒会主要有三类：为满足教区支出而举办的酒会，救助贫穷邻居的酒会以及支持新婚夫妻的酒会，即教堂酒（church-ale）、救助酒（help-ale）和新娘酒（bride-ale）。虽然这三种酒会针对的对象不同，却都带有慈善和救助的性质，在促进社会融合、邻里互助以及扶危济贫方面具有重要作用。这也是戴尔提出的中世纪英国穷人幸存之谜[④] 的部分原因，即穷人自己提供的相互帮助，而不是来自于上层社会的救助。[⑤]

一、教堂酒会

教堂酒会的起源可以追溯到早期基督教的爱宴（Love Feast）。复活节酒会、圣灵降临节酒会、守灵酒会等都属于教堂酒会。历史学家斯塔布斯在《英国陋习缕析》中对教堂酒会做了如下记录：[⑥]

在一些酗酒成风的城镇，圣诞节、复活节、圣灵降临节或者其他时间，征

①　Bennett, Judith M. Conviviality and Charity in Medieval and Early Modern England [J]. *Past and Present,* 1992, 134(1):24.

②　Bennett, H. S. Life on the English Manor: a study of peasant conditions, 1150—1400 [M]. Cambridge: Cambridge University Press, 1962:267.

③　Bennett, Judith M. Conviviality and Charity in Medieval and Early Modern England [J]. Past and Present, 1992, 134(1): 26.

④　Christopher, Dyer. Standards of Living in the Later Middle Ages: Social Change in England c. 1200—1520 [M]. Cambridge: Cambridge University Press, 1989: 256.

⑤　Moisa, Maria. Debate: Conviviality and Charity in Medieval and Early Modern England [J]. *Past and Present*, 1997, 154(1):223.

⑥　Furnivall, Frederick J. Phillip Stubbes's Anatomy of the Abuses in England in Shakspere's Youth (part I) [M]. London: The New Shakspere Society, 1877—1879:150-151.

得整个教区的同意后,每个教区的教堂执事都会提供十或者二十夸特麦芽,酿造成非常浓烈的啤酒或者麦酒,在教堂或者其他地方出售。酿酒的麦芽有些购自教堂的库存,有些是教区居民根据自己的能力捐赠所得。当盛装啤酒的大桶开启以后,人们都会尽快地到达出售点,尽可能多地购买……通过这种方式,他们会持续六个星期、三个月或者半年,日日夜夜豪饮不止,直到变得滥醉如猴,如野兽般麻木……他们说,所得钱款将会用来维修教堂和小教堂,购买礼拜书籍、圣餐庆祝活动的杯具,剩余部分用来支付约翰爵士的薪酬和其他必要支出。另外,他们还有维持教区的其他额外收费。

上述描述在某些细节上可能会有夸大其词的成分,但大体上能够反映出教堂酒会举行的方式和目的。1602 年,理查德·卡鲁描写了康沃尔举办的一次教堂酒会,给我们提供了一幅更加清晰的图画:[1]

为了举办教堂酒会,每年教区的前任教区执事会在教区里选择两人作为新的执事。新执事负责为教区居民分配任务,按照居民的意愿在他们中间集资,并将搜集所得尽数用于酿造啤酒,烘烤面包以及其他饮食供应。圣灵降临节到来之时,邻里乡亲们聚集在教堂大楼里,快乐地享受自己的饮食,同时为教区的事业贡献微薄力量,通过这种方式积少成多……此外,那时的相邻教区之间居民也会充满爱心地相互拜访,以此方式真诚地花钱消费……宴会结束后,执事们会向教区的居民公开账目,并将超过支出的部分钱款储备起来,用于教区任何额外的支出,或者被迫用于国家事业或者为王公贵族服务……

虽然不同地方和教区教堂酒会举办的细节有所不同,但在举行方式和目的上大体相似。教堂酒会是以教区的名义举办的具有公共性质的酒会,它依赖教区居民广泛地参与和合作。教区居民自己组织,自己提供饮料和其他食品,在酒会上自由地消费。教堂酒会上所出售的麦酒,原材料通常来自教区居民的捐赠,由教会组织酿造。原则上,在酒会上居民可以按照自己的意愿和能力自由的购买啤酒;酒会上啤酒的售价通常要高于市场上正常的售价,以此方式酒会的举办者可以利用较少的投入获得较大的收益;教堂酒会的实际收入有多有少,但很多时候教堂酒会都会收集到一大笔资金,这也是教区里最重要的一笔收入来源。根据泰晤士河上的金斯顿教区账本记载,1526 年该教区的教堂酒会收入达到 7 英镑 15 先令之多;另外一本格利马罗的教会账本记载,1592 年该教会在圣灵降临节酒会上获得 5 英镑收

---

① Carew, Richard. The Survey of Cornwall [M]. Halliday, F. E. (eds.). London: Andrew Melrose, 1953:141.

入。[①]教堂酒会除去成本以后的收益,大多用于教区的公共开支,最重要的是建造和维修教堂,建造教堂大楼(用来举办酒会等活动),以及购置教堂钟等。除此之外,教堂酒会的收益还用来救助教区的穷人。17世纪晚期,约翰·奥布里记载,在圣迈克尔的金斯顿,圣灵降临节时举行的教堂酒会开始为穷人提供救助。[②]15世纪和16世纪早期,萨默塞特的一些教区每年都会举行多次酒会,主要是在忏悔节和圣灵降临节等节日宴会期间。这些酒会上获得的相当可观的收入,不仅用来维持教会的支出,还用来支付牧师的薪水。[③]为了保证教堂酒会能够获得收益,有些地方性法规禁止任何人在当地教会执事举行教堂酒会期间酿酒销售,违者将被处以罚金。[④]

教堂酒会上居民可以按照自己的意愿和能力自由地消费,但这种消费受到了来自当时社会的各种压力,甚至完全出于被迫。宗教改革以前,埃尔瓦顿、瑟拉斯顿和安巴斯顿教区居民同欧克布鲁克居民之间的达成了一份协议。该协议记载,在本次和下次施洗者圣约翰节之间,上述各教区的居民应该酿造四次麦酒,每次使用一夸特麦芽,成本和费用自己承担;欧克布鲁克市民应该多次参加酒会,每位丈夫和妻子都应该花费两便士,每位茅舍农花费一便士;如果有人缺席一次酒会,那他应该在下次酒会上缴纳双份费用,或者派人把钱送到酒会。[⑤]上述规定显然带有一定强制性,给一些居民带来了负担。然而,大部分教堂酒会都不会有强制性的消费标准,而是通过道德、宗教说教和丰富多彩的娱乐活动吸引居民前来消费。那些座位离酒桶最近、消费最多的人,会被认为是最虔诚者,而由于贫穷或者其他原因不能坚持消费的人则被认为在道德和虔诚度上最堕落者。因此,很多穷人也会自愿地东挪西凑一些钱用来在酒会上消费,将之视为各耳板[⑥](Corban),

①　Bickerdyke, J. The Curiosities of Ale and Beer: An Entertaining History [M]. London: Swan Sonnenschein & Co.,1889:269.

②　Underdown, David. Revel, Riot and Rebellion: Popular Politics and Culture in England 1603—1660 [M]. Oxford: Oxford University Press, 2005:45.

③　Vaux, J. E. Church Folklore: a record of some post-reformation usages in the English church, now mostly obsolete [M]. London: G. Farran, 1894:195.

④　French, Richard Valpy. Nineteen Centuries of Drink in England (second edition) [M]. London: National Temperance Publication Depot, 1890:116.

⑤　Bickerdyke, J. The Curiosities of Ale and Beer: An Entertaining History [M]. London: Swan Sonnenschein & Co.,1889:268.

⑥　各耳板是古犹太人对上帝的奉献之物。

是对上帝事业的奉献,由此将会获得功绩。[①] 此外,酒会上丰富多彩的娱乐活动对于中世纪的社区居民也有不可抵御的吸引力。萨默塞特郡耶奥维尔附近的教区为了吸引更多的人来参加教堂酒会,经常租用附近富有教区的服装来装饰自己的酒会,使之看起来更有吸引力。[②]

官方举办的教堂酒会通常在教堂大楼(church house)里进行,在萨默塞特的摩尔巴斯,教堂大楼又被称为教堂麦酒屋。教堂大楼通常为教堂的附属建筑,用来举办教区的酒会。沃斯利在《怀特岛的历史》中记载了一份古老的契约,该契约提到盖特康比教区的居民拥有一处教会大楼,并将之转让给约翰·布罗德,条件为当该街区居民为了筹集维修教堂的资金而举办教堂酒会时,他们有权使用该栋大楼的楼上、楼下所有房间。[③] 在英国南部和西南部(尤其是德文郡)教堂大楼非常普遍,而在北方和威尔士的大部分地区,教堂大楼则不常见,教区居民通常在啤酒馆里举行酒会。[④] 在约克郡北赖丁的丹比威斯克,教区居民参加完圣餐仪式后,直接从教堂走向啤酒馆,在那里共同饮酒,以示对慈善事业的支持,表达邻里之间的友谊。[⑤] 汉德尔认为英国东南部教堂酒会的兴盛只是一个短暂的现象,仅仅持续了一个世纪左右;因此与之相应的酒会举办地教堂大楼也只是从15世纪末或者16世纪初才出现,到17世纪时大部分已经停止使用。[⑥] 历史地理学家诺曼·庞兹认为可能直到15世纪末和16世纪初教区不断建设教堂大楼以后,教堂酒会才变得越来越普遍。[⑦]

从教堂酒会的地域分布来看,即使是教堂酒会盛行时期,在英国的北部

---

① Furnivall, Frederick J. Phillip Stubbes's Anatomy of the Abuses in England in Shakspere's Youth (part I) [M]. London: The New Shakspere Society, 1877—1879:150.

② Houston, R. A. Bride Ales and Penny Weddings: Recreations, Reciprocity, and Regions in Britain from the Sixteenth to the Nineteenth Century [M]. Oxford: Oxford University Press, 2014: 24.

③ Bickerdyke, J. The Curiosities of Ale and Beer: An Entertaining History [M]. London: Swan Sonnenschein & Co.,1889:269.

④ Forest, J. The History of Morris Dancing, 1458—1750 [M]. Cambridge: Cambridge University Press, 1999: 177–185.

⑤ Anbrey, J. Remaines of Gentilisme and Judaisme [M]. London: W. Satchell, Peyton, 1881:5.

⑥ Hindle, Steve. On the Parish? The Micro–politics of Poor Relief in Rural England c. 1550—1750 [M]. Oxford: Oxford University Press, 2004:289–290.

⑦ Pound, N. J. G. A History of the English Parish: the culture of religion from Augustine to Victoria [M]. Cambridge: Cambridge University Press, 2000:241.

和西部,也很少出现类似南部和东部地区由教区官方组织的教堂酒会。赫顿指出,在米德兰北部和英国最北部的郡,很少出现教堂酒会,除非是在紧急时期。[1] 在苏格兰地区,宗教改革以前虽然教堂也会用来举办很多世俗活动,但教堂酒会也很少见。根据约克郡圣米迦勒亨利时期的教堂执事账目记载,教堂酒会之类的教区集资活动闻所未闻;爱德华时期,兰开夏郡普勒斯顿城的历史撰写者也坦承,在普勒斯顿教区的教堂里从来没有举办过这样的活动。[2] 安德堂认为,北部地区地广人稀,教区很难有效地组织教堂酒会之类的活动,空间和距离限制了他们在社交和管理方面的统一性。[3] 在这些地区,世俗人士组织的结婚酒会以及私人组织的非官方救助酒会非常盛行。东部和南部地区教堂酒会主要出现在农村地区,较大的城市教区通常会有更多的收入来源。

　　教堂酒会的消亡也有时间和地区差异。爱德华六世的宗教改革,[4] 似乎彻底废止了东部和南部地区的教堂酒会,然而泰晤士河谷和西部地区酒会的消亡则出现了反复,16 世纪 50 和 60 年代出现了强烈的反弹。在东南部地区,到 16 世纪 70 年代时,在东盎格利亚、肯特和苏塞克斯等地,教堂酒会彻底消失了。而在西南和西北地区,教堂酒会的生命力更加持久,一直持续到 18 世纪才彻底消失了。[5] 教堂酒会的消失是多种原因的综合结果。严格的新教主义、社会两极分化、济贫制度的改革以及政府对社会秩序混乱的不容忍态度等,导致英国南部地区的教堂酒会在 17 世纪时完全消失了。[6] 从宗教角度来看,新教主义的兴起是教堂酒会消失的重要原因。新教徒们认为,教堂酒会将宗教和世俗的实践与空间混为一体,这是天主教义的缺点

---

① Hutton, R. The Stations of the Sun: a history of the ritual year in Britain [M]. Oxford: Oxford University Press, 1996:245.

② Houston, R. A. Bride Ales and Penny Weddings: Recreations, Reciprocity, and Regions in Britain from the Sixteenth to the Nineteenth Century [M]. Oxford: Oxford University Press, 2014:47.

③ Harris, T. (eds.). Popular Culture in England, c. 1500—1850 [M]. Basingstoke: Macmillian Press Ltd., 1995:32.

④ 主要指 1547 年 11 月,爱德华六世的第一届议会颁布的附属教堂法案,它规定将亨利八世在位期间未被充公的附属教堂和教会学校收归国有。

⑤ Suggett, R. Festivals and Social Structure in Early Modern Wales [J]. *Past and Present*, 1996, 152(1):111.

⑥ Houston, R. A. Bride Ales and Penny Weddings: Recreations, Reciprocity, and Regions in Britain from the Sixteenth to the Nineteenth Century [M]. Oxford: Oxford University Press, 2014:22.

在社区节庆活动中的具体体现。1571 年的一项宗教法令,明确规定禁止在教堂举行公共娱乐活动;1603 年的一系列宗教法令进一步强化了官方对教堂娱乐活动的普遍镇压。从经济角度来看,教堂酒会 16 世纪中后期在东盎格利亚地区快速消失,因为当地教会组织获得了丰富的地产捐赠,这些土地的收入成为取代酒会收入的基本资金来源,不仅能够涵盖教会的日常支出,而且还能用于济贫。因此,教堂酒会和庆祝活动显得多余,或者至少是一项值得质疑的收入。例如,到 1660 年左右,诺福克郡的 88 个村庄(占该郡所有教区的 15%),和白金汉郡的 40 个村庄(占 19%)获得了 100 英镑到 400 英镑的资产捐赠,这些资金每年可获利 5 到 20 英镑,构成了这些教区重要的资金收入。[①] 除此之外,教会还能通过很多其他途径获得收入,如教堂座位出租(pew-rent),强制性的济贫税等,不断削弱教堂酒会在教区获得公共收入中的作用,教堂酒会的收入也呈现出不断下降的趋势。在维尔特郡的梅雷,1559 到 1560 年间,教区收入的七分之六来自于酒会收入,而 1582 至 1583 年,酒会收入只占四分之一。[②]

二、帮助酒会

16 世纪的一首民谣讲述了一位不幸的吟游诗人在遭受抢劫之后,邻居们通过帮助酒会救助他的故事:
在我居住的塔姆沃思镇,我亲爱的乡亲们
慷慨地帮助了我,这是真实的,我要告诉你。
他们充分地表达了善意,
在乡邻之间,我体会到了浓浓的爱意。
毫不夸张,他们为了我慷慨解囊,
不能亲临者,钱款却没缺席。
我的乡亲们叫我酿造一坛麦酒,
感谢上帝的善意,麦酒销售顺利,

---

① Jordan, W. K. The Charities of Rural England 1480—1660 [M]. London: G. Allen & Unwin, 1961:195.

② Houston, R. A. Bride Ales and Penny Weddings: Recreations, Reciprocity, and Regions in Britain from the Sixteenth to the Nineteenth Century [M]. Oxford: Oxford University Press, 2014:44.

确切无疑,我使用了一蒲式耳麦芽,

从中获得了大约 5 英镑的收益。[1]

歌谣讲述的是一位贫穷的行吟诗人,积攒了 60 英镑用于还债,却被人抢走。面临厄运,他无计可施,然而乡邻们却要求他酿造一些麦酒,大家聚在一起花钱饮用,由此该行吟诗人获得了 5 英镑的收益。这些收入虽然不能补偿他的全部损失,却对他意义重大。歌谣中的行吟诗人很幸运,邻居们一起来参加的是在中世纪晚期非常流行的帮助酒会。在罗杰·劳的日记中也多次记载他参加帮助酒会。如 1663 年 11 月,格蕾丝·杰勒德举办了一次酒会,召集邻居参加,罗杰出席并花费了几便士。[2]

帮助酒会同教堂酒会一样,都是通过售卖啤酒的方式来筹集资金。然而,它又在很多方面别于教堂酒会。教堂酒会盛行的区域在英国的东部和南部地区,在这些地区帮助酒会和新娘酒会显得非常低调;而在英国北部和威尔士、苏格兰,帮助酒会和新娘酒会更加流行,而且规模更大,官方组织的教堂酒会则很少见。帮助酒会援助的对象,通常是社区里突遭困难的诚实成员。它所救助的对象是确定的个人或者某些事业,参加者是被救助对象的邻居和朋友等。此外,帮助酒会大多是私人组织的非官方性活动,它是社区帮助个人的活动,无需教会参与。在英国的西部和北部,通过饮酒娱乐的方式募集资金的各种活动,都是通过私人和社区组织的非官方性质活动。在这些地区,以教区为单位组织的饮酒活动很少见,部分原因可能在于麦酒的生产和销售主要由世俗权威控制,如镇议会或者领主等。[3]虽然帮助酒会的组织者通常为个人,但会受到教会或者地方行政官员的监督。在威尔士和边界地区,举办帮助酒会必须获得政府的授权许可。[4]从 13 世纪时教会就开始尝试将各种酒会制度化,在中世纪晚期的米德兰和更南一些的地方,很多证据表明了教会对当时流行酒会的控制。从 14 世纪起的两个

① Bennett, Judith M. Conviviality and Charity in Medieval and Early Modern England [J]. Past and Present, 1992, 134(1):19.

② Lowe, Roger. The diary of Roger Lowe, of Ashton-in-Makerfield, Lancashire, 1663—1674 [Z]. Sachse, William L. (eds.). New Haven: Yale University Press, 1938: 45.

③ Gibson, A. J. S. and T. C. Smout. Prices, Food and Wages in Scotland, 1550—1780 [M]. Cambridge: Cambridge University Press, 2007:24.

④ Houston, R. A. Bride Ales and Penny Weddings: Recreations, Reciprocity, and Regions in Britain from the Sixteenth to the Nineteenth Century [M]. Oxford: Oxford University Press, 2014:50.

世纪里,南部地区的很多酒会都必须由教区组织或者授权。[①]

帮助酒会部分地减轻了社区成员突遇困难时所面临的社会困境。以上文歌谣中的事实为例。塔姆沃思镇的行吟诗人突然遭遇困难,他需要社区成员的帮助。社区成员如果采用直接的资金援助则会出现一种尴尬的状况。由于直接接受资金帮助,被帮助者在心理上可能会产生被施舍的感觉,尊严会受到伤害。利用举办酒会的方式则能很好的避免这种尴尬的局面。在形式上,被救助者通过出售麦酒或者啤酒来募集资金,貌似一种正常而公平的商业交易,这有效地避免了直接资金捐赠可能产生的尊严伤害。酒会饮食和娱乐活动同时表达举办者对参与人员的感激之情和款待之意。从救助者来看,通过参加酒会的方式既能表达对被救助者的关爱又能避免他们产生心理负担和尴尬境地。同时,救助者积极参加帮助酒会,心中期待着当他们遇到困难时社区其他成员能够以同样的方式来帮助他。总而言之,帮助酒会一方面能够让需要帮助的人获得来自社区的直接帮助,另一方面有效地减少了救助双方之间可能产生的尴尬局面。酒会的饮酒活动巩固了社区的团结,促进了邻里之间的相互帮助。

帮助酒会的成功举办需要举办者和参与者双方的积极努力和参与。举办帮助酒会的最基本的动力来自于需要帮助的人,他需要为酒会准备食物、麦酒以及其他娱乐活动,通知邻居、朋友等来参加。举办者通常为男性,有农民、手工业者、富有的城市居民等,很少有仆人和妇女。[②] 朝圣者有时会举办酒会,以此来筹集朝圣的路费和盘缠;寡妇也可能通过此种方法来寻求救助。[③] 举办酒会的人必须是社区诚实居民,酒会成功与否很大程度上与举办者的受欢迎程度和人们对他是否值得救助的认知相关联。在上文的诗歌中,行吟诗人举办酒会能够取得成功原因在于他"深受大家喜爱"。根据维克菲尔德庄园档案记载,帮助酒会的举办者都是社区中的长期居民而且信誉良好,有些人甚至是当地的治安官。[④] 帮助酒会救助的对象是社区居民认为值得救助的人,而不是游手好闲者或者社区的陌生人。这些人不

① Houston, R. A. Bride Ales and Penny Weddings: Recreations, Reciprocity, and Regions in Britain from the Sixteenth to the Nineteenth Century [M]. Oxford: Oxford University Press, 2014:21.

② Moisa, Maria. Debate: Conviviality and Charity in Medieval and Early Modern England [J]. *Past and Present*, 1997, 154(1): 226.

③ Clark, Peter. The English Alehouse: a social history 1200—1830 [M]. London: Longman Group Limited, 1983: 25.

④ Bennett, Judith M. Conviviality and Charity in Medieval and Early Modern England [J]. Past and Present, 1992, 134(1): 30.

仅包括社区的穷人,还有很多中层及以上收入人群。中世纪的贫穷状况具有动态特征,除了最富有阶层外,贫穷可能降临到任何人头上,因此从社会阶层来看,帮助酒会的举办者远大于我们认知中的穷人阶层。[①]邻居和朋友的积极参加直接决定着酒会的收益。参与者通常是具有一定消费能力的男性,他们会根据自己的实际消费能力,以及对酒会举办者的喜爱程度来决定消费的多少,这直接决定了酒会的最终收益。

各种证据表明,帮助酒会获得利润通常非常可观。塔姆沃思镇的行吟诗人只使用了一夸特麦芽酿造麦酒,就获得了 5 英镑的收入,除去各种成本,最终可能获利 4 英镑左右,这在当时是很大一笔钱。此外,从维克菲尔德庄园档案对帮助酒会所处的罚金来看,帮助酒会通常会比一般的商业酿酒收益更多。1412—1413 年间,维克菲尔德庄园商业酿酒的罚金通常为 4 到 6 便士,而帮助酒会缴纳的罚金通常为为 1 先令。[②]由此看来,帮助酒会所得收益通常要大于普通商业酿酒。与来自社会上层的慈善救助不同,帮助酒会为社区居民提供了更加直接而及时的救助。当困难降临或危机出现时,正如主教皮尔斯所言,"在宴会中朋友的善行和帮助"及时到来。[③]

由于帮助酒会形式上非常随意,有时候很难和商业售酒区分开来。17世纪兰开夏郡的学徒罗杰·劳在日记中记载了多次参加酒会的记录,有些记录记载的酒会看似非常不正式,很容易让人误认为是一般的商业售酒。如 1663 年 11 月的一条日记记载"格蕾丝·杰勒德举办一场酒会,召集邻居去花钱"。此外,1664 年 9 月,罗杰记载"……我去托马斯·内勒的家里,带她去参加老哈维的妻子举办的酒会……"[④]罗杰参加的这些酒会看起来非常随意,但又不同于一般的啤酒馆饮酒,可能是某种偶尔举行的小规模帮助酒会。与此相比,1412 年至 1413 年之间,约克郡维克菲尔德庄园记载的商业酿酒和帮助酒会则区别明显。当地的治安官详细地记录了每一次帮助酒会,在庄园法庭上陈述了每一位举办者的姓名。这些陈述将商业售酒行为同帮助酒会区分开来分别列出。因为帮助酒会的举办者多为男性,商业

---

① 　Bennett, Judith M. Conviviality and Charity in Medieval and Early Modern England: Reply [J]. *Past and Present*, 1997 (154): 236–237.

② 　Bennett, Judith M. Conviviality and Charity in Medieval and Early Modern England [J]. *Past and Present*, 1992, 134(1):28.

③ 　Bennett, Judith M. Conviviality and Charity in Medieval and Early Modern England [J]. *Past and Present,* 1992, 134(1):29.

④ 　Lowe, Roger. The diary of Roger Lowe, of Ashton–in–Makerfield, Lancashire, 1663–74 [Z]. Sachse, William L. (eds.). New Haven: Yale University Press, 1938: 45, 72.

售酒者多为女性,而且帮助酒会所缴罚金通常远大于商业酿酒的罚金。

总的看来,与教堂酒会相比,帮助酒会通常更具有私人性质,酒会的成功与否很大程度上同举办者在社区的声誉相关联,它是社区居民之间相互帮助的一种方式,它采用商业售酒的形式,既顾及了授受双方的情感和尊严,又实实在在地在社区居民遇到困难之时提供了及时的帮助,为社区的稳定和团结贡献了力量。

三、新娘酒会

新娘酒会,顾名思义,是结婚时以新娘的名义举办的酒会。新娘酒会,又称新娘布休(bride bush)、新娘木桩(bride stake[①]),起源于新娘在结婚之日售卖麦酒的习俗;在婚礼上,通过售卖麦酒的方式,新娘会收到朋友们丰厚的馈赠。虽然被称为新娘酒会,这并不意味着必须由新娘来酿造和出售麦酒。这种名称的意思是,同新娘一起享用麦酒或者向新娘赠送麦酒,或者仅仅是以新娘的名义来举办的庆祝活动,相似的活动名称还有新娘蛋糕、新娘派。[②] 新酿酒会的花销也可能由新人的朋友和亲戚来承担,因为新人大多支付不起酒会的昂贵花销。[③]

同教堂酒会一样,在英国的南部和东部地区,新娘酒会在教区的赞助下进行,大规模的援助性新娘酒会很少见。从新娘酒会的规模上看,东部和南部的规模通常很小,这与北部和西部的新娘酒会差别很大。在东部和南部地区,新婚夫妇主要依赖近亲属给予一些援助,来开启他们新的生活,这也导致这些地区的新娘酒会显得低调得多。根据都铎中期诺维奇的一些婚姻协议记载,为了确保新婚夫妇婚后具有牢靠的经济基础,结婚前双方亲属在结婚协议的签订过程中都要经过反复协商和讨价还价才能达成协议。双方

---

① Stake 为木桩的意思,中世纪当酿酒妻酿好麦酒以后,都会在门口插上一根木桩或者灌木枝(bush),以示有酒出售,同时示意验酒官来查验麦酒。因此,木桩和灌木枝通常为啤酒馆标志,这里用来表示酒会。

② Houston, R. A. Bride Ales and Penny Weddings: Recreations, Reciprocity, and Regions in Britain from the Sixteenth to the Nineteenth Century [M]. Oxford: Oxford University Press, 2014:22.

③ Brand, John. Observations on the Popular Antiquities of Great Britain (vol. II) [M]. London: Henry G. Bohn, 1813:143.

近亲属在协议签署过程起到了关键作用。例如,在其中的一份婚姻协议中规定,女方的兄弟和叔叔担保支付 10 英镑作为女方的嫁妆;另一份协议中女方的母亲要求新郎的家庭给"年轻的新人一些家庭用品",同时她自己和亲属也会送给他们一些家庭用品。① 在英国南部,对于大多数群体来说,婚姻中炫富的场景也很少见。威廉·哈里森在《描述英国》这样描述,"除了提供面包、饮料、房间和木材之外,好心人无需提供其他物品。"② 这表明当地的新娘酒会客人只需为新婚妇女提供酒会上使用的食品和饮料等材料,无需提供金钱上的援助。

英国南部和东部的结婚酒会显得规模小、规格低,教区举办的酒会仅限于为穷人准备。在埃塞克斯耶登汉姆的一个名为亨克福德的百户区里,曾经有一座房屋专门用来为结婚的穷人准备饮食,这里拥有各种专门为此目的准备的器具和家具;在赫特福德郡的瑟菲尔德村也有一整套厨房用具,专门用来出借给穷人举办婚礼。③ 穷人举行的新娘酒会带来了大量的慈善行为,它鼓励穷人结婚,从而有助于人口的增长。这些酒会缺乏英国中部公共婚礼的援助和公众参与场面,在英国其他地区,经常会举办大型奢华的结婚酒会,特别是贵族和绅士们。类似于穷人举行带有捐赠意义的酒会在社会上层也非常流行。所有新娘酒会中最著名的当属 1575 年在伊丽莎白一世王庭里举办的酒会。那次宴会还有很多娱乐活动,如莫里斯舞会、刺靶和戏剧等游戏,参与者众多,当然捐赠礼物是不可缺少的一个环节。④ 詹姆士一世时期,苏珊和菲利普·赫伯特爵士的婚礼账单显示,贵族赠送的盘子等礼物价值 2500 英镑,国王还赠送给苏珊 500 英镑作为她的寡妇产。⑤ 由客人来支付宴会饮食和娱乐花销,甚至向新人们捐款捐物,这种形式的酒会看起来只适合于穷人,然而却不仅限于穷人阶层。历史学家吉利斯写道:"18世纪晚期,公共的新娘酒会在工业化区域快速增多,它是早前'乞丐婚礼'的一种新变体,现在不仅赤贫人士举办新娘酒会,还有时人描述的'尊贵者

① Houlbrooke, Ralph. The Making of Marriage in Mid–Tudor England: Evidence from the Records of Matrimonial Contract Litigation [J]. *Journal of Family History*, 1985, 10(4):346.

② Harrison, William. Harrison's Description of England in Shakspere's Youth [M]. Furnivall, F. J. (eds.). London: N. Trubner & Co., 1877:150–151.

③ Brand, John. Observations on the Popular Antiquities of Great Britain (vol. II) [M]. London: Henry G. Bohn, 1813:144–145.

④ Bennett, Judith M. Conviviality and Charity in Medieval and Early Modern England [J]. *Past and Present*, 1992, 134(1):31.

⑤ Brand, John. Observations on the Popular Antiquities of Great Britain (vol. II) [M]. London: Henry G. Bohn, 1813:144.

和收入微薄者'。"贵族们会削减他们的宾客清单,而穷人们则尽可能地扩大它,通过举办酒会,英国社会一些地区建立起了一种相互赠送礼物的体系,没有这一体系,很多人将无能力结婚。①

事实上,新娘酒会的举办者来自于社会各个阶层。很多地方行政官作出的规定都表明,举办新娘酒会的人通常并不是经济拮据者。1646年,苏格兰阿伯丁老城区的教会会议曾试图限制举办新娘酒会的社会阶层,它规定"除了佣人、雇工、手工业者、茅舍农、割草工此类人士以外,其他人无权举办新娘酒会。农夫以及经济地位优于上述人士都禁止拥有上述权利。"②该法令的制定表明在当时新酿酒会的举办者远不止规定阶层的人士。因为举办新娘酒会的目的不仅在于经济方面原因,还有社交等多重方面的意义,因此酒会的参与者和捐赠者来自于社会多个阶层。艺术家约翰·格兰特在欣赏大卫·威尔基的"便士婚礼③"画作时,曾指出新娘酒会的举办者是农民和社会中层阶级。④

同帮助酒会一样,新娘酒会的成功与否也很大程度上取决于新人的受欢迎程度和他人的恩惠,而不是新人是否真的需要帮助。参会人数少则几十,多则上百人。伊丽莎白时期,结婚胜地卡马森举行的一次新娘酒会,参与者甚至达到了500到600人之多。⑤为了限制酒会的规模,英国各地在不同的时期制定的法规,对出席新娘酒会的人数做了明确的规定。伊丽莎白时期的肯德尔镇对参加酒会的人数做了规定,要求参加婚礼的人数上限为80人,这一数字是各时期所有规定中最高的。⑥很多时候向新人捐赠礼物和钱款在教堂里进行,有时还挨家挨户上门筹集,然而最理想的场合当然

① Gillis, John R. For Better, For Worse, British Marriages, 1600 to the Present [M]. Oxford: Oxford University Press, 1985:152–153.

② Munro, A. M. (eds.). Records of Old Aberdeen, 1498–1903 (Vol. II) [M]. Aberdeen: Aberdeen New Spalding Club, 1899–1909:26.

③ 便士婚礼也称捐助婚礼,是新娘酒会的另外一种称谓。

④ Houston, R. A. Bride Ales and Penny Weddings: Recreations, Reciprocity, and Regions in Britain from the Sixteenth to the Nineteenth Century [M]. Oxford: Oxford University Press, 2014:78.

⑤ Houston, R. A. Bride Ales and Penny Weddings: Recreations, Reciprocity, and Regions in Britain from the Sixteenth to the Nineteenth Century [M]. Oxford: Oxford University Press, 2014:96.

⑥ Houston, R. A. Bride Ales and Penny Weddings: Recreations, Reciprocity, and Regions in Britain from the Sixteenth to the Nineteenth Century [M]. Oxford: Oxford University Press, 2014:137.

是新娘酒会期间。参与者捐赠的数量受很多因素的影响。诗人斯塔格曾有一首诗描写新娘酒会的捐赠场面。新娘坐在凳子上，膝盖上放着一个锡盘，用来盛放乡亲们的捐赠，作为嫁妆。此种方式，捐赠双方以及旁观者都可以清楚地看见捐款数目。这对于捐赠者无形中产生了一种社会压力。此外，新人准备的丰盛饮食和丰富的娱乐活动都激励着参与者尽情地捐赠。事实上，新娘酒会的捐赠数目通常非常可观，在很多地方都有地方性法规来限制酒会收取的捐赠数目。例如，在苏格兰，17世纪早期很多地方性法规对于新娘酒会每人的最高消费作出了明确规定。1600年，斯特灵教会会议规定，酒会的最高消费不能超过5先令，而1594年格拉斯哥的规定为3先令4便士；在英国，伊丽莎白和詹姆士一世时期，新娘酒会的一般消费限制为每人每餐最高6便士。[①]各个时期对参加新娘酒会人数和花销的限制性规定显然没有起到应有的作用，实际参加酒会的人数和人们的消费量远远大于法规的限制。法规的限制在现实生活中反而成为刺激人们参加酒会和消费的指数，人们纷纷向这些限制数字看齐，并且尽可能地超越它们。

　　新娘酒会对于不同阶层的人而言，具有不同的意义。对于社区的穷人来说，经济上的援助显得尤为重要。为了使酒会能够获得成功，举办方通常需要准备丰盛的饮食，很多贫困者显然无力支付。这时客人通常会通过多种途径来帮助新人，他们从家中带来炊具、食物、购买麦酒、提供其他用具等。这种实实在在的援助，既能通过适当的庆祝活动来认可新人的婚姻，又不至于导致新人为了举办酒会而陷入更大的贫困；相反，酒会中的捐赠还能够为新人开启新的生活准备一定的启动资金。如果没有新娘酒会的帮助，很多年轻的新人无力举办公共婚礼，很多人不得不尽可能地推迟他们的结婚时间，甚至根本无法组成家庭。[②]而对于最广泛地的举办者和参与者来说，新娘酒会的主要目的在于展示新人的社会归属以及睦邻友好。结婚是一对新人人生的重要转折，新婚庆典表明他们生活的社区对他们的欢迎，宣示了他们婚姻的合法性。这种社会意义对他们的婚姻而言，尤为重要。19世纪20年代的一位民俗研究者认为，援助性新娘酒会不仅能够让新人在

① Houston, R. A. Bride Ales and Penny Weddings: Recreations, Reciprocity, and Regions in Britain from the Sixteenth to the Nineteenth Century [M]. Oxford: Oxford University Press, 2014:93, 95. 当时1英国便士等于12苏格兰便士。

② Bennett, Judith M. Conviviality and Charity in Medieval and Early Modern England [J]. *Past and* Present, 1992, 134(1):33.

开启新生活时具有一定的优势，它还是邻居们高度青睐他们的有力证明。[①]另外一位民俗研究者谈到威尔士的援助性新娘酒会时提到，如果父母是深受尊重的人，那参加婚礼的人数将会异常多。[②] 由此看来，对于很多人而言，新娘酒会的社会和道德意义看起来比金钱上的价值更加重要。

中上层社会人士也很注重新娘酒会，他们的目的在于确认和维护自己的社会地位。新娘酒会的举办者，可能会获得一些收益，但他们还会寻求一些无形的资产，即社会尊重。实际上，真正的贫困者，特别是没有在某一地区定居的流浪者，并不能从新娘酒会中获得收益。没有收入、亲人和朋友、名声较差的人根本无法举办新娘酒会。17世纪中期德比郡约曼伦纳德·惠特克罗夫特的结婚酒会可以帮助我们清楚地了解英国中部地区婚礼的具体情况。[③] 从经济状况来看，惠特克罗夫特居于约曼阶层，是德比郡农村社会的中产阶级。显然，他举办新娘酒会的目的并不是获得资助尽早结婚。根据他对婚礼的描述可知，在11天的庆典中，有超过200人参加了他的宴请，包括很多他并不太熟悉的人，他对参加婚礼的人数和人们的捐赠非常满意。"通过宴会我收到的足够多，因此我多次感谢所有的朋友，我也准备在将来以同样的方式来为他们庆祝。"[④] 综合惠特克罗夫特对宴会的所有描述可以看出，对他而言，举办结婚酒会并不是为了个人利益，而是因为这是正确的事情，是邻里之间和社会交往必须做的事情。虽然他也会计算酒会的支出和收益，但他将酒会中收到"足够多的"收益看作是社会对他的社会价值的一种认可。新娘酒会对他来说还是修复和巩固社会关系的一次重要的机会。作为举办者，他竭尽所能地为宾客提供丰盛的饮食和娱乐，通过热情好客他们的新家在社区中建立起良好的信誉，在当地获得好名声；作为捐赠的接收者，他完全认可和接受他的社会责任，意识到接受捐赠使他成为社交网络的一部分，这对他的身心健康和经济往来意义重大，因此他会积极地参与到社区的道德和经济活动之中。同时他还认识到，接受礼物和捐赠是相互的，在未来他会积极参加别人举办的酒会，因为他对别人的捐赠直接同他在邻

---

① Anderson, Robert. Ballads in the Cumberland dialect. With notes descriptive of the manners and customs of the Cumberland peasantry, a glossary of local words, and a life of the author [M]. Alnwick: W. Davison, 1840:176.

② Hamilton, A. Marriage rites, customs, and ceremonies of all nations of the universe [M]. London: J. Robins, 1824:172.

③ 参见 Parfitt, G. and R. Houlbrooke (eds.). The Courtship Narrative of Leonard Wheatcroft, Derbyshire Yeoman [M]. Reading: Whiteknights, 1986.

④ Parfitt, G. and R. Houlbrooke (eds.). The Courtship Narrative of Leonard Wheatcroft, Derbyshire Yeoman [M]. Reading: Whiteknights, 1986:88.

居心中的形象和价值紧密相关。

　　虽然宗教改革后，国家和地方对酒会娱乐活动的限制不断加强，然而17世纪大型的新娘酒会在英国西北部仍然非常普遍和流行。坎伯兰郡的地质学家托马斯·丹顿1688年记录，达拉斯顿和塞博格汉姆两个教区某些年份大约有20次新娘酒会。①总之，新娘酒会是英国社会民间救助和节庆的重要组成部分，在很多地区具有深厚的社会基础，影响深远。

　　除了上文提到的三种酒会以外，在英国社会还有很多其他名称各异的酒会，如守灵酒会、赋税酒会、羔羊酒会，等等。在所有具有慈善性质的酒会中，教堂酒会、帮助酒会以及新娘酒会在中世纪和近代早期的英国各地最为普遍。②对比这些酒会，我们可以发现，它们的重要性具有显著的地域性特点。在英国南部地区，教堂酒会比较常见，而在北部和西部地区，帮助酒会、新娘酒会显然更加流行，而且持续时间更长。此外，酒会在农村地区流行的时间比在城镇要长。在普利茅斯和曼彻斯特等城市，酒会一直持续到16世纪，而在其他很多城市，如伦敦、诺维奇、埃克塞特和考文垂等地，关于酒会的记录很少。③究其原因，在于大多数城市都会举行一年一度的行会宴会。这些行会宴会虽然没有明确的名称，却和各种酒会一样扮演着慈善和庆祝的角色。

　　由于酒会的世俗性特点，早期有关酒会的记录很少。到了16世纪以后，记录各种酒会的资料逐渐增多，这和当时对酒会的反对和限制密切相关。17世纪时，英国社会的各种酒会受到了来自宗教机构和官方的强大反对。宗教改革后，宗教权威开始更多地关注醉酒问题和宗教节日中的不当庆祝活动；社会变革时期，世俗权威非常关注民间社会秩序的维护。于是，宗教和世俗权威不约而同地将民间饮酒活动和各种节庆作为攻击的目标，一场反对传统文化的运动，以前所未有的力度在英国社会开展起来。伴随这一运动的是民间接待的逐渐消失，世俗权威逐渐加强对慈善事业的统一控制，教区税、教堂税和慈善公告等在很多地方开始取代酒会。总的看来，17世纪时，很多教区的教区税收已经取代了教堂酒会，各种酒会首先在城市消退，然而向农村蔓延，东部和南部地区先于西部和北部地区。尽管这样，

①　Winchester, A. J. and M. Wane (eds.). Thomas Denton, A Perambulation of Cumberland, 1687—1688 [M]. Woodbridge: the Boydell Press, 2003:255.

②　Bennett, Judith M. Conviviality and Charity in Medieval and Early Modern England [J]. *Past and Present*, 1992, 134(1):33.

③　Bennett, Judith M. Conviviality and Charity in Medieval and Early Modern England [J]. *Past and Present*, 1992, 134(1):34.

在很多地区,到了 18 和 19 世纪教堂酒会和新酿酒会等依然能够见到。

与来自教士、富人和社会上层的慈善行为相比较,酒会提供的慈善效率显然更高。慈善性质的酒会为需要帮助的人筹集了数目可观的资金和礼物,这些资金和礼物直接交给被帮助者手中,没有任何中间环节,而来自社会上层的慈善捐献通常会通过社会机构才能到达被帮助者手中,中间环节消耗了大量的管理费用和时间,大大降低了慈善援助的效率。

来自社会上层的慈善,通过施舍和接受将富人和穷人清晰地分成了两个对立的群体。而酒会则模糊了捐赠者和接受者之间的界限,虽然帮助酒会、新娘酒会和教堂酒会帮助的对象和目的非常明确,但社区欢宴的习俗成功地掩盖了援助活动。在宴会上,举办方竭尽所能地为参与者提供各种美食、饮料以及娱乐活动,在谈笑、畅饮之中使"他们兄弟般的爱得以珍视,恶语中伤行为被祛除,从此他们之间和平永驻,真爱永存。"[1] 此外,在宴会上,参与者也实实在在地购买到了食物和饮料,只不过价格高于市场价格。这种形式同普通的商业行为十分相似,慈善加商业的模式进一步的模糊了援助者和被援助者之间在经济和社会地位等方面的差别。与来自社会上层的慈善机构所表达的阶级对立和社会分化相比,民间举行的各种酒会则更能促进社会和谐、社区的团结。在教堂酒会、帮助酒会、新娘酒会等酒会的欢快气氛中,无论大家花费多少,每个人都能感受到快乐。

酒会的慈善行为还强调互惠互利,这也部分地掩盖了酒会的慈善性质。来自社会上层捐赠者建立的济贫院、医院和学校等机构对穷人的慈善行为是单方面的,被救助者没有附加反向义务。而民间酒会的被救助者和救助者之间则有相互帮助的义务,即被帮助者在未来某一个不确定的时间应该给予帮助者同样的援助。酒会的捐赠大多在公开场合进行,邻里之间非常清楚谁捐献了什么;[2] 通过观察和互通信息,邻里之间形成了一种互惠监督体系。由于捐赠行为信息透明,甚至在一些情况下还有书面记录,因此捐赠者有时不得不按照人们的期待捐赠,同时期待着互惠体系能够在未来帮助到他,尽管这种帮助在时间和数量上都不确定。社区的互惠带有强制性,虽然这种强制是无形的,但强大的民意足以促使人们在实践中遵守互惠原则,在别人需要帮助时伸出援手。来自社区民意的压力将人们分成两类,圈内人和圈外人。违背互惠原则的人,将会得到惩罚,如针对性的流言蜚语、损

① Smith, Joshua Toulmmin (eds.). *English Gilds* [M]. London: N. Trubner & co., 1870:217.

② Mandley, J. G. de T. (eds.). The Portmote or Court Leet Records of the Borough or Town and Royal Manor of Salford from the year 1579 to the year 1669 inclusive, vol. 1 [M]. Manchester: the Chetham Society, 1902:41, 60.

害名声、失去邻居信任，甚至是侮辱、攻击等，最终违反者可能被排除在社区的社交网络之外。[①] 在 16 和 17 世纪的英国，慷慨的给予和感恩的接受是社会思潮核心因素。慷慨是愿意为他人创造美好，并激励受惠者继续给人帮助；感恩则是受惠者对所收礼物价值的应有感受。每一次善意都能创造出一种义务，让人充满感恩并反过来对他人付出。因此馈赠的意义在于培养和维持一种永无休止的互惠关系。[②] 在这种互惠关系中，给予和接受同等重要，更多的给予具有更多的道义上优势。由此看来，援助性酒会在社区中形成了一种具有强制性的互惠体系，促进了社会阶层的融合、社区的团结和平。

当然，英国的各种酒会并不是完美的。它们救助的对象大多是社区内部居民，而将流浪汉、陌生人以及其他形式的赤贫人士排除在外。此外，酒会还会导致一些社会问题，如醉酒、暴力事件和犯罪等。尽管这样，各种酒会确确实实在英国社会中形成了一种民间的相互救助体系，部分地揭示了中世纪晚期和近代早期英国穷人能够幸存下来的秘密。穷人能够活下来，是因为他们没有完全地依靠来自社会上层组建的慈善机构的援助，他们还依靠着自己形成的慈善救助体系。[③]

本章分析了中世纪至近代早期啤酒生产和消费对英国经济和社会的影响。首先，啤酒生产的扩大对农业和附属产业产生了深刻的影响。大麦和啤酒花需求的增长，改变了英国农业生产面貌，优化了英国农业生产布局，促进农业生产的商品化和区域产业化。如前文所述，英国啤酒生产和消费的普遍增长主要发生在黑死病之后。黑死病给英国社会带来了深刻的变化。一方面，瘟疫导致英国的人口骤减，劳动力极度短缺，劳动工人工资上涨。工资的上涨，促进了社会消费水平的提高，劳动工人物质生活水平普遍提高，饮食结构发生变化，肉类、豆类、啤酒等消费量增加，面包消费减少。饮食结构的变化，引导着农业生产中谷物耕种比例的优化。另一方面，黑死病导致的人口减少，还彻底地动摇了封建农奴制，封建领主不得不改变原来的土地耕种方式，将土地出租给农民或者雇佣农民耕种。封建领主同农奴

---

① Sunderland, David. Social Capital, Trust and the Industrial Revolution, 1780—1880 [M]. London: Routledge, 2007:36.

② Johnson, Lynn. Friendship, Coercion, and Interest: Debating the Foundations of Justice in Early Modern England [J]. *Journal of Early Modern History*, 2004, 8(1): 49.

③ Bennett, Judith M. Conviviality and Charity in Medieval and Early Modern England [J]. *Past and Present*, 1992, 134(1):41.

之间的人身依附关系,逐渐转变成资本主义式的雇主同雇工或者出租人同承租人之间的经济关系。资本主义生产方式的逐步确立,必然导致农业生产更多地以市场为导向组织农业生产。而这一时期,普通大众饮食结构的变化,导致英国社会小麦需求的减少和酿酒谷物增加,因此农业生产必然开始向大麦种植倾斜。同理,啤酒花需求量增加,也引导着农民不断扩大其种植面积。

啤酒生产还促进了麦芽加工业、制桶业、啤酒花生产和加工等依附行业的发展,增加了社会就业和政府财政收入。社会转型时期,战争和圈地运动等导致英国社会出现大量失业劳动力,加剧社会动荡。啤酒业的快速发展带动相关依附行业快速发展,从而产生了大量的劳动机会,尤其是啤酒花采摘和加工,需要大量的人工劳动。每年一次的啤酒花采摘,为伦敦和啤酒花生产区周围的大量失业劳动力提供了难得的就业机会,帮助穷人维持了温饱,节省了政府的扶贫开支,为社会的稳定贡献了力量。

其次,啤酒消费的快速增长促进了酒馆业的发展。啤酒馆是英国啤酒销售的主要场所,也是啤酒的主要消费场所之一。啤酒馆在英国发展的鼎盛时期正值英国社会转型之时。黑死病导致封建农奴制的解体,封建的人身依附关系随之崩溃,新型社会关系的确立和不断维护促使人们更多地参与经济和社会交往。宗教改革之前,人们参与经济和社会交往的场所大多在聚集在教堂周围;16 世纪 30 年代的宗教改革,将人们的世俗活动驱逐到了社区的啤酒馆之中。于是,啤酒馆成为了人们经济和社会交往的主要场所。另一方面,中世纪晚期至近代早期,英国社会一直处于喧嚣动荡状态,国内外战争、圈地运动等导致下层社会贫困问题突出。大量穷人为了生计,不得不选择从事就业门槛较低的啤酒馆经营行业,同时大量无家可归的人们不得不求助啤酒馆活动饮食和住宿服务。此外,啤酒馆的快速发展还同16、17 世纪英国建立以伦敦为中心的国内市场紧密相关。封建经济的解体和资本主义生产方式的产生,促使商品经济的快速发展。商品和人员的流动,需要大量的客栈和酒馆为商路上往来的商品和人员提供服务。因此,到中世纪晚期,各类酒馆已经成为英国社会的经济中心、社交中心、信息中心、公共活动中心和娱乐中心。

最后,流行于英国社会各类酒会,以饮酒和娱乐的方式,在社区居民之间形成了一种互惠互助的帮扶体系,促进了阶级的融合、社会的稳定。中世纪的英国,贫困问题一直社会的顽疾。政府和教会以自上而下的方式通过多种途径建立了一套救济穷人的方法;这些方法对于缓解贫困问题起到了一定的作用,然而自上而下的救济中间环节消耗了大量的救济资源,导致救济效率不高,而且他们在救助的同时,强化了社会阶级等级。以酒会形式的社会救济来自于社会底层,帮助者和被助者通过面对面的饮酒方式进行帮扶,省去了很多中间环节,提高了救济效率。而且,酒会以商业售酒的形式,免去了帮助者和被助者之间直接的金钱援助而产生的尴尬局面,保护了被助者的尊严,从而促进了社会融合。酒会强加的义务还使帮助者和被助者之间关系经常出现角色互换,强化了社会互助互利。通过这种方式,英国底层社会建立起了一套下层社会自己的互助互惠的救助体系,对于维护底层社会的稳定,促进社会融合发挥了重要作用。

第五章

基于啤酒生产和
啤酒消费的文化认同

啤酒,作为国民饮料,在英国具有几千年的发展史。英国人在啤酒酿造和啤酒消费方面创造了丰富多彩的文化。英国历史上出产了很多闻名全国乃至全世界的啤酒,它们有的因酿造方法独特而闻名,有的因酿酒原料质量和啤酒口味优良而蜚声。酿酒女和麦酒妻在中世纪英国的酿酒历史上起到极其重要的作用,然而因为男权社会严重的厌女症传统,酿酒女和麦酒妻在大众文化中的形象被严重丑化和歪曲。在啤酒消费方面,独特的祝酒和干杯传统和啤酒馆文化成为英国中世纪啤酒消费文化的见证。饮酒成为社会交往不可缺少的部分,中世纪晚期和近代早期的大量民间歌谣留下了当时社交饮酒文化资料,是解读当时饮酒文化的重要载体。啤酒的生产和消费深入到普通人日常生活中,啤酒文化逐渐成为英国民族意识的重要组成部分。

第一节　啤酒酿造文化

一、英国啤酒类型

啤酒在不列颠岛上有几千年的历史,英国人创造了自己独特的啤酒文化。从啤酒生产来看,在机器化大生产之前,英国人创造了不同种类的啤酒。这些啤酒由于所采用的原料、酿造工艺的不同在视觉、味觉和嗅觉方面呈现出不同的特征,从而形成了丰富的啤酒酿造文化。

中世纪以来,英国酿酒者在酿造啤酒时选取的谷物并不固定,会受到季节、地点以及酿酒者经济地位等多种因素的影响。总的看来,中世纪到近代早期,英国酿酒者所用的主要谷物为大麦、燕麦和混合谷物。小麦偶尔也用来酿造啤酒,但是由于制作面包所需,小麦用来酿造啤酒经常会受到严格地限制,尤其是在谷物短缺时。例如,1697 年一项针对麦芽征税的法案同时规定,禁止使用小麦制作麦芽,小麦在当时仍然不在征税范围之内。[1] 在一些地区,燕麦和黑麦也是酿造啤酒的常用谷物。使用不同谷物酿造出的

---

[1]　Mosher, Randy. Radical Brewing: Recipes, Tales, and World-altering Meditations in a Glass [M]. Boulder: Brewers Publications, 2004:459.

啤酒口味会有所差异。1584 年，曼彻斯特的医生托马斯·科根出版的《健康天堂》一书描述了不同谷物制成的麦芽所产生的不同口味，"使用小麦酿造的啤酒和麦酒，更加温热，因为小麦是热性的；由大麦酿造的啤酒更加冰爽，因为大麦是凉性的；大麦和燕麦的混合谷物酿造啤酒，性情温和但营养稍差"。[①]

麦芽制作过程中，英国酿酒者采用的方法同欧洲大陆酿酒者方法大致相同。先将谷物浸泡，使其发芽，然后烘干。干燥的方式一般为日晒自然晾干，或者使用烘烤炉烘干。在使用烘烤炉的过程中，麦芽的烘烤程度和干燥方式能够使啤酒呈现出不同的色泽，如英式金色艾尔[②]、十月啤酒、印度淡色啤酒、琥珀啤酒等在色度上会有所不同，主要因为添加了不同程度经过焦化反应的麦芽。焦化反应在日常的烹饪过程中也会经常碰到，如汉堡面包上的焦渣，炒菜时出现的金色焦糖味的糊渣等。在烘焙过程中，时间、湿度、温度等多种变量上的细微差别都会对麦芽的的颜色和风味产生影响，酿造出的啤酒也呈现不同颜色和风味。酿酒过程中将简单烘干的麦芽同经过深度焦化作用的麦芽按照一定比例混合使用，也会产生出不同颜色的啤酒。从颜色来看，英国的十月啤酒、印度淡色啤酒、金色艾尔颜色较淡，三月啤酒、麦酒、英式棕色艾尔呈现出中度琥珀色，而波特啤酒和司陶特则颜色较深，呈棕色。

除了谷物的选取和加工以外，水源质量、添加物等对于啤酒口味也至关重要。水中的矿物质成分不仅影响啤酒的口感风味，而且还会对啤酒的酿造过程产生重要的影响。20 世纪以前，酿酒师们还不太了解各地水源的化学属性对啤酒酿造产生的作用，因此他们酿造啤酒的风味大多受当地水质影响，酿造出的啤酒种类受到极大限制，但也成就了很多经典的啤酒风格。例如，在英国特伦特河畔的伯顿，那里的井水中富含石膏，使用这种水辅以大量的啤酒花，酿造的淡色艾尔，口感干、脆，时常能够品尝出一点点石膏的味道。[③] 伦敦啤酒享誉海外也因泰晤士河水质而得名。酿酒过程中添加的香料和草药等也直接地影响着啤酒的色泽、口味等特性（有关啤酒酿造过程中的草药香料等见第二章第二节）。

在分析英国历史上酿造啤酒的种类之前，有必要先要弄清楚 beer 和

---

①　Cogan, Thomas. The Haven of Health [M]. London: Henrie Midleton for William Norton, 1584:29–30.

②　将 ale 采用直接音译的方法翻译为"艾尔"表示麦酒具体名称。

③　兰迪·穆沙 . 啤酒圣经 : 世界最伟大饮品的专业指南 [M]. 高宏，王志欣，译 . 北京：机械工业出版社，2018:42.

ale 的历史含义。第二章第一节中,分析了盎格鲁 – 撒克逊时期 beer 和 ale 的具体含义。beer 一词在当时表示一种类似于果酒口味发甜的饮料,而 ale 则是当时的啤酒。后来 beer 逐渐在日常生活使用得越来越少,用来特指某种特殊的饮料。10 世纪时,beer 用来表示一种低等的蜜酒,同时还用来表示麦酒在发酵之前的一种甜味麦芽汁。到 13 世纪时,beer 一词基本被遗忘,ale 一词逐渐取代了 beer,专门用来表示麦芽汁酿造的酒。beer 一词在英语中重新被广泛使用,则要归功于弗兰德斯人;当弗兰德斯人大量移居英国并且带来了欧洲大陆添加啤酒花的苦味啤酒后,beer 便专门用来指代这种有别于英国当地不加啤酒花的麦酒了。因此可以说,beer 带着甜味在英语中消失,后来却带着苦味回归了。然而,beer 和 ale 两词的对立并没有持续多久,随着啤酒在英国广泛被接受,这两个词的差别越来越小。16 世纪以后,由于英国人逐渐习惯饮用添加啤酒花的啤酒,啤酒和麦酒的区别也逐渐消失,酿酒过程中添加啤酒花成为普遍现象。杰维斯·马卡姆在 1616 年建议在酿造麦酒的过程中添加少量的啤酒花。[1] 但是在一些地方 ale 和 beer 所表现出的具体含义仍然有所不同。直到 19 世纪末期,在东部各郡,甚至更多的地方,ale 通常表示烈性啤酒,beer 表示淡啤酒;在西部地区,两词的含义正好反过来了。[2] 总的来看,beer 通常用来表示啤酒行业所有种类的啤酒,是通用词汇。

根据历史文献记载,近代以前英国社会生产的啤酒大体上分为两到三种。13 世纪的《面包和麦酒法令》对市场出售的麦酒质量和价格进行了严格的规定。根据规定,只有两种麦酒允许在市场出售——优等和次等麦酒,在伦敦地区这两种酒被称为双料和单料麦酒。亨利三世时,优等麦酒在城市的固定售价为 1 便士两加仑,在乡村 1 便士三到四加仑。到爱德华三世时期,市场出现了三种不同的麦酒,最好的麦酒售价为每加仑 1.5 便士,中等麦酒售价为每加仑 1 便士,而最差的麦酒售价为 0.75 便士。在修道院,修士们也会酿造不同种类的麦酒,一般至少两种,一种供修士们饮用,一种供佣人和工人们饮用。在诺维奇教堂修道院中,至少酿造了两种麦酒;贝德福德郡的丹斯塔布修道院酿造了三种麦酒,比尤利大修道院甚至酿造了四种麦酒,这四种酒依据质量优劣,最好的用来招待修士、贵族和工匠师傅,次等用来招待教友、世俗成员和侍从,最差的两种酒供工人和地位等级低的

---

① Bickerdyke, J. The Curiosities of Ale and Beer: An Entertaining History [M]. London: Swan Sonnenschein & Co.,1889:152.

② Bickerdyke, J. The Curiosities of Ale and Beer: An Entertaining History [M]. London: Swan Sonnenschein & Co.,1889:153.

人员饮用。[1] 对于这些啤酒的具体烈度，可以从一些文献记载中窥其大概。亨利八世时，伦敦酿酒商约翰·谢菲尔德在回答他出售的麦酒烈度时提到，每夸特的麦芽可以得到 5 小桶多（约为 90 多加仑）的好麦酒。爱德华六世议会规定，伦敦的酿酒商在酿造双料啤酒时，每夸特的谷物应该能够酿造出 153 加仑的优质健康啤酒，如果酿造单料啤酒，数量应该翻一番。[2] 到了 16 和 17 世纪，英国田庄或者家庭式的啤酒通常为三种强度：酒精含量为 2% 左右的低度啤酒，酒精浓度为 5% 到 6% 左右的餐桌啤酒，以及酒精度为 8% 到 10% 左右的"三月"或"十月"啤酒。[3]

都铎时期，英国的啤酒消费量增长巨大，社会大众越来越偏爱烈性啤酒。由于烈性啤酒价格高，酿酒商们也日渐偏爱酿造度数较高的啤酒，这导致低度啤酒供应不足。1560 年伊丽莎白女王曾对此状况表达不满，她认为酿酒商们不再酿造单料啤酒，而热衷于酿造一种酒精度极高的啤酒——双重双料啤酒（double-double），价格极高，因此要求停止酿造这种啤酒，并且命令酿酒商们酿造与双料啤酒同样量或者更多的单料啤酒。[4] 法兰西（French）在评论都铎时期的英国时，如此描述："有单料啤酒或者淡啤酒、双料啤酒，还有双重双料啤酒、短剑啤酒（dragger ale）和布拉克特（bracket）。但是最受欢迎的是一种被称为吹气帽（huf-cup）的啤酒，这是一种高度致醉的饮料。"这种酒还有很多其他名称，如"疯狗"（mad-dog）、"天使的食物"（angel's food）、"龙乳"（dragon's milk）、"随着墙根走"（go-by-the-wall）、"大步走"（stride-wide）和"抬腿"（lift-leg），等等。贵族们通常饮用两年陈酿的"三月啤酒"。[5] 烈啤酒还有其他一些名称，如尼皮泰特姆（Nipitatum）；一种名为"蜂鸣"（humming）的啤酒，据说喝完后大脑里会持续出现蜂鸣声。

1575 年 6 月 28 日莱斯特伯爵写给伯利勋爵的信中，描述了伊丽莎白女王夏季巡视期间达到牛津郡的格拉夫顿村时，发现当地的啤酒太烈不能

---

① Hockey, S. F. (eds.). Account book of Beaulieu Abbey, Camden Fourth Series 16 [M]. London: Royal Historical Society, 1975:230–233.

② Bickerdyke, J. The Curiosities of Ale and Beer: An Entertaining History [M]. London: Swan Sonnenschein & Co.,1889:155.

③ 兰迪·穆沙．啤酒圣经：世界最伟大饮品的专业指南 [M]．高宏、王志欣，译．北京：机械工业出版社，2018:149.

④ Hornsey, I. S. A History of Beer and Brewing [M]. Cambridge: The Royal Society of Chemistry, 2003: 350.

⑤ French, Richard Valpy. Nineteen Centuries of Drink in England (second edition) [M]. London: National Temperance Publication Depot, 1890: 147–148.

饮用,还不如饮用马姆齐葡萄酒,这让女王非常生气。①1680年,议会讨论制定限制过度饮酒的辩论时,一位议员希望能够对啤酒进行改革,因为当时的啤酒太浓烈了,就像葡萄酒一样烈,像袋酒一样灼嘴。约翰·泰勒这样描述17世纪的陈酿啤酒,"烈性啤酒分为两种——淡味和陈酿,前者能够减轻饥渴感,而后者则如水投入铁匠的熔炉,让人感到烧心,就像铁锈吃进钢铁……"②从这些对烈酒的描述不难看出,当时酿造的烈性啤酒酒精含量非常高,几乎同葡萄酒的烈度相当。

很多地方因酿酒而闻名。在英国的历史上,伦敦一直以啤酒而闻名。14世纪时,乔叟的作品中就曾提到过伦敦的麦酒,《坎特伯雷故事集》中的厨师偏爱伦敦的麦酒。③伦敦啤酒最出名的要数波特啤酒和后来的司陶特。波特啤酒产生于17世纪晚期,1666年伦敦大火以后,来自全国各地的人涌向伦敦,开始他们的掘金之旅。此时,随着人口的涌入,一种来自赫特福德郡的廉价棕色麦芽开始在伦敦市场上出售,后来被设定为标准麦芽。使用这种麦芽酿造的烈性啤酒经过一到两年的陈酿,获得了一种独特的酸味。酒吧里的老主顾经常喜欢点上多种烈度不同的啤酒,然后将这些鲜啤酒和陈啤酒混合起来饮用。这便是波特啤酒的原型。同时公众日益偏爱酒花味更重的啤酒是波特啤酒产生的一个重要原因。当时英国乡村生产的高浓度、酒花型淡色餐桌啤酒闻名遐迩,对于酿造深色、甜味麦酒的伦敦酿酒商而言,这可是新鲜事物。这种被称为"琥珀"或者"两便士"的啤酒很快在伦敦流行开来,后来成为制度混合型啤酒的常用啤酒之一。④波特(porter)意思为"运输工人",该啤酒得名于这些运输工人,因为他们对这种啤酒情有独钟。司陶特(stout)是波特啤酒的"儿子",最初指的是"结实的屁股啤酒"(Stout butt beers),这是一种很浓的黑啤酒,至少可以追溯到1630年。司陶特是一个形式广泛、品种多样的啤酒家族,拥有从干到甜,从弱到强多种次类。⑤

---

① Hornsey, I. S. A History of Beer and Brewing [M]. Cambridge: The Royal Society of Chemistry, 2003:350.

② Bickerdyke, J. The Curiosities of Ale and Beer: An Entertaining History [M]. London: Swan Sonnenschein & Co.,1889:157–158.

③ 参见杰弗雷·乔叟.坎特伯雷故事集[M].方重,译.上海:上海译文出版社,1993:序言部分人物介绍中对厨师的介绍。

④ 兰迪·穆沙.啤酒圣经:世界最伟大饮品的专业指南[M].高宏,王志欣,译.北京:机械工业出版社,2018:15.

⑤ 兰迪·穆沙.啤酒圣经:世界最伟大饮品的专业指南[M].高宏,王志欣,译.北京:机械工业出版社,2018:165.

与伦敦啤酒齐名的伯顿啤酒享誉全球。伯顿啤酒可以追溯到 11 世纪的伯顿大修道院。[①] 到 14 世纪时，从当时的文献资料可以看出，伯顿啤酒已经因为质量优异而全国闻名。1540 年伯顿修道院被解散，佩古特家族掌管了该酿酒坊，并大力发展当地麦芽制作和酿酒业。当地生产的啤酒不仅供应当地居民生活所需，而且通过陆路销往伦敦等地，时间长达一个多世纪。1712 年特伦特航道的开通，将伯顿同赫尔和其他东部沿海港口连接起来，伯顿啤酒迎来了跨越式的发展。此后伯顿的啤酒不仅通过水路销往赫尔和伦敦等国内城市，还源源不断地销往波罗的海地区，伯顿啤酒逐渐蜚声海外。

在英国还有很多地方，因其生产的啤酒而闻名国内外。几个世纪以来一种被称为"斯廷哥"（stingo）的烈性啤酒，专门用来表示约克郡啤酒，这是一种古法酿造的烈性啤酒。德比郡在十六世纪就因其麦酒而扬名内外。曼切斯特也出产各种各样的麦酒和啤酒。约翰·泰勒在《身无分文的朝圣之旅》中描写到曼切斯特人酿造了大概八种麦酒，每种都能让人滥醉发狂。泰勒还提到了这些酒的名称，如鼠尾草麦酒、麦芽酒、苦艾酒、迷迭香酒以及石蚕酒等。南部的德文郡因一种奇怪的白啤酒而闻名。这是一种古老的啤酒，金斯布里奇是最早酿造这种啤酒的地方。它的酿造原料包括麦芽、少量的啤酒花、面粉、香料，还有一种被称为"格鲁特"的秘密配方，该配方至今仍然被少数几个家庭奉为秘密。除此之外，切斯特、赫尔、诺丁汉和肯特郡的格雷夫森德等地所产的啤酒都保持着长久的名气。大量的文学作品中不乏对各地所产麦酒的描写和赞美。笛福在《大不列颠全岛游记》中记载了兰开夏郡人们饮用当地麦酒的情形。在苏格兰，诗人彭斯的诗歌中也经常提到苏格兰麦酒，如《威利酿造了大量的麦酒》（Willie brew'd a peck o' maut）等。17 世纪时，英国的啤酒在欧洲大陆的一些国家，已经享有很高的声誉。1617 年，芬斯·莫里森在他的《旅游》中记载英国啤酒在尼德兰和低地德意志城市非常有名。[②]

如果说酒能激发文学和艺术灵感，中世纪以来英国的大学从来都不缺少啤酒。三一学院酿造的啤酒"滑如油、甜如奶、清澈如琥珀、浓烈如白兰地"。牛津大学布雷齐诺斯学院（又名青铜鼻学院）也因啤酒而久负盛名。每年的忏悔节，学院管家都会拿出一大桶最浓的啤酒，举办诗歌大会。后来

---

① Owen, C. C. The History of Brewing in Burton upon Trent [J]. *J. Inst. Brew.*, 1987(93): 37–41.

② Hornsey, I. S. A History of Beer and Brewing [M]. Cambridge: The Royal Society of Chemistry, 2003:318.

这些诗歌被收集起来,出版了一本题为《布雷齐诺斯麦酒》的小册子。该学院的得名很可能也与啤酒有关。传说该学院酿酒坊的位置曾为阿尔弗雷德王的酿酒坊所在地,经过一千年的变迁,该地呈现出青铜鼻的样子,因此得名青铜鼻学院。如果这种传说属实,那每年举办的忏悔节酒会很可能是为了纪念国王的酿酒坊和在此酿造出的御酒。[①]

作为英国的国民饮料,在中世纪到近代早期一千年的发展历史进程中,啤酒的酿造经历了深刻而又广泛地变化。由于各地独特的地理、人文等因素的影响,从南到北,从东到西,各地出现了口味和质地各异的啤酒种类,有些类型的啤酒因其质量优良一直持续到近代。各种各样类型的啤酒共同成为英国五彩缤纷啤酒文化的一部分。

二、历史作品中的酿酒女形象

很多历史文献资料提到了酿酒女。中世纪的文学作品中,有大量有关酿酒女形象的描述。酿酒女在各地酿酒文化的形成过程中扮演着重要的角色。"酿酒女"一词在历史文献和文学作品中大量和反复出现,反映了她们在啤酒生产和销售中的重要地位。

酿酒女(brewster)在现代英语中已经不常用,它表示女性酿酒师;另外一个意思相近的词语是麦酒妻(alewife),专指婚姻家庭中承担酿酒工作的妻子,是酿酒女中最常见的类型。酿酒女包含了麦酒妻以及其他所有从事酿酒的女性,如寡妇、未婚妇女等。自 13 和 14 世纪以来,这些妇女在各地的法庭陈述中出现的频率不断增加,反映了她们在酿酒和售酒商业活动中的广泛参与。不仅是法律文档,在当时流传下来文学作品中,酿酒女和麦酒妻也留下了浓墨重彩的一笔。

酿酒女和麦酒妻最具代表性的形象是埃莉诺·拉明。她是 1517 年约翰·斯凯尔顿的《埃莉诺·拉明的啤酒桶》一诗中刻画的人物。她面容丑恶,脸上汗毛茂盛、皱纹遍布,鼻涕不停地从鹰钩鼻中滴落;她肌肉松弛油腻、驼背弯腰、头发花白、眼神空洞、衰老肥胖。[②]诗歌中的埃莉诺·拉明不

---

① Bickerdyke, J. The Curiosities of Ale and Beer: An Entertaining History [M]. London: Swan Sonnenschein & Co.,1889:165–167.

② 此处参考经过改变的现代版本,参考网址 http://www.lieder.net/lieder/get_text.html?TextId=60470

仅相貌丑陋,而且在宗教信仰上不虔诚,她在宗教节日期间打扮的像个埃及人,接受顾客的念珠作为酒资;她还从犹太人那里学习酿酒技能,招待看似女巫的顾客。[①] 总之,"她是魔鬼的姊妹。"在商业行为中,她行为不端,欺骗顾客。在酿酒过程中,她的口水不断地滴落到麦酒中,她将肮脏的手放到麦酒之中,还让她家的母鸡在麦酒桶上栖息,用鸡粪来增加麦酒的强度。在售酒过程中,她经常利用顾客对麦酒的渴望抬高价格,接受不该接受的物品抵作酒资,如结婚戒指、摇篮和念珠等。她还鼓励顾客赊账,以增加营业额。她所经营的酒馆环境恶劣,家畜在屋子里任意走动,排便放屁;酒馆里经常爆发暴力斗殴,女性顾客在此出卖色相。斯凯尔顿在诗中运用幽默和讽刺的手法描写了一个十恶不赦的酿酒女,反映了当时社会对啤酒馆经营过程中不端行为的攻击。

在此之前,英国文化中有关麦酒妻的最常见形象多是各种神秘剧中坠入地狱承受永罚的角色。15世纪时,英国各地流行着一种再现从创世纪到末日审判情形的神秘剧,在基督圣体节和圣灵降临节上表演。其中一部名为《地狱的征服》的切斯特神秘剧刻画了这样一个情形:上帝拯救了所有值得拯救的灵魂后,唯独将酿酒女留在了地狱,可怜的她独自在地狱中忏悔。[②]

> 想当初,我是麦酒屋的女老板
> 说着漂亮话,卖着各种酒,
> 不能算是不实在。
> 我到底是造了什么孽吧,
> 我总是缺斤少两,
> 随心所欲地用酒杯售酒。
> 很多人因我欺诈而上当,
> 虽然我售的麦酒质量不怎么样。[③]
> ……

诗中细数了促使她坠入地狱的种种罪恶:使用非法量具、麦酒掺假、以次充好等。该剧可能起源于一种流行的仲夏传统,名为"杯子和酒罐"。在

---

① Bennett, J. M. Ale, Beer, and Brewsters in England [M]. Oxford: Oxford University Press, 1996: 123.

② 饭田草. 你所不了解的英国——酒吧和啤酒的国度 [M]. 田静, 译. 北京: 新世界出版社, 2013:56.

③ 此部分的译文参照的原文参见 Bennett, J. M. Ale, Beer, and Brewsters in England [M]. Oxford: Oxford University Press, 1996:124.

仲夏之时,麦酒妻的竞争对手厨师和客栈老板以及其他商人们沿街游行,队伍前面是一个魔鬼和一位妇女,她们敲打着酿酒商们和售酒商们使用的非法酒杯和酒罐,发出叮叮当当的声响。①

诗歌所要表达的中心意思无非是上帝会保护正义、惩戒罪恶,从而警示商人们要诚实守信,只有这样才能逃避坠入地狱遭受永罚的命运。这种宗教暗示意义在 14 世纪出版的一本《霍尔汉姆圣经图册》中早有体现。② 书中描绘了末日审判,一位男性面包师、一位牧师和一位麦酒妻被魔鬼投入沸腾的蒸锅之中。图中麦酒妻挥舞着她的酒杯,寓意她售酒时经常对顾客缺斤少两。类似的图画,在中世纪末期堂区教堂的墙壁上也很常见,主题大多是末日审判。出现在地狱中的麦酒妻大多挥舞着啤酒杯,坦胸露乳地兜售自己的劣质啤酒,拥抱魔鬼。拉德诺教堂中有一副画描绘了类似的主题。画中一个魔鬼正要将奸诈的麦酒妻投入到地狱之门,而赤身的麦酒妻带着华丽的头饰和骗人的量杯,另外一位魔鬼在宣读着她的犯罪清单。③

威廉·朗格兰的《农夫皮尔斯》中也描绘了两位酿酒女。在对七宗致命罪恶的忏悔中,郎格兰描写丈夫"贪婪"的同时,顺便谈到了妻子露丝·瑞格雷特(Rose the Regrater)在纺织的同时也酿酒出售;她会将好酒和劣质酒掺在一起出售给穷人;高价售酒和使用非法酒杯也是其常用的伎俩。④ 在谈到"暴食"时,郎格兰描述了另外一位妻子"贝蒂",她经营着一家喧闹而且环境恶劣的酒馆,很擅长引诱男人到她的酒馆暴饮暴食。⑤ 威廉·朗格兰的书中充满了对麦酒妻丑恶行为的讽刺,他憎恶种种与之相关的行为,醉酒、暴饮暴食、欺诈、不洁性行为等。麦酒销售行业的种种罪恶在麦酒妻露丝和贝蒂两人身上得以形象化、人格化。

上面提到的三部作品基本涵盖了社会各个阶层的读者。斯凯尔顿的读

---

① Bennett, J. M. Ale, Beer, and Brewsters in England [M]. Oxford: Oxford University Press, 1996:125.

② Hassall, W. O. (eds.). The Holkham bible book [M]. London: The Dropmore Press, 1954:fo. 42v.

③ Bickerdyke, J. The Curiosities of Ale and Beer: An Entertaining History [M]. London: Swan Sonnenschein & Co.,1889:126.

④ Rhys, Ernest (eds.). Piers Plowman—the Vision of a People's Christ by William Langland. A version for the Modern Reader by Arthur Burrell [M]. London & Toronto: J. M. Dent & Sons Ltd. 1912: 81.

⑤ Rhys, Ernest (eds.). Piers Plowman—the Vision of a People's Christ by William Langland. A version for the Modern Reader by Arthur Burrell [M]. London & Toronto: J. M. Dent & Sons Ltd. 1912: 85–86.

者通常为宫廷人员,《埃莉诺·拉明的啤酒桶》的写作初衷是为了取悦宫廷贵族,但它很快在普通大众中流传开来,并多次再版。威廉·朗格兰曾经是伦敦的一位普通职员,他写作的对象是普通大众。同样《地狱的征服》为城市表演者所创作,面对的观众是参加节日聚会的所有城市居民和乡村居民。类似的作品在 16 和 17 世纪的英国还有很多,创作出了很多类似埃莉诺·拉明的角色,如邦奇大妈(Mother Bunch)、露斯大妈(Mother Louse)等,她们大多相貌丑陋、年老肥胖、肮脏不堪。来自社会各个阶层的大众媒体对麦酒妻和酿酒女的形象描绘呈现出惊人的相似,虽然少量作品中对酿酒女形象描写较为积极,但整体上持消极态度。麦酒妻在大众媒体的视角中,从来都不是诚实经营、遵纪守法的好妻子、好邻居。这和大众媒体对男性售酒者的刻画形成了鲜明的对比。虽然男性售酒者也受到广泛地批评,但批评的力度和广度都要逊色的多,还有很多称颂男性酿酒者的作品。[①]

　　朱迪斯·贝内特详细分析了大众媒体对酿酒女形象丑化的多种原因。[②]她认为女性是酿酒和售酒工作的主要参与者。中世纪社会大众依赖酒馆为他们提供日常所需啤酒,遍布城市和乡村的酒馆是他们获取啤酒的主要途径。但是他们也对酒馆里的各种欺诈行为深恶痛疾。中世纪以来从事酿酒和售酒工作的主要是酿酒女和麦酒妻,因此酒馆中进行的麦酒掺假、以次充好、缺斤少两等欺骗顾客行为很自然地与她们产生了关联,酿酒女便成了人们的主要怀疑对象。然而,仅凭此种原因,显然不具有说服力。在很多地方,参与酿酒和售酒的人员也包括很多男性,尤其是在 15 世纪以后,越来越多的男性也加入到酿酒行业,他们在商业行为中也有很多不诚实行为,然而他们受到的谴责显然没有那么强烈。对男性酿酒者的违法行为的描写大多非常抽象,没有将他们具体化、人格化;大众媒体作品中没有出现过向拉明、邦奇和露斯大妈这样的男性形象,也没有将他们的违法行为加以详细描述。约翰·高尔描写了各种卑劣的售酒者,他们会不失时机地欺骗自己的朋友和邻居;[③]虽然这些售酒者有男性也有女性,但他谴责的对象主要是女性售酒者。总的看来,针对男性售酒者的批评大多就事论事,不会涉及他们的外貌形象、经营场所、宗教信仰或者灵魂拯救。

① Bennett, J. M. Misogyny, Popular Culture, and Women's Work [J]. *History Workshop*, 1991, 31 (1):174.

② Bennett, J. M. Misogyny, Popular Culture, and Women's Work [J]. *History Workshop*, 1991, 31 (1):131–135.

③ Gower, John. The complete works of John Gower [M]. Macauley, G. C. (eds.). Oxford: The Clarendon Press, 1899:291–292.

　　大众媒体丑化酿酒女形象的原因,除了社会大众对于酿酒和售酒商业行为中欺诈行为的憎恶以外,还有对醉酒行为、暴饮暴食和不洁性行为泛滥的担忧和恐惧。在中世纪的英国,啤酒是日常基本生活消费品,它为社会各阶层、各年龄的男女老少提供了基本的液体饮料,同时还提供了大量的热量。然而饮酒也会带来一系列的社会问题,尤其是麦酒具有致醉的作用。很多消费者执着于饮酒带来的麻醉和幻觉,而这恰恰为宗教和世俗权威所忌讳。基督教教义反对暴饮暴食和醉酒,将之视为七大罪恶之一。16 和 17世纪,社会流传的各种宗教布道诉说着各种因醉酒受到上帝的惩戒而惨死的例子。这些布道将啤酒馆视为教会致命的竞争对手,正如酿酒者贝蒂将"暴饮暴食者"引诱进自己啤酒馆,而不去教堂参加弥撒仪式和向上帝忏悔那样。[①] 世俗权威也对醉酒行为恨之入骨,他们希望看到和平安宁的社会环境,而啤酒馆中经常出现暴力犯罪、盗窃和其他犯罪行为,因此啤酒馆被他们视为社会罪恶的温床。中世纪晚期和近代早期的法令不断强化对啤酒馆的控制,禁止啤酒馆里的游戏、醉酒和卖淫行为。所有的商业酿酒者和售酒者都受到了社会的谴责,然而由于女性较早从事这一行业,而且 14 世纪以前大多数从业者都是女性,这一行业的女性化特征已经深入到社会文化之中。更为重要多的是,女性身份和饮酒的结合使得啤酒馆蒙上了一层色情的色彩。对麦酒妻的描述,很多情况暗示着麦酒妻在售酒过程中利用色相同顾客之间的种种游戏,以诱使顾客更多地消费。这种行为显然强化了宗教和世俗人士对麦酒妻消极形象的固化,在弄虚作假、以次从好等不良形象的基础上,又添加了色欲这一罪恶。

　　社会大众对麦酒妻的厌恶原因众多,但最根本的原因则是厌女症。[②]麦酒妻的性别才是大众攻击的核心因素。厌女症,指厌恶女性,有很多表现形式,如歧视女性、物化女性、对女性实施暴力、对女性持有根深蒂固的偏见等。西方社会的厌女症可以追溯到希腊时期,希腊神话中记载的第一个女人潘多拉便被视为宙斯用来惩戒人类而创造的邪恶物种。希腊时期的很多哲学家的著作已为西方世界流行的厌女症奠定了哲学基础。[③] 进入中世纪

---

① 　Rhys, Ernest (eds.). Piers Plowman—the Vision of a People's Christ by William Langland. A version for the Modern Reader by Arthur Burrell [M]. London & Toronto: J. M. Dent & Sons Ltd. 1912: 86.

② 　Bennett, J. M. Misogyny, Popular Culture, and Women's Work [J]. *History Workshop*, 1991, 31(1):175.

③ 　关于厌女症的哲学起源请参阅 Clark, Beverley. Misogyny in the Western Philosophical Tradition—A Reade [M]. London: Macmillan Press Ltd., 1999:chaper one.

后,厌女症在男权社会进一步发展开来,对麦酒妻的厌恶则是其中的一个具体体现。麦酒妻在商业活动中的种种行为表现出对父权社会秩序的挑战,这也是社会大众对麦酒妻的主要指控。

麦酒妻的商业活动使她在家庭生活中具有相对独立的经济来源和经济地位,这极大地挑战了父权制家庭中男性的地位,挑战了家庭生活中女性对男性的从属地位,这必然招致传统社会对她们产生不满和仇视。从男性的视角来看,麦酒妻参与商业活动,与男性顾客调情、出卖色相,甚至与他人通奸,这是对家庭中丈夫权威的挑战。17世纪的民歌《勤劳的铁匠》讲述了一个濒临破产的铁匠,迫于生计不得不同妻子一起经营啤酒馆的故事。① 歌谣通过故事的形式展现了一位贫困的铁匠如何在售酒活动中逐渐地失去了对其妻子的控制,最终对妻子“言听计从”。经营啤酒馆过程中,为了吸引男性顾客,妻子亲昵地坐在他们的膝盖上,并且在丈夫面前同顾客拥抱亲吻,当丈夫抱怨时,妻子则劝慰他说“亲爱的,不用抱怨,如果我们出售麦酒,这些事情是不可避免的。”当他向欠债的顾客讨厌欠款时,顾客反驳他说自己只欠他妻子的钱,只有他妻子来催款他才偿还;当他回家撞见他的妻子同顾客在家里通奸,而与顾客发生争吵时,妻子劝他不要抱怨,因为“如果我们出售麦酒,这些事情是不可避免的。”妻子同顾客调情、通奸,削弱了丈夫在家庭中的权威;在商业活动中,妻子处理商品、债务和管理资金,削弱了丈夫在家庭中的经济权利;妻子同男性顾客讨价还价,使她们获得了一种近似强大于男性的力量。所有的这些行为不仅被视为对她们丈夫的挑战,而被视为对所有男人的背叛。

对于世俗权威而言,麦酒妻经营啤酒馆的过程中欺诈顾客、违反国家和城市的行业规章,是对男性官员、执政官和男性主导的社会规范的挑战和反叛。埃莉诺·拉明不使用标准量具售酒,露丝·瑞格雷特以高价向顾客售酒等,酿酒女的种种违法行为,挑战了男性官员的权威,也是对男性制定社会规范的冒犯。

从宗教视角来看,麦酒妻的行为也挑战了很多宗教禁忌,诱使很多男性犯错。麦酒妻经常会诱使男性顾客过度消费和过度饮食,无视宗教节日禁忌。威廉·朗格兰笔下的酿酒女贝蒂引诱“暴饮暴食者”远离教堂和弥撒,走进啤酒馆饮酒;“坏丈夫”被引诱进啤酒馆,日夜豪饮花掉家中所有的钱,让妻子难受得要死,孩子饥饿得嗷嗷大哭;② 麦酒妻还用性手段诱惑男性。铁匠的妻子专门找来一位乡下少女,吸引男性顾客,自己也会同男性顾客调

---

① 此处参考现代版本的民歌。参见 http://ebba.english.ucsb.edu/ballad/30099/xml .

② Ballad: The bad husband folly. http://ebba.english.ucsb.edu/ballad/30994/xml .

情、拥抱、轻吻，甚至发生性行为。如果说啤酒会产生罪恶，那么麦酒妻在这一过程中起到了推波助澜的作用。通过麦酒妻饮酒和性行为联系在一起，她是售酒过程中的调情、通奸和卖淫行为的始作俑者。总之，麦酒妻挑战了中世纪基督教多项教义规定的禁忌，挑战了宗教权威。

从家庭、社会规范和宗教道德层面，酿酒女和麦酒妻对男权社会产生了多重挑战，于是麦酒妻成为中世纪厌女症思潮首到其冲的攻击对象。在中世纪晚期和近代早期的英国社会，社会大众对麦酒妻酿造劣质啤酒和经营非法啤酒馆的担忧，已经取代了对整个行业不法行为的担忧，因此社会大众似乎找到了解决啤酒行业问题的终极办法。即如果妇女不参与酿酒和售酒活动，那么遵纪守法的商人将会取代她们，经营秩序良好的啤酒馆。同时，如果禁止妇女经营酒馆，那么酒馆的饮酒活动便和非法性行为之间不再有关联了。没有妇女从事售酒，就没有引诱顾客的招待员，就没有通奸的麦酒妻，也没有啤酒馆的卖淫活动。于是，解决这一问题的终极办法似乎就是完全禁止女性从事酿酒和售酒活动。

然而事实远非如此简单。一方面，虽然有关麦酒妻和酿酒女反面形象的诗歌和歌谣普遍流行，然而它们的影响力并没有强大到影响到国家立法层面。另一方面，在实际情况下，政府和顾客很难确定酿酒和售酒活动是由男人操作还是女人操作，因此也很难决定哪家啤酒馆应该受到惩治。最主要的原因在于女性在酿酒和售酒活动的参与非常广泛，如果完全禁止女性酿酒和售酒，那就会出现市场上啤酒的严重供应不足，直接影响人们的日常生活。即使到了 16 世纪以后，丈夫逐渐接替妻子管理酿酒业务，而很多情况下，丈夫只是从事管理工作，具体的酿酒工作还是由妻子操作。

有关麦酒妻的各种描述，在现实生活中起到的作用非常复杂。既有积极的作用，也有消极的影响。诗歌和歌谣中对麦酒妻形象的丑化，为顾客提供了娱乐消遣的对象，降低了顾客和麦酒妻之间的紧张关系。顾客在谈笑之间，感觉到接待自己的麦酒妻并不像埃莉诺·拉明那样丑陋、肮脏和欺诈顾客，他所光顾的啤酒馆环境比诗歌中的描述要优越得多，因此顿感自己比诗歌中顾客要幸运得多。当然，诗歌对麦酒妻的丑化，也会产生很多消极影响。它们会使麦酒妻经营的酒馆被边缘化；它们暗示着麦酒妻会更加倾向于欺骗顾客；它们暗示麦酒妻出售的麦酒通常很肮脏，而且以次充好；它们甚至将麦酒妻同混乱、异端和女巫等联系起来。[①] 对于个体女性而言，这会对她们的酿酒和啤酒馆业务产生致命的打击；从整体上看，它是 15 世纪以

---

① Bennett, J. M. Ale, Beer, and Brewsters in England [M]. Oxford: Oxford University Press, 1996: 135.

后妇女逐渐淡出啤酒酿造行业的一个重要原因。①

总的看来,大众媒体对麦酒妻形象的刻画,一方面从反面映衬了中世纪英国酿酒行业麦酒妻和酿酒女所起的主导性作用,正因为在该行业女性通过自己的努力获得经济和社会地位的巨大提升,才导致父权社会的大众媒体对她们的行为进行刻意地丑化和攻击。另一方面,大众媒体对麦酒妻和酿酒女的不断攻击,也预示着啤酒行业女性主导的状态将会发生变化,女性将逐渐淡出,而男性将接管这一利润丰厚的行业。

第二节 啤酒消费文化

一、英国人的干杯习俗

在英国社会的宴会和酒会上,人们在一阵寒暄后,便会一起举杯痛饮。祝酒和干杯是人们饮酒和宴会中不可缺少的一部分。祝酒和干杯不仅活跃了宴会和酒会气氛,还增进了饮酒者之间的感情,在饮酒者之间形成了一定的社会关系。在英语中表示干杯的词语有"wassail""pledging""health-drinking"和"toast"等词语。这些词都有干杯的意思,但它们产生和使用的时间有所不同。

不列颠岛上喝健康酒(Health-drinking)的习俗怎样起源? 学者们意见不一。有人认为它来自于罗马人,即罗马人教会不列颠岛人如何干杯。因为在5世纪以前,除了来过不列颠岛做生意的迦太基人和腓尼基人以外,只有罗马人流行干杯习俗,所以,如果在塔西佗时代之前,不列颠岛上没有干杯的习俗,那么可以确定是罗马统治者占领该岛后,将他们的饮酒习俗带到岛上,教给当地人为皇帝的健康而干杯,就像罗马人教会不列颠人如何建筑修道院、房屋,如何使用文字一样。冰岛历史学家斯诺里·斯图鲁逊认为喝健康酒的习俗来源于斯堪的纳维亚。在那里人们不再为早前的偶像,如欧丁神、尼尔德和费雷等神灵干杯,而是习惯为基督、圣米歇尔和其他圣徒而

---

① Bennett, J. M. Misogyny, Popular Culture, and Women's Work [J]. *History Workshop*, 1991, 31(1):168.

干杯。^① 莫尔伍德(Morewood)认为不列颠岛上的干杯习俗来自于罗马人，而不是撒克逊人，因为撒克逊人不能算作文明人，他们不习惯于文明社会的文雅和奢侈。他还驳斥了干杯习俗来自于斯堪的纳维亚的说法，认为斯堪的纳维亚的干杯习俗来自于希腊。因为他们和希腊人一样，就餐时总会在餐桌上准备三个酒杯，第一个为墨丘利，第二个为美惠女神，第三个为朱庇特，而且他们还为其他庇护神干杯。^②

wassail 一词的来源争议颇多。莫尔伍德认为，该词是一个合成词，由两部分组成，waes 意思为"希望"(wishing)，和 hael 意思为"健康"(health)。^③博格的《大英帝国词典》将之理解为健康之水(water of health)。理查德森认为它最初形式为 waes hale，意思为"祝你健康"(Be in health)；还有人将它理解为"愿你健康"(would you be whole)。^④无论怎样，其所表达的意思基本相似，都是表达对被敬酒者的健康祝福。

12 世纪修道士蒙茅思的杰弗里在他的编年史中记录了英国干杯习俗的起源。不列颠国王沃尔蒂格恩邀请撒克逊王亨吉斯特和朱特人首领霍萨来帮助抵挡皮克特人和斯科特人的袭击。一次宴会时，亨吉斯特将他的女儿，年轻貌美的罗伊娜，带到国王沃尔蒂格恩跟前。罗伊娜向国王屈膝行礼，并向国王敬酒，口中说道"laverd King, Wacht heil"，国王为女子的美貌所动，但不知其意，故而寻求翻译，译者表示她的意思是"为您的健康干杯"。国王又问该如何作答，译者说应该答"Drink heil"。此后，国王深爱上罗伊娜并与之结婚。而且从此之后在不列颠岛上，当有人向他人敬酒，说"wacht heil"时，他人便回敬道"Drink heil"。wacht heil 后来演化成 wassail，用来表达问候或者祝酒，还用来表示宴会。^⑤莎士比亚的《仲夏夜之梦》所提到的"闲话碗"(gossip's bowl)就是"祝酒杯"(wassail-bowl)，是指用来盛放一

① French, R. Valpy. History of Toasting, or Drinking of Healths in England [M]. London: National Temperance Publication Depot, 1881:26.

② Morewood, Samuel. A philosophical and statistical history of the inventions and customs of ancient and modern nations in the manufacture and use of inebriating liquors [M]. Dublin: W. Curry and W. Carson, 1838:526–527.

③ Morewood, Samuel. A philosophical and statistical history of the inventions and customs of ancient and modern nations in the manufacture and use of inebriating liquors [M]. Dublin: W. Curry and W. Carson, 1838: 527.

④ French, R. Valpy. History of Toasting, or Drinking of Healths in England [M]. London: National Temperance Publication Depot, 1881:30.

⑤ Bickerdyke, J. The Curiosities of Ale and Beer: An Entertaining History [M]. London: Swan Sonnenschein & Co.,1889:234.

种特殊啤酒的杯子,这种酒的主要成分为麦酒、肉豆蔻、糖、面包和烤螃蟹或者苹果。[①] 不过,有关 wassail 起源于盎格鲁－撒克逊时期的推断有可能并不可靠,因为公元前 3 世纪罗马作家普劳图斯曾经记载过不列颠岛上的祝酒习俗。[②]

基督教的传入并没有妨碍不列颠岛上干杯习俗的发展,相反这种习俗逐渐被赋予了某种宗教意义。在很多大型修道院中,主教的餐桌上会有一个祝酒杯,这个酒杯被称为"慈善杯"(Poculum Caritatis),它很可能是"恩典杯"(Grace Cup)和"爱杯"(Loving Cup)的原型。[③] 古时候,祝酒杯还是圣诞节、新年和主显节活动中的一件重要物品。尤其是在除夕夜,乡村的穷人们都会拿着祝酒杯,挨家挨户地拜访他们的富邻居们,给他们送上特制的麦酒,为他们唱上几句温馨的诗词,进而期待邻居们送给他们丰厚的回赠。塞尔登的《闲谈录》(table talk)中记载:"主教向贵族们赠送遗迹,就像乡下姑娘们在新年时向你呈上祝酒杯一样,你必须喝下这种粘稠的饮料;这也意味着你必须给她们金钱,给她们超过物价十倍的回报。"[④] 在亨利七世治下,主显节晚上,王室家庭会举行仪式。国王端着添加香料、冒着烟的特制麦酒进入时,管家会大喊三声"干杯"(wassail),接下来皇室牧师则会以一首歌曲来应答。普通家庭里,一家之主也会将家庭成员聚集在一起,共同品尝一杯特制的香料麦酒,为他们的健康干杯,酒杯在家庭成员之间传来传去,大家说着"干杯"。在苏格兰,新旧年交替时祝酒的习俗也一直持续到近代。一直到詹姆士一世时,祝酒杯习俗仍然流行。

pledge 一词原意为"保证、许诺",即保证个人饮酒时的安全,后来演变成"举杯祝某人健康"。旧时"祝酒"(pledging)仪式是这样的:打算喝酒之人在喝酒之前,会询问同坐的任何一个人原意保证(pledge)他的安全吗,被问之人给予肯定回答后,会举起他的刀或者剑来护卫饮酒者,因为饮酒时,人们通常处于毫无防备状态,最容易受到来自背叛者或者敌人突然的攻击。马姆斯伯里的威廉认为旧时的祝酒习俗起源于 10 世纪殉道者爱德华

---

① Brand, John. Observations on the Popular Antiquities of Great Britain (vol. I) [M]. London: Henry G. Bohn, 1813: 1.

② French, R. Valpy. History of Toasting, or Drinking of Healths in England [M]. London: National Temperance Publication Depot, 1881:30.

③ Bickerdyke, J. The Curiosities of Ale and Beer: An Entertaining History [M]. London: Swan Sonnenschein & Co.,1889:234.

④ Selden, John. The Table-Talk of John Selden (Third Edition) [M]. London: John Russell Smith, 1860:216.

遇刺的典故。① 公元 978 年，爱德华在多实郡科夫城堡入城时骑在马背上喝酒，被其继母埃尔弗里达派人从其背后突然刺伤，后伤重不治。据说该事件导致全国上下对不忠行为的普遍担忧和恐惧。从此之后，人们饮酒时，总会寻求旁边有人保证他们的安全。久而久之，当人们邀请别人喝酒时，总会说"我保证你的安全"（I pledge you），祝酒习俗便形成了。

然而仅仅这样的解释似乎有些牵强。其实基督教在欧洲传播开来之前，斯堪的纳维亚人就经常举行宴会和饮酒大会。一口气能喝光最大牛角杯的人会被视为英雄。这种饮酒习俗在基督教传入以后仍然流行，但却有一个很大的问题。私人聚会中的饮酒经常会导致争吵，并演化流血斗殴。于是便会邀请牧师作为监督人，来平息饮酒者之间可能出现的争吵，保证饮酒人的安全；后来公共团体、行会、行会成员或者行会兄弟之间饮酒也会邀请担保人，相互保证饮酒安全，保证饮酒时的和平，克制饮酒不节制行为。来自于北欧的撒克逊人也一直保持着饮酒大会的传统，他们很可能延续了北欧人饮酒时寻求安全保证的习惯，而且很显然英国的行会也根源于北欧大陆的行会制度。② 当撒克逊人在不列颠定居下来后，行会也因此目的而建立起来。无论起源如何，这种祝酒习俗持续了很多世纪。到 16 世纪中期，法国医生斯蒂芬·佩兰访问英国时记下了以下见闻：英国人每个人都很快乐，他们热爱音乐，而且酷爱饮酒……在酒桌上，他们会对你说"干杯"，还会不止一百次地说"请喝"，你就要用他们的话回答，"我为你保证安全（I pledge you）"。③

到了 18 世纪，从盎格鲁撒克逊时期形成的喝健康酒和为饮酒保证安全的习俗便被称为"干杯"（toasting）。④ toast 一词随着基督教一起传入英国。相传在除夕夜或者圣诞节家家户户都会在酒杯中盛满麦酒，然后将烘烤好的加有肉豆蔻或者苹果的面包片放到麦酒里，增加麦酒的香味。在麦酒里添加吐司（toast）的做法，使得 toast 一词后来演变为"干杯"的意思。

为朋友的健康而干杯是近代早期英国社会最流行的饮酒礼仪，也是亲

① Bickerdyke, J. The Curiosities of Ale and Beer: An Entertaining History [M]. London: Swan Sonnenschein & Co.,1889:279.

② French, R. Valpy. History of Toasting, or Drinking of Healths in England [M]. London: National Temperance Publication Depot, 1881:44.

③ Bickerdyke, J. The Curiosities of Ale and Beer: An Entertaining History [M]. London: Swan Sonnenschein & Co.,1889:279.

④ Bickerdyke, J. The Curiosities of Ale and Beer: An Entertaining History [M]. London: Swan Sonnenschein & Co.,1889:383.

密社会关系的一种公开展示。① 詹姆士一世和查理一世时期,干杯在英国王室、城市和乡村的餐桌盛行,成为每个家庭日常餐桌饮食普遍遵守的习俗。上到王室的豪宴,下到普通百姓的日常酒吧聚会,为健康而干杯都是必不可少的礼节。② 约书亚·史柯多(Joshua Scodel)将之视为,"近代早期饮酒文化最核心的社交礼仪"。③ 王室中的干杯景象可以从莎士比亚的戏剧《哈姆雷特》中窥见一斑。《哈姆雷特》的故事背景虽然是在丹麦,但实际上讲述英国的故事。该剧开局部分,哈姆雷特听闻父亲死讯后匆忙赶回家中,却发现母亲和新国王——他的叔叔克劳狄斯,打算举行婚礼,于是在旧国王尸骨未寒之时,一场盛大的婚礼开始了,新国王带领大家一起干杯,感谢哈姆雷特能够留下来。结尾部分国王企图利用干杯的机会毒死哈姆雷特,却未能成功,毒酒被皇后乔特鲁德喝下,很快死亡。从某种意义看来,戏剧《哈姆雷特》从干杯中开始,又以干杯结束。④ 哈姆雷特本人对当时社会流行的酗酒风气非常厌恶,他曾经忠告自己的挚友霍拉旭一定要改掉酗酒的习惯。不仅是王室,在民间一群朋友屈膝或者摘帽,相互为对方的健康而干杯,也是再普通不过的场景。到了共和国时期和王室复辟时期,干杯习俗仍然风行。1656 年的一篇文章描写道,"我们喝酒就像海绵吸收水分一样急切而又彻底……我们暗自祈祷:让这种恶习止步于男人之间吧!但是非常无赖,它最终还是疯狂地在女人们之间传播开来。"⑤ 当时法国人的游记中也记载了英国的干杯习俗。1698 年,来英国旅游的一位法国人曾经写道,在英国宴会的时候大家一起干杯,如果某个人没有喝完杯中酒,他一定会被认

---

① O'Callaghan, Michelle. Tavern Societies, the Inns of Court, and the Culture of Conviviality in Early Seventeenth-Century London [A]. In Smyth, Adam (eds.). A Pleasing Sinne: Drink and Conviviality in Seventeenth-Century England [C]. Cambridge: Cambridge University Press, 2004: 45.

② 饭田草. 你所不了解的英国——酒吧和啤酒的国度 [M]. 田静,译. 北京:新世界出版社,2013:90.

③ Scodel, Joshua. Excess and the Mean in Early Modern English Literature [M]. Princeton: Princeton University Press, 2002:209.

④ 参见莎士比亚. 哈姆雷特 [M]. 第一幕第二景和第五幕第二景。

⑤ O'Callaghan, Michelle. Tavern Societies, the Inns of Court, and the Culture of Conviviality in Early Seventeenth-Century London [A]. In Smyth, Adam (eds.). A Pleasing Sinne: Drink and Conviviality in Seventeenth-Century England [C]. Cambridge: Cambridge University Press, 2004: 84.

为是在偷偷摸摸的喝酒,这是一种非常不礼貌的行为。① 詹姆士二世时期,在宴会中喝酒时是否干杯,还是不同的政治派别成员用来区分彼此的暗语。

人们干杯的理由各异。在王室的宴会上,大家为国王的健康而干杯,后来这种程式逐渐被突破。亨利七世的王室条令集中记载了王室宴会中的干杯规范。为健康而干杯的习俗逐渐拓展到了为政事而干杯。该王室条令记录还表明,到 15 世纪末期时,先前两到三人共用一个酒杯喝酒干杯的习俗已经不复存在了,参与者开始拥有独立的酒杯。② 在亨利八世同法国王室的一次宴会中,主祝酒词也一改过去为国王的健康而干杯的习俗,变成了"为繁荣日盛而干杯"。③ 伦敦市长也习惯于在公众场合为城市执政官们祝酒,并以此方式来任命他们。在普通人的日常聚会中,人们通常也会为国王的健康而干杯,还会为任何人和任何事情干杯。因此,反对过度饮酒的人认为,为健康而干杯只是那些贪杯的人为了多喝几杯而寻找的合理借口而已。

从盎格鲁撒克逊时期起,酒会上人们用到了各种材质的饮酒器具,有金属、玻璃、牛角、树木和牛皮等。沙伦特纳在《盎格鲁撒克逊史》中记载日耳曼人祖先非常重视饮酒器皿。盎格鲁-撒克逊人的宴会中经常使用贵重金属制作的酒杯,如金杯或者银杯。《贝奥武甫》中记载,怪兽格伦德尔守卫的古墓中有件宝物是贵重的饮酒器。现代考古也经常从盎格鲁撒克逊时期的墓葬中发现饮酒器皿。在肯特郡的古墓中还发现了玻璃质地的酒杯。④ 使用玻璃酒杯盛装的酒通常一口气饮尽,不能有剩余。另外一件饮酒器皿为牛角,对于盎格鲁撒克逊人而言,牛角杯是最重要的盛酒器皿。在萨福克郡伍德布里奇附近德本河岸的萨顿胡(Sutton Hoo)出土了二件公元 7 世纪的饮酒用牛角杯,都被加装银饰,可能属于某位东昂格利亚王所有。⑤ 在英国其他地方也出现过类似的考古发现。木制的刻度杯通常用钉或者圆环来

① O'Callaghan, Michelle. Tavern Societies, the Inns of Court, and the Culture of Conviviality in Early Seventeenth-Century London [A]. In Smyth, Adam (eds.). A Pleasing Sinne: Drink and Conviviality in Seventeenth-Century England [C]. Cambridge: Cambridge University Press, 2004:86.

② French, R. Valpy. History of Toasting, or Drinking of Healths in England [M]. London: National Temperance Publication Depot, 1881:61.

③ French, R. Valpy. History of Toasting, or Drinking of Healths in England [M]. London: National Temperance Publication Depot, 1881:62.

④ Lemon, Rebecca. Compulsory Conviviality in Early Modern England [J]. *English Literary Renaissance*, 2013, 43(3):393.

⑤ Nelson, Max. The Barbarian's Beverage [M]. London: Taylor & Francis e-library, 2004:85.

表示容量刻度,以限制每次饮酒的数量。就餐时,刻度杯在就餐者之间传递,每个人只能饮用一个刻度的啤酒,然后传递给他人。格拉斯顿堡修道院发现的刻度杯由橡木制成,容量为两夸脱,标上八个刻度。[①] 刻度杯的本意是为了限制人们的饮酒量,结果却适得其反,人们将刻度视为挑战的目标,最终演变成一场全国性的无节制饮酒风气。[②]1682 年重新创造的诗歌 "忧愁解药" 中歌颂了一种皮质的酒瓶。皮质酒瓶很早就被引入欧洲,在伦敦制品者公司的展柜中保存着一个最古老、使用最广泛的皮质酒瓶样品。这些纹章装饰的酒瓶通常呈椭圆形,底部扁平,顶部开口位置变窄。由于携带方便,皮质酒瓶的使用者通常为朝圣者、旅行者或者劳动者们。1635 年,海伍德写道,"我们还有皮质酒瓶,但是他们的主要使用者为乡间的牧羊人或者收获工人。"[③] 实际上,在全球很多地方皮质酒瓶都有悠久的使用历史,它在各种社会阶层的男士心中都占据着重要地位。除此之外,盎格鲁－撒克逊人还继承了北欧人的一种野蛮饮酒方式,即用被杀死的敌人的头盖骨来盛酒。不同时期出现的饮酒器皿反映出饮酒器皿行业制造工艺上的发展进步。

　　总的看来,各种干杯习俗从起源上看,或多或少来自于欧洲大陆,或源于罗马人或源于北欧人。中世纪早期的干杯通常在正式的宴会中进行,具有浓厚的仪式性或者宗教性质,恭祝的对象大多为国王或者上帝等。随着饮酒的日常化,祝酒和干杯的仪式性日渐淡化,干杯成为社交饮酒中重要礼仪,干杯的目的更加贴近生活琐事。人们利用宗教节日、农事活动或者个人人生重大时刻的机会来举办各种形式的聚会,期间相互的祝酒和干杯。在节日聚会中,祝酒和干杯不仅起到款待宾客的作用,而且还能提高家族成员和公共团体的凝聚力和团结精神;在农历节日和农事活动时刻祝酒干杯,不仅庆祝农业丰收和祈福风调雨顺,而且还让辛勤劳作的农民在劳动间隙获得纵情休息的机会,促进睦邻友好关系;在人生重大时刻举办酒会祝酒和干杯,不仅是社区对个人作为社区合法居民的肯定和认可,而且还表达了社区对个人的祝福和援助。盎格鲁－撒克逊时期举行的很多酒会一直延续到近代。到了 1580 和 1590 年代,干杯习俗尤为流行。当时的剧作家、讽刺作家和宗派主义者普遍试图将该习俗在英国的流行归因于荷兰人的影响。

---

① Bickerdyke, J. The Curiosities of Ale and Beer: An Entertaining History [M]. London: Swan Sonnenschein & Co.,1889:394.

② Hornsey, I. S. A History of Beer and Brewing [M]. Cambridge: The Royal Society of Chemistry, 2003: 288.

③ Marchant, W. T. In Praise of Ale [M]. London: George Redway, York Street, Covent Garden, 1888: 590.

威廉·卡姆登在他的编年史中写道,英国人一直是北方民族中最清醒的民族,自从低地国家战争后便学会了举杯痛饮,相互祝酒。[①] 这种说法虽然在干杯的起源上存在误解,但却反映了当时干杯习俗的流行,以及荷兰饮酒习俗对英国的影响。

在近代其他替代饮料出现之前,饮用啤酒成为最广大的普通群众日常交往的主要方式,干杯习俗传承和发扬了日耳曼人的饮酒习俗,成为人们节庆聚餐、社交饮酒和日常饮食的核心礼仪,它促进了大众社会交往,有利于社会融合。普通大众的社交饮酒遵循着一定的礼仪,解读这些礼仪将会展示出当时大众的社会价值观。

二、饮酒和社会交往

在社会生活中,依据饮酒的目的,可以将其分为功能性饮酒和娱乐性饮酒。顾名思义,功能性饮酒是为了满足基本生活需要或是解决社会交往中的某些具体问题而参与的饮酒活动,这类饮酒通常持续时间较短,参与者饮酒量适中,不会造成社会不安,一直受到政府部门的许可。此类饮酒包括家庭一日三餐中的饮酒,旅行中的商人在路旁酒馆饮酒休息,以及社区居民为了解决矛盾纠纷或者商人为了达成商业协议而在酒馆中请人饮酒,等等。功能性饮酒是"善意和和谐的世俗标记",[②] 它满足了人们日常饮食需求,增强了邻里之间的友谊,"润滑了社会交往的齿轮"。[③] 除了功能性饮酒以外,人们还广泛地参与娱乐性饮酒。相对于功能性饮酒,娱乐性饮酒持续的时间较长,参与者饮酒量较大,而且经常出现醉酒现象,有时还会伴随暴力和犯罪行为,16 和 17 世纪,这类饮酒行为受到了英国社会普遍谴责,而且受到法律严格限制。然而,社会舆论的广泛谴责和法律的命令禁止并没能彻

①   Lemon, Rebecca. Compulsory Conviviality in Early Modern England [J]. *English Literary Renaissance*, 2013, 43(3): 385.

②   Shepard, Alexandra. 'Swil−bols and Tos−pots': Drink Culture and Male Bonding in England, c 1560—1640 [A]. In Gowing, Hunter and Rubin (eds). Love Friendship and Faith in Europe, 1300—1800 [C]. New York: Palgrave Macmillan, 2005:120.

③   Wrightson, Keith. Alehouses, Order and Reformation in Rural England, 1590—1660 [A]. In Yeo, E. and S. Yeo (eds). Popular Culture and Class Conflict 1590—1914: Explorations in the History of Labour and Leisure [C]. Brighton: Harvester Press, 1981:6.

底地制止娱乐性饮酒在酒馆等场所的普遍流行。

英国社会生活的很多场合为人们娱乐性饮酒提供了机会。正如上文提到的那样,在英国,一年中的很多基督教节日和农业节日都是饮酒作乐的场合。从庆祝新年,到狂欢节、复活节、耶稣升天节、五朔节、圣灵降临节、仲夏夜、丰收等,这些主要节日中间还穿插着一些圣徒日,他们对于某些职业的从业者非常重要,因此也会举办重要的庆典活动。除此之外,涉及人的生命周期和通过仪式的场合也会举行的娱乐性饮酒活动,其中比较重要的仪式有婚礼、新生儿出生、葬礼等,还有学徒期的开始和结束,欢迎社区新成员,欢送社区老朋友等场合。先前,这些娱乐活动大部分都在教堂举行,宗教改革后转入到各地的酒馆之中。当然,娱乐性饮酒发生的地点不仅仅局限于教堂和酒馆,还可能发生在村落广场、街道和家庭之中。[①] 娱乐性饮酒也不局限于上述各种特殊场合,没有特殊理由,人们也会参与娱乐性饮酒,在很多情况下,人们只是利用某个场合作为饮酒作乐的借口而已。塞缪尔·皮普斯(Samuel Pepys)在其日记中记载,1660 年五月七日,在他已经打算上床睡觉时,两个朋友来找他,他和朋友们一起喝掉了三瓶马尔盖特啤酒(Margate Ale),一直谈笑作乐到凌晨一点。[②]1575 年出版的喜剧《伽马的缝纫针》中描写,格尔顿为了庆祝找到丢失的针,建议教会执事同她去酒馆喝酒庆祝一下吧。[③] 凡此种种,专注于饮酒作乐的人总能找到饮酒的理由。

娱乐性饮酒深受社会大众喜爱,它在人们的生活中扮演着重要的角色。人们究竟为何饮酒?娱乐性饮酒能给他们带来什么?历史学家和人类学家们尝试着作出了多种解释。17 世纪末的历史学家理查德·高夫认为,人们大量饮酒的原因在于饮酒本身,而不是他们所宣称的为了友谊而饮酒。他把大量饮酒看作是类似于现代意义上的酗酒行为,虽然当时人们还没有将酗酒理解为一种疾病。[④] 近代早期历史学家对过度饮酒的另一种经典解读是为了追求麻醉性的忘却。宗教改革之后,新教宗教道德的约束极大地抑制了过度饮酒在中上层社会阶层的流行;文艺复兴运动的兴起促使古典时期的饮酒原则在中上层社会中形成共识,适度饮酒的思想意识在他们心中

---

① Hanawalt, Barbara A. The Ties that bound: Peasant Families in Medieval England [M]. New York: Oxford University Press, 1986:26, 28.

② Mendelson, Oscar A. Drinking with Pepys [M]. London: Macmillan, 1963:28.

③ Hornsey, I. S. A History of Beer and Brewing [M]. Cambridge: The Royal Society of Chemistry, 2003:336.

④ Gough, Richard. The History of Myddle [M]. Hey, David (eds). Harmondsworth: Penguin, 1981:113.

逐渐扎根。社会精英阶层不再参与和支持曾经在教堂里举行的社区饮酒活动,穷人们不得不将他们的饮酒活动移到酒馆中。于是,社会精英阶层开始对他们穷邻居的喧嚣和过度的饮酒行为持鄙夷态度。而从宗教改革后到英国革命这一时期,穷人的处境确实日益困顿,他们在酒馆饮酒作乐很难被认为是发自内心的快乐,而是为了在醉酒中升华他们的痛苦,以饮酒来驱赶内心的恐惧,或者仅仅是为了享受酒馆的相对安逸。饮酒和贫穷两者被紧密联系起来。

"因绝望而饮酒"学说影响深远,但是却越来越受到质疑。法国文艺复兴时期的作家拉伯雷,在《巨人传》的前言中写道:"对我而言,被称为好伙伴和好酒伴是一种纯粹的荣耀和赞誉。"① 在拉伯雷看来,对于饮酒者而言,娱乐性饮酒是一种积极的社会文化活动。近些年来,研究近代早期欧洲饮酒文化的学者们越来越关注饮酒的社会文化意义。他们认为不应该将该时期人们饮酒的目的简单地归结于寻求醉酒后的忘却,饮酒行为还包含了大量的社会礼仪,体现了大众信念和价值。通过研究饮酒礼仪和其所含多层意义,便能揭示近代早期欧洲社会如何界定自己的生活及其人们之间的相互关系。同时,人类学家们对饮酒礼仪和醉酒行为的解读,揭示出不同的文化中人们的醉酒行为具有巨大的差异。② 这些差异反映出醉酒行为是一种后天习得的行为,是一种有意识的社会交往形式,而不仅仅是酒精引起的一种身体状态。③ 因此,解码这些饮酒礼仪和行为,便能揭示社会和文化价值的某些因素。越来越多的历史学家开始以此方法为指导来研究近代早期英国的饮酒文化。

研究英国近代早期的社会史学家们,为16和17世纪英国社会绘制了一个基本的结构图,基斯·赖特森称之为"社区社交关系网格"。④ 赖特森认为当时英国社会经历了规模巨大的人口流动,地方社区的关系维系不再依赖于紧密的亲属关系而是基于平等邻里关系,以及处于不同社会等级、拥有不同财富和权力人们之间的庇护和委托关系。在一个动态的社会中,要

① Ralelais, Francois. The Histories of Gargantua and Pantagruel [M]. Cohen, J. M. (trans.). Harmondsworth: Penguin, 1955:preface.

② Hailwood, Mark. Alehouses and Good Fellowship in Early Modern England [M]. Woodbridge: The Boydell Press, 2014:117.

③ Shepard, Alexandra. 'Swil-bols and Tos-pots': Drink Culture and Male Bonding in England, c 1560-1640 [A]. In Gowing, Hunter and Rubin (eds). Love Friendship and Faith in Europe, 1300-1800 [C]. New York: Palgrave Macmillan, 2005: 120.

④ Wrightson, Keith. English Society 1580—1680 [M]. London: Taylor & Francis e-Library, 2005:40.

维系社会秩序、和谐和各种从属关系,需要不断地重新调整各种社会关系;鉴于社会关系的连贯性不断削弱,人们需要继续保持和不断重申邻里关系、家长制以及顺从等社会关系的情感力量。[①] 这一时期,社会中流行的大量娱乐活动,在各对等群体和不同社会等级人群之间重温了社区的认同感、激起了人们之间的亲密感,从而在维系社会秩序方面做出了重要贡献。正式的节庆,如乡间的体育运动、游戏、跳舞、守灵酒和酒会等活动,个人的结婚庆典、洗礼、葬礼的活动以及日常生活中休闲娱乐,促进了同等群体之间和不同社会等级之间的经常而又面对面的接触和互动。邻里之间经常性地出入酒馆饮酒、交谈、唱歌以及玩游戏成为人们社会交往的重要环节。赖特森认为邻里之间的这种面对面的交往对于维系当地社会秩序意义重大。费尔·威辛顿在赖特森的研究基础上,进一步指出近代早期大量的英国男人和女人流连于各地的啤酒馆,参与娱乐和社交性饮酒,目的是为了获得"陪伴(company)"。[②] 和同伴交往是当时社会人们重要的社会活动,活动中有一整套的非正式的行为准则和参与准则,它决定了哪些人可以被群体接纳,哪些人不能。[③]

这些历史学家的研究都表明,娱乐性饮酒显然是一种目的明确、具有重要意义的社交活动。研究近代早期娱乐性饮酒活动中的非正式礼仪,有助于更广泛地洞察参与者的文化价值观,它们代表着一种"新的饮酒文化历史"的产生。[④] 马克·海伍德对近代早期英国出现的各种饮酒文献进行了细致而深入的分析。他认为伴随着近代早期英国啤酒馆快速增长的还有印刷市场的快速增长。16世纪中期到17世纪中期,英国社会流通着数量庞大、形式多样的印刷品,其中包括各种以饮酒为主题的作品,被称为"饮酒文学"。饮酒文学中出现时间最早,持续时间最长的主题是道德家和牧师们对饮酒和醉酒行为的抱怨,以及谴责这些行为的布道和论述,这形成了英国近代早期文学的基本类型。这一现象的出现,也反映了近代早期英国中上层社会对下层社会中流行的娱乐性饮酒日益增长的敌视;这些文献的不断涌

---

① Wrightson, Keith. English Society 1580—1680 [M]. London: Taylor & Francis e-Library, 2005:41.

② Withington, Phil. Company and sociability in Early Modern England [J]. *Social History*, 2007, 32(3):293.

③ Withington, Phil. Company and sociability in Early Modern England [J]. *Social History*, 2007, 32(3):302.

④ Hailwood, Mark. Alehouses and Good Fellowship in Early Modern England [M]. Woodbridge: The Boydell Press, 2014:118.

现,也是他们针对啤酒馆发动请愿和立法等活动的辅助手段。然而,近几年历史学家们对这些饮酒文献的进一步研究表明,近代早期受过良好教育的人对饮酒的态度大多是模糊不清的。17世纪早期的一些伦敦酒馆社团创造的诗歌和印刷册,强调饮酒是诗歌创作、文字游戏活动的重要催化剂,他们以此表达受过良好教育的城市男性的身份认同。这些作品将能够适度控制的醉酒行为视为精英阶层身份认同的核心。社会精英之间流传的作品中也有很多明确支持饮酒行为的文献。此类诗歌被称为"骑士派"诗歌,它们将海量饮酒视为勇敢和冒险行为,是强大武力的彰显。[①] 代表作家有罗伯特·赫里克,他的诗歌完全抛弃了控制饮酒的立场,反而崇尚过度饮酒和酒神节式的饮酒狂欢。这类作品还被视为反清教主义的一种形式。在英国革命期间,骑士派诗人又被视为同保皇派有千丝万缕的关联,因为国王的支持者是海量饮酒的热心拥护者,他们将饮酒视为向国王表达忠诚的方式,失败时以饮酒的方式浇灭痛苦,空位期又以大量饮酒来对抗清教政权。[②] 无论如何,历史学家对社会精英阶层创作和消费的文学作品的研究,表明近代早期英国精英阶层对于饮酒并不是千篇一律的敌视。相反,通过这些文学作品可以看出饮酒是他们娱乐活动的主要特征,这些活动围绕着干杯和竞技性的文字游戏展开,表现了精英阶层社会认同感的一些重要特征,如智慧、勇气和忠诚等。

近代早期英国社会广泛流传着一些市井民谣。这些民谣通常是印刷在单张纸张上的歌曲,附上流行的曲调和木刻画。叫卖小贩一边大声地吟唱,一边在街道、啤酒馆、集市或者市场等地兜售着这些民谣。街头民谣同啤酒馆紧密相连,很多著名的民谣创造者同时经营着啤酒馆,如多产的民谣作者约翰·泰勒,1640年代曾经经营着一家名为"凤凰谷的皇冠"的啤酒馆;[③]17世纪畅销民谣作家马丁·帕克在创作的同时也经营着啤酒馆。啤酒馆还利用歌谣作为装饰以吸引顾客,馆内的墙上通常会贴上数量不等的歌谣,同时附上精美的边框和木刻画。在16和17世纪,这些民谣是印刷市场最多产的印刷品。据估计,1557年到1709年间,大约有18000首民谣被印刷发

① Scodel, Joshua. Excess and the Mean in Early Modern English Literature [M]. Princeton: Princeton University Press, 2002: chapter 7 and chapter 8.

② Mcshane, Angela. The Extraordinary Case of the Blood-Drinking and Flesh-Eating Cavaliers [A]. In Mcshane, Angela and Garthine Walker (eds.). The Extraordinary and the Everyday in Early Modern England [C]. Basingstoke: Palgrave Macmillan, 2010:192-210.

③ Capp, Bernard. The World of John Taylor the Water-Poet [M]. Oxford: Oxford University Press, 1994:154.

行,鉴于当时的书籍的正常印刷量大约为 1000 到 1250 本,因此很可能当时市面上流传的民谣份数超过了两千万份。[①] 由于此类印刷品成本低廉,销量巨大,阅读者涵盖社会各个阶层。因此研究这些民谣为历史学家们揭示当时人们对于啤酒馆娱乐性饮酒的态度提供了可能。塞缪尔·皮普斯的民谣集中有一类标题为"酒伴 / 好朋友"的民谣合集,收集了大约 170 首类似的民谣。在"英国民谣档案"网站上对外公布的电子版民谣中大约有 300 首该主题民谣。[②] 这些民谣大多盛行于 17 世纪 20、30 年代以及 17 世纪 70 到 90 年代,大体同精英阶层的饮酒文学盛行时代同期。通过对这些民谣的分析可知,它们和精英文学具有很多相似性。如在体裁上,以诗歌为主,具有表演特质;内容方面,对饮酒的态度既有谴责又有推崇,后来政治性愈来愈强等。娜塔莎·武尔茨巴赫通过分析这些歌谣的内容,认为它们同其他文学形式的不同点在于,它们通常包含某个特定的演讲场景,即表演和销售的语境。[③] 这其实表明这些民谣以社交饮酒为主题,目的是在社交饮酒场合下用于表演。

深入分析此类民谣可以发现,饮酒民谣的主题可以分为两大类,一类主要警示过度饮酒所产生的消极后果,目的在于呼吁人们不要参与娱乐性饮酒;另一类则是提倡社交饮酒,强调社交饮酒的益处。第一类歌谣不仅反映了来自上层社会对过度饮酒的敌对,也表现了一些下层社会,尤其是已婚妇女,对过度饮酒的仇恨和控诉,这也从侧面印证了娱乐性社交饮酒对人们的吸引力。相对而言,第二类歌谣在数量更多,对于我们洞悉当时饮酒文化的意义更大。《多佛的喧闹迪克:或者,肯特的快活伙伴》就是这类崇尚酒桌友谊歌谣中的代表作。[④] 该歌谣通过喧闹的迪克将酒桌好友所必须具备的品质清楚无疑地吟唱出来,他们必须是那些愿意"不受约束地花钱"和想要"彻底品尝烈酒"的人。能够大量饮酒和无拘无束式的慷慨是一位称职酒友的必需品质,也是最受人们诟病的两个方面。

海量饮酒、推崇烈酒一直是社会精英阶层鄙视下层社会的重要方面,而推崇友谊的人则将其视为衡量好朋友的一个重要标准。近代早期教会和上层社会将醉酒和大量饮酒视为洪水猛兽,是家庭安定和社会稳定的强大敌

① Hailwood, Mark. Alehouses and Good Fellowship in Early Modern England [M]. Woodbridge: The Boydell Press, 2014:121.

② 参见英国民谣档案, http://ebba.english.ucsb.edu .

③ Wurzbach, Natascha. The Rise of the English Ballad [M]. Cambridge: Cambridge University Press, 1990:98.

④ 参见 http://ebba.english.ucsb.edu/ballad/20204/xml .

人。而对于推崇酒桌友谊的人而言，海量饮酒是一个称职酒友的必备要求。在《酒鬼的镜子》中开篇便质问："酒鬼，你怎敢夸耀你的酗酒行为？"[1] 事实上，推崇友谊的歌谣中不乏对无拘无束饮酒行为的夸赞。在《好伙伴弗洛里克》中，主人公们会"尝遍小镇所有的啤酒馆，找到最烈的啤酒"。[2] 而歌谣《值得我花钱的好麦酒》中描述"我们决不饮而不尽"，因为"依据从尊敬的先人和父辈那里听来的古老格言，饮酒不尽者将会被绞死。"[3] 酒量不及的酒友很可能会逐渐被排除在朋友圈之外，因为只有那些能够不断端起酒杯的人才能被称为酒神的勇敢战士。追寻酒神勇敢战士的荣耀和光荣，成为很多啤酒馆顾客甚至精英人士参与娱乐饮酒的重要动力。有些歌谣甚至将宴会上大量饮酒视为睦邻友谊的核心，因为大量的饮酒以及从中表现出的勇敢是酒伴的应有特征，通过个人慷慨的饮酒行为能够体现出积极的群体意识。

然而，大量饮酒并不等于追求醉酒和不省人事。大量饮酒能够表现积极的群体意识，营造庆祝的氛围，而醉酒后不能控制自己的身体和思想的人显然不能称之为好酒友。《快活的搬运工》描述了理想的酒伴是能够共饮，但却不超越自己身体极限的人，因为"正直诚实的人"只有"在他能够站起来的前提下才会饮酒，就像搬运工搬运货物一样"。[4] 类似的表达在歌谣《星期一的工作》中也有体现。这些歌谣中表现出的对大量饮酒的推崇而又不超越身体的极限而饮醉的思想，同精英阶层在饮酒方面表达的节制思想不谋而合，既能让参与者获得某种身份认同和荣誉，又能展现出他们自控能力。此外，一些歌谣强调了饮酒给参与者带来的快乐，让他们思维敏捷。《干杯，所有的好朋友》中提到，饮酒是通过使参与者快乐而解除他们的痛苦[5]，而不是让他们饮醉而遗忘。《多佛的喧闹迪克》中写道"当我彻底地品尝（烈酒），它能使我的思维更加敏捷。"《勇敢的贾伦特》中写道"让我品尝酿好的大碗美酒吧，它让每个高贵的灵魂活跃起来，让我们的理性成熟起来。"[6] 这些歌谣对于理性饮酒的提倡还表现于其对醉酒行为的抨击。歌谣《咒骂者和醉汉的雕像》的第二部分中写道，"豪饮带走了你所有的好品行，将你

---

① 参见 http://ebba.english.ucsb.edu/ballad/21918/xml.

② 参见 http://ebba.english.ucsb.edu/ballad/21902/xml.

③ 参见 http://ebba.english.ucsb.edu/ballad/30085/xml.

④ 参见 http://ebba.english.ucsb.edu/ballad/21954/xml.

⑤ 参见 http://ebba.english.ucsb.edu/ballad/30095/xml.

⑥ 参见 http://ebba.english.ucsb.edu/ballad/32960/xml

自己从人变成了贪婪的动物。"① 由此看来,推崇友谊的歌谣既强调了大量饮酒在社会交往中的重要作用,又表达了对饮酒行为的适当克制,对醉酒行为的鄙夷。

无拘无束式的花钱是已婚妇女对丈夫参与啤酒馆饮酒的主要控诉之一,却是崇尚社交友谊者衡量好朋友的第二个重要标准。在《我告诉你,约翰·杰瑞特,你将会破产》中,杰瑞特的妻子控诉了杰瑞特的一系列饮酒行为,其中重要的一方面是在啤酒馆中浪费了大量的金钱和时间,进而警告他留意可能发生的后果。② 社交友谊的批评者还指出参与社交饮酒所产生的财政压力巨大。在歌谣《对年轻人的一个忠告,或者坏丈夫变节约》中,主人公曾经是社交友谊的积极参与者,后来"改邪归正",不再参与娱乐饮酒。在即将破产时,他计算了他参与娱乐饮酒的总花销,"我走进啤酒屋,喝掉了我所有的钱,同好朋友们一起,我花掉了一百英镑。"③ 可见"好朋友"是一个成本昂贵的称谓。

而对于迪克而言,能够毫无约束的花钱喝酒是好朋友的重要品格之一,是进入朋友圈获得友谊的准入条件之一。只有慷慨的花销才能将现实的快乐最大化,它反映出参与者以现在为中心的时间观,拒绝考虑当前的痛苦和远期的经济状况。正如迪克所言,"收起忧伤,我可以借钱去买两壶酒,谁能确定明天一定活着……"庆祝友谊的歌谣并不否认社交饮酒是一种消费巨大的活动,但也陈述了理想酒友的积极特征。他应该"尽其所有去花销,喝酒多吃的少",他还会"随心所欲地点酒","从不对花钱感到不满"。④ 好朋友就该随心所欲的点酒,慷慨的支付自己应该支付的份子。拒绝接受自由消费的人不是受人欢迎的酒友。迪克将他们称之为"非真正的知心朋友",他们只会"野兽般地""点酒,但我们必须支付。"⑤ 另一首歌谣中将拒绝在啤酒馆中自由消费的人视为"古怪的笨蛋"。⑥ 参与饮酒而不愿慷慨消费的人如同不能大量饮酒一样被视为野蛮人和吝啬鬼。在他们看来,参与社交活动是将人类同野兽区分开来的重要标志,拒绝参与社交友谊不仅不能成

---

① 参见 http://ebba.english.ucsb.edu/ballad/20096/xml.

② 参见 http://ebba.english.ucsb.edu/ballad/20075/xml.

③ 参见 http://ebba.english.ucsb.edu/ballad/20646/xml.

④ 参见 Heres to thee kind Harry. Or, The plaine dealing Drunkard. http://ebba.english.ucsb. edu/ ballad/20203/xml.

⑤ 参见 http://ebba.english.ucsb.edu/ballad/20204/xml.

⑥ 参见 http://ebba.english.ucsb.edu/ballad/20203/xml.

为好伙伴,还是非人性的。① 拒绝社交饮酒的吝啬之徒,不仅不能享受饮酒活动所带来的现实快乐,他们积累的财富最终也是徒劳的,因为"钱币在棺木中终将腐朽,如果你让它长期闲置。"② 迪克还认为在啤酒馆吝啬的人,在现实生活中也不会对公共事业表现出慷慨,"一些吝啬鬼身家百万,也不会向慈善事业捐献一文",酒馆中的吝啬只是他们吝啬人生的一部分。此外,这些歌谣还将酒馆中的吝啬行为同懒惰联系起来。歌谣《致善良的哈利》中描述,那些在酒馆中不愿支付酒钱的人通常都是懒散之士,"懒散的诈骗者,东拼西凑的过日子,不参加工作……即使他有钱也从不花一便士。"而慷慨之士则能随心所欲的花销,不为钱花光而焦虑,因为他们能通过工作"赚取更多钱来偿还债务"。③ 从这些歌谣可以看出,参与社交饮酒中所要承担的巨大经济义务可以通过辛勤劳动得到补充。参与友谊活动中的自由消费,在某种意义上将他们同那些无所事事的流浪汉、乞丐和其他闲散的穷人区分开来。歌谣《没人爱我》中,描述社交饮酒中慷慨的支出是商人们的共同特征。④ 对于商人,参与社交饮酒是他们富有程度的一种表现方式。

通过对大量市井歌谣的分析,可以看出崇尚睦邻友好的歌谣并没有将啤酒馆的娱乐性饮酒视为适度饮酒和功能性饮酒的对立面,而将其本身视为另外一种适度。参与睦邻友好的好伙伴,既不是毫无节制、嗜酒如命的醉鬼,也不是拒绝参与睦邻活动的吝啬鬼。参与酒馆娱乐活动是表达自由的一种方式,它处于吝啬和肆意挥霍之间。参与睦邻友好活动,表现出了某些共同的社会意义和价值观。但对于不同的社会群体而言,却有更多的具体意义。商人参与自由饮酒大会,能够表现出他们的勤劳;学徒们用它来表达对家长式师徒关系的攻击;士兵们用它来表现自己的勇敢;已婚女士用它来表达对男权社会的反叛;不同性别的仆人和女佣们用它来表达理想的友好关系。所有这些意义都通过娱乐性饮酒活动的方式得以体现,展现出随性饮酒、平等参与花销、及时行乐和社交互动等睦邻友好活动的核心特征,体现当时社会大众崇尚勇敢、勤劳、团队意识等价值观念。

① Hailwood, Mark. Alehouses and Good Fellowship in Early Modern England [M]. Woodbridge: The Boydell Press, 2014:142.

② 参见 http://ebba.english.ucsb.edu/ballad/21898/xml.

③ 参见 http://ebba.english.ucsb.edu/ballad/30279/xml.

④ 参见 http://ebba.english.ucsb.edu/ballad/20202/xml.

第三节　啤酒和民族认同

一、英国民族国家意识的形成

民族国家的形成是英国历史发展的重要里程碑,它是英国开展现代工业化生产的重要载体。钱乘旦认为,民族国家的出现标志着现代化的起点,发展和社会的根本转型都是从民族国家的形成开始的。[①]民族国家的形成过程中通常会伴以民族意识和国家意识的不断兴起。在中世纪的欧洲,"基督教大世界"观念在欧洲占统治地位,欧洲各国之间国家概念模糊。社会的基本构成单位是领地,封建领主通过各自的领地来管理社会,民族和国家没有任何意义。不论国籍,一国的领主可以在另一国家范围内获得领地权,因此整个欧洲被分割的四分五裂。基督教成为整个欧洲的唯一连接力量。罗马教皇统领着整个欧洲的宗教事务,"国家"这一词只是地理概念,没有实质性的政治意义。而民族国家的形成,则彻底改变了这种状况。它将自己限制在一定的疆域内,将自己同其他国家分割开来,注重发展本民族的经济。民族国家除了拥有相对固定的领地疆域以外,还通常拥有共同的语言、独立的主权和民族意识等。

就英国而言,近代早期以前,"国家"一词在在英语中的意思通常比较模糊。state 一词最初是从"estate"一词演化而来。从语义上看,英语中"国家"一词意义比较宽泛,除了 state,还有 country、people、kingdom、realm 以及 commonwealth、nation 等词语,在很多场合都被用来表示国家。这些词的使用准确性普遍较差,这一现象的产生反映了"国家"这一新鲜概念的复杂性,以及促成国家形成因素的多样性。[②]state 一词直到 16 世纪 90 年代伊丽莎白一世统治后期,才被用来表示近代意义上的"民族国家"和"国家"的概念。在 state 被广泛使用的过程中,民族国家的主权意识也在不断的增长。

英吉利民族的自我意识产生于何时,史学家们的争论颇多。第一种观念是产生于诺曼征服以前,理由是 10 世纪威塞克斯完成盎格鲁－撒克逊王

---

① 钱乘旦. 世界近现代史的主线是现代化 [J]. 历史教学,2001(02):9.

② 岳蓉."英国民族国家的形成"研究评述 [J]. 史学月刊,2002(08):5-6.

国的统一时,建立了一套完整的地方行政和司法系统,① 已经是一个能够进行有效管理的王国。第二种观念认为诺曼人为英国的民族的缔造者。理由是,诺曼征服以后英国才真正形成政治上集中管理。第三种观点认为到 13 世纪时,英国才出现民族意识的迹象。因为在此之前,英国没有出现统一的民族语言,法语还是上层社会普遍通用语言,直到亨利三世统治时期英吉利民族的概念才得以强化。以上三种观点所述的民族概念同现代意义上的民族国家概念显然存在存在一定的差异。现代意义上的民族国家是近代资产阶级政治和社会发展的历史产物,其中"民族"一词还包含了政治领土的概念。从这个意义上看来,以上观点中的"民族意识"则仅仅是一种"族体意识",而不是"英吉利民族意识"。②

一般认为英国民族意识的萌发始于 14 世纪,战争、宗教改革、对外争取商业独立等因素都对英国民族意识的形成和发展起到了促进作用。战争是促进民族性和英国性自我意识的温床。③ 从爱德华一世起,英国人在欧洲大陆同法国人进行的战争,促使他们意识到自己民族的特性、统一性和共同的传统和历史,民族意识不断得以激发和增强。13 世纪以来同法国在大陆的领地纷争,导致英国领主在大陆的很多封地落入法国人之手,打破了英国贵族跨海拥有地产的可能性,一些贵族不得不选择到底是效忠英王还是效忠法王。那些被法王剥夺了封地的贵族和骑士们日益意识到不能再臣属于法国人了。另外,针对苏格兰的战争促使苏格兰王国自我意识的不断增长,最终导致跨边界占有土地成为过去时。这同样促使英国人日益认识到自己的独特性。爱德华一世还不断强化英语的使用,提出"清除英吉利语言,会受到上帝的谴责","英国应当是英国人的"等爱国口号,④ 爱国情愫在国民心中不断萌发,民众本体民族自我意识不断增强;英国人不断意识到自己同法国人、德国人、尼德兰人等民族的区别。爱德华三世时期开启的英法百年战争,最终缔结了英吉利民族意识。在战争中英国民众普遍感受到,法语是"敌人的语言"。⑤ 他们还认为外族人是不可信的,百年战争开始之初,英王的秘书在国家文件上明确标示"别给外国人看"的字样,充分体现了对外

---

① 刘景华.人类六千年(上)[M].北京:中国青年出版社,2017:368.

② 岳蓉."英国民族国家的形成"研究评述[J].史学月刊,2002(08):8.

③ 肯尼斯·摩根.牛津英国通史[M].王觉非等,译.北京:商务印书馆,1993:236.

④ 岳蓉."英国民族国家的形成"研究评述[J].史学月刊,2002(08):8。

⑤ 费尔南德·莫塞.英语简史[M].水天同等,译.北京:外语教学与研究出版社,1990:51.

族的抵触和猜疑。[1] 英国在百年战争的失利,直接导致英国丧失了在法国的大部分领地,英国不得不退出大陆争夺,退回到不列颠岛之内,按照民族和地域的原则行事,这为英国组建民族国家设置了方向。[2] 海洋变成了英国的天然边界,"如果英国被比作城市,那么包围它的城墙便是大海"。[3] 大海在英国人和欧洲大陆各民族之间形成了一种天然的物理边界,同时也加大了英国人同大陆各民族之间在心理上的沟壑,增强了民族独立感。

战争还增强了英国人的民族自信心,民族自信心的增强是民族意识增长的重要一环。虽然百年战争的最终结果对英国人不利,但在旷日持久的战争中,英国人在很多战役中仍然取得胜利,特别是在百年战争早期,如著名的"普瓦提埃战役"。1373 年,一位见多识广的观察家曾经写道:"英国人深深感到他们的伟大并且他们已赢得许多巨大的胜利,以致他们认为他们是不会输的。在战争中,他们是全世界最信心十足的国家。"[4] 即使是在 15 世纪,英国人在战争失利的情况下,他们的优越性信心仍然不可动摇。他们不仅仇恨法国人,还对弗兰德人表示极大的蔑视,"……你弗兰德人,十分可耻,当你们围攻加来时,你们理应受谴责;因为英国人比你们声誉高,而且出身高贵,渊源久长。"[5]

除了对外战争,英国国内的红白玫瑰战争,瓦解了国内的封建割据势力,为专制王权在英国的建立肃清了障碍,这对于英国民族国家的建立至关重要。约克家族和兰开斯特家族,两大封建家族在战争中消耗殆尽,为"新君主制"的建立开辟道路。新君主制萌芽于约克王朝,到都铎王朝臻于完善。它的核心是"把专制王权的功能与民族国家利益结合在一起,从而与中世纪的'等级君主制'区别开来"。[6] 约克王朝的爱德华四世开始推行"重商主义"政策;亨利七世实行的《航海法案》,更是具有民族主义和重商主义双重性质。王权和民族利益、国家实力日益结合在一起;都铎时期英国专制王权的建立,见证了英国摆脱封建割据,实现国家统一后,民族国家的建立。

除了战争以外,体现并促使英国民族意识增长的另外一个重要方面,是 16 世纪 30 年代的宗教改革。以都铎王朝亨利八世婚姻为导火索的英国

---

① 肯尼斯·摩根 . 牛津英国通史 [M]. 王觉非等,译 . 北京 : 商务印书馆,1993:237.

② 钱乘旦,许洁明 . 英国通史 [M]. 上海 : 上海社会科学院出版社,2002:89.

③ 肯尼斯·摩根 . 牛津英国通史 [M]. 王觉非等,译 . 北京 : 商务印书馆,1993:236.

④ 肯尼斯·摩根 . 牛津英国通史 [M]. 王觉非等,译 . 北京 : 商务印书馆,1993:237.

⑤ 同上。

⑥ 姜守明 . 民族国家形成时期英国殖民扩张特点探析 [J]. *世界历史*,2004(02):80.

宗教改革中,国王颁布的一系列法令,否定了罗马天主教教皇对英国具有司法管辖权,宣布英国教会不再效忠罗马教皇而是英国国王,因而国王成为英国教会的最高领导者。他还从经济上对天主教进行打压,下令封闭修道院,没收其财产。他的继任者们也不断地推出新的措施,巩固宗教改革的成果。爱德华六世期间,坎特伯雷大主教向议会提交了英文版的《公祷书》,添加了很多新教内容。伊丽莎白女王上台后,继承了亨利八世颁布的宗教法令,并且进一步建立起了世俗君主的至尊地位。宗教改革时期先后通过议会颁布了《至尊法》《信仰化一法》和《39条教规》等,最终在英国建立起独立的安立甘教会。英国宗教方面走向民族化的过程,表现出教会世俗化趋势的增强;宗教改革使英国在宗教方面,彻底摆脱了罗马教廷对其宗教和世俗事务的干涉,使英国在宗教事务方面获得了独立,这对于独立民族国家的形成和发展至关重要。

英国商人在争取商业独立的过程中,也体现了日益增长的民族意识。在中世纪大部分时期,英国商人在同欧洲大陆商人的竞争中都是处于不利地位的。这种局面的形成,一方面由于英国处于中世纪商路的末端,商业地位不及欧洲大陆国家;另一方面在于中世纪英国造船技术和航海落后,限制了本国商业贸易的发展。这一局面导致英国国内的商业长期被外国商人垄断,这对于英国独立自主地发展民族商业极为不利。以汉萨同盟为代表的外国商人,不仅在造船和航海技术上占据优势,人员素质、资金支持等各方面都占据优势。汉萨同盟不仅在伦敦建立以"钢院"为基地的商业网络,垄断英国大部分对外贸易,而且还通过与王室之间在经济上的紧密联系,攫取了很多的政治特权和商业特权,如伦敦办事处的治外法权和净出口贸易的磅税免除权等。受到打压的英国商人们对此进行了长期的斗争。16世纪50、60年代,在伦敦、南安普顿等地不断掀起激烈的排外运动。然而,受制于自身在各方面的实力,直到都铎时期,英国才逐渐在同汉萨同盟的斗争中占据上风。都铎时期建立的新君主制专制王权,更加关注民族国家利益,因此1488年英国商人同汉萨人在赫尔港的商业交锋和谈判中,亨利七世坚决地同英国商人站在一起,要求英国商人必须和汉萨同盟城市的其他人一样享有自由。[①]到了爱德华六世时,汉萨商人在英国的特权被取消,汉萨商人和其他外国商人在英地位相等。伊丽莎白时期,王室进一步降低了汉萨商人在英国的地位,并最终将其逐出英国。在争取经济独立的过程中,英国民族意识得到了极大地升华,不仅普通商人不断地加入到长期的斗争之中,新兴的新君主王权也日益将民族国家利益放到第一位,这样英国从上到下

---

① 姜守明.从民族国家走向帝国之路[M].南京:南京师范大学出版社,2000:118。

形成了一种强大的凝聚力,最终取得了争取经济自由独立的胜利。

　　战争、宗教改革和争取经济独立等促进了中世纪晚期和近代早期英国民族意识的产生和发展。民族意识的增长还体现在英国人日常生活的方方面面,其中重要的一方面在于饮酒文化。英国人越来越觉得自己在饮食文化上同法国等大陆国家民族之间的区别,并以此为基础表达出自己强烈的爱国热情。

二、啤酒文化和民族意识

　　饮食是我们认同感的核心部分。[①] 不同社会群体、民族在饮食上的差异通常会被用来作为区分他们不同特征的标准。在不列颠岛上,从古代凯尔特人时期起,贯穿整个中世纪直到近代,啤酒一直是岛上居民普及最广、饮用量最大的酒精饮料。在长期的日常生活中,啤酒文化已经根植于英国人饮食文化之中,成为其饮食文化的核心部分之一。实际上,当你询问英国人的特性时,得到的答案之一毫无疑问是他们的啤酒(麦酒)。英国人对啤酒的热爱发自内心,19 世纪英国作家乔治保罗曾经说过,"好麦酒,是英国人真正、适宜饮料。"莎士比亚在《亨利五世》中描写的一个场景中,提到当亨利王朝的军队遭到法军的猛烈攻击时,剧中"童儿"不禁产生思乡之情,说道:"但愿我是在伦敦的酒馆里! 我愿拿我一世的'英名',来跟一壶酒和眼前的安全交换。"[②]20 世纪,英国的江洋大盗,罗纳德·亚瑟在成功逃脱警察追捕后,在巴西隐姓埋名过着安逸的生活。然而在 38 年之后,他却高调地回到英国,目的只为"能在有生之年作为一个英国人再次坐在小酒馆里喝上一杯啤酒",他也因此再次被捕入狱。[③] 能够在暮年之际,让罗纳德·亚瑟重燃乡愁的,恐怕只有一杯英国啤酒吧。类似的例子举不胜举,可见啤酒在英国人心目中的重要地位。

　　英国人将饮用啤酒视为自己在饮食上同法国和大陆其他民族的重要区别之一,这种意识是在长期的历史发展过程中形成的。早在 12 世纪早

①　Fischler, C. Food, Self and Identity [J]. *Social Science Information*, 1988, 27(2):275.

②　威廉·莎士比亚. 莎士比亚历史剧选 [M]. 朱生豪, 吴兴华, 方平, 译. 南昌:江西教育出版社, 2016:379.

③　饭田草. 你所不了解的英国——酒吧和啤酒的国度 [M]. 田静, 译. 北京:新世界出版社, 2013:3–4.

期,英国人就开始向大陆输送自己生产的啤酒,并且受到了法国人的称赞。1158 年,托马斯·贝克特受国王亨利二世之托出使法国,出使队伍携带了大量的物品,以展示英国的富有。这些物品中,"两辆马车盛满了铁箍的大酒桶,酒桶中盛装着利用精选饱满谷物酿造的麦酒。这是一种最健康的饮料,它完全没有任何渣滓,色泽能同葡萄酒媲美,味道却更优。接受这份礼物的法王对这种发明惊叹不已。"① 威廉·菲兹斯提芬是贝克特的秘书,他对这次出访活动的描写,显示出了当时英国麦酒酿造的高超技艺。显然当时的麦酒并没有添加啤酒花,能够长途运输到法国而不变质,色泽和口感保持良好,说明当时的麦酒在酒精度数上已经达到较高水平。除此之外,菲兹斯提芬对麦酒的色泽和口感的评价,显露了他对英国所产麦酒的自豪,无论从色泽和口感上都不输给法国人的葡萄酒。这表明当时人们已经意识到自己在饮酒方面同法国人的一些差异,并为自己生产的优质啤酒而感到自豪。

然而,真正让英国人通过饮酒的差异来感知自己同法国人的差别,是在百年战争之后。百年战争之前,英国人在法国拥有大量的封建领地,其中的加斯科尼地区盛产葡萄酒。根据推测,14 世纪上半叶,加斯科尼的葡萄园面积大约为 25 万英亩,葡萄酒年平均出口量为 83000 桶,其中一半左右销往不列颠岛。② 源源不断的葡萄酒从波尔多港、拉罗谢尔港等地供应到英国各地,满足了英国人的葡萄酒需求。葡萄酒和啤酒等酒类在英国社会各阶层中广泛消费,饮用葡萄酒还是啤酒,在当时社会更多地反映出饮用者社会地位的差异。然而,随着百年战争的结束,英国人失去了在法国的葡萄酒产地,他们的葡萄酒供应发生了重大变化。英国人由葡萄园经营者和葡萄酒酿造者几乎变成了纯粹的葡萄酒进口者和消费者。无疑这在心态上对他们产生了重大的影响。于是,英国人同法国人之间的对抗,不列颠民族同法兰西民族之间的差异性意识,也日益体现在饮酒方面的差异。啤酒同葡萄酒的差异,便被赋予了更多的民族象征意义,饮用啤酒成为英国人的标志,而饮用葡萄酒则是法国人的特性。

百年战争期间,英国人在同法国人的战斗中取得了很多辉煌的战绩,因此英国民族自信心得到了空前的提升。与此同时,英国的麦酒名声在 15 世纪初期也获得了极大的提升,人们深信英国人在同法国人战斗中所展现出的更胜一筹的力量,这要部分地归功于英国的麦酒,因为英国人的麦酒比法

① Hornsey, I. S. A History of Beer and Brewing [M]. Cambridge: The Royal Society of Chemistry, 2003:289.

② 休·约翰逊. 葡萄酒的故事 [M]. 程芸,译. 北京 : 中信出版社,2017:64.

国人饮用的酸味葡萄酒更能给人力量。[1]自希腊和罗马时期起,欧洲人就一直认为葡萄酒在物质属性上要优于啤酒。葡萄酒拥有热性和干性属性,代表男性的阳刚之气,而啤酒是凉性和湿性物质,代表着女性般的柔弱气质。[2]葡萄酒是文明人的饮料,啤酒是蛮族的饮料。然而,到了中世纪随着蛮族在欧洲各地建立起统治以后,啤酒的地位得到了持久的提高。饮用啤酒是日耳曼人的传统习俗,日耳曼人主欧洲后,这种生活习俗在很多国家保持下来。欧洲的北部、低地国家以及不列颠岛,啤酒一直是社会大众日常生活中最主要的饮料之一。随着啤酒酿造技术的不断提高以及啤酒在社会生活中广泛普及,啤酒在质量和功能上日益同葡萄酒不相上下。中世纪晚期,欧洲大陆市场上的优质英国麦酒,以及英国市场上的优质汉堡啤酒,在价格上同葡萄酒已经不分上下,一些啤酒同葡萄酒在酒精度数上也难分伯仲。啤酒质量的提高极大地提升了啤酒的地位。

英国人普遍认为饮用啤酒对他们的身体健康有益。安德鲁·博德（Andrew Boorde）在《食饵疗法》中记载,"麦酒是英国人的天然饮料……新鲜的麦酒对所有人健康有益,发酸的坏麦酒对人身体无益。"[3]麦酒由大麦、水和酵母酿造而成,根据17世纪英国草药和占星家卡尔佩伯对大麦药用价值的描述,大麦比小麦更具凉性特征,经过加工制成的大麦汁能极大地减轻罹患发热、疟疾、烧胃的病人的痛苦。[4]1612年,托马斯·科根（Thomas Cogan）在《健康天堂》中写道,"无论是健康状态还是罹患疾病,麦酒是最健康、最适宜饮用的饮料;而啤酒则应是健康人的饮料。"哈里森在《描述英国》中将麦酒描述为"老年人和病人的饮料,"[5]因为它极富营养。整个中世纪,饮用麦酒对身体健康有益的观念在中世纪的英国深入人心,这是麦酒在中世纪英国社会广泛普及的重要原因。

中世纪晚期,当这种国民饮料面临外来饮料挑战时,正值英国国家民族意识形成发展之时,因此英国人在捍卫自己饮食传统的过程中,表现出了不断增强的民族意识和情感。15世纪以降,英国的传统麦酒不仅

① Hornsey, I. S. A History of Beer and Brewing [M]. Cambridge: The Royal Society of Chemistry, 2003:302.

② 左志军. 欧洲人推崇葡萄酒的历史原因 [J]. 经济社会史评论,2017(3):50.

③ Bickerdyke, J. The Curiosities of Ale and Beer: An Entertaining History [M]. London: Swan Sonnenschein & Co.,1889:6.

④ Marchant, W. T. In Praise of Ale [M]. London: George Redway, York Street, Covent Garden, 1888: 305.

⑤ Hornsey, I. S. A History of Beer and Brewing [M]. Cambridge: The Royal Society of Chemistry, 2003:353.

受到了来自欧洲大陆葡萄酒的竞争,而且还受到了来自德国和荷兰啤酒的挑战。13 世纪以后,啤酒花酿造技术在德意志各地日益普及开来,逐渐取代了传统的麦酒。一个世纪以后,荷兰人完全掌握了啤酒花酿造技术,并普遍饮用啤酒;15 世纪随着荷兰人不断向英国移民,啤酒花酿造技术被带到了英国。啤酒花在英国的普及经历了相当的曲折。直到 16 世纪中期,啤酒的生产和消费才开始在英国处于主导地位。① 啤酒在英国的普及进展缓慢的原因主要在于公共权力机构对它的抵制。鉴于啤酒对于麦酒在酿造和销售成本等方面的优势,啤酒的销量日益增长,然而整个 16 世纪,英国的啤酒生产和销售都由低地国家的商人主导着,这引起了英国麦酒商人的抱怨和敌视,他们认为外国商人正逐渐控制着英国的啤酒酿造业。麦酒商人恐惧外国商人侵蚀他们的传统市场,威胁他们的生存。于是,他们便采取了各种手段,如请愿、制造舆论等,来阻止外国啤酒商人扩大生产。麦酒商人还通过各种媒介控制着大众舆论,将捍卫麦酒市场同保护民族利益结合起来,将麦酒同啤酒的对立看作是英国人同荷兰人的对抗。国王和一些地方政府纷纷制定相应的法律法规限制甚至禁止啤酒花的使用。 如 1484 年,伦敦酿酒公会向市长请愿要求禁止在麦酒酿造过程中加入啤酒花,市长采用了他们的建议,下令不按传统方式酿造麦酒者将处以重罚;国王理查德三世,也要求禁止使用啤酒花,以阻止啤酒在英国的蔓延。② 很多地方性政府也有限制酿造啤酒的法令出台。

反对啤酒的人还制造谣言,宣称荷兰人的啤酒有毒,不适合饮用,更容易致醉。③ 啤酒花是"有毒和致命的野草。"④ 当时的社会舆论普遍认为麦酒比啤酒更加健康。亨利八世国王的大臣威廉·皮特,记录了 16 世纪 40 年代自己生活的埃塞克斯郡小镇英盖特斯通的生活细节。在那里,人们普遍认为啤酒是健壮男士的饮料,麦酒更加适合病人、年青人、女士和那些不习惯苦味啤酒人员饮用。⑤ 安德鲁·博德也赞同这种看法。他认为"啤酒是

---

① Unger, R.W. Beer in the Middle Ages and the Renaissance[M]. Philadelphia: University of Pennsylvania Press, 2004:102.

② Hornsey, I. S. A History of Beer and Brewing [M]. Cambridge: The Royal Society of Chemistry, 2003:320.

③ Unger, R. W. Beer in the Middle Ages and the Renaissance[M]. Philadelphia: University of Pennsylvania Press, 2004:99.

④ Hornsey, I. S. A History of Beer and Brewing [M]. Cambridge: The Royal Society of Chemistry, 2003:318.

⑤ Hornsey, I. S. A History of Beer and Brewing [M]. Cambridge: The Royal Society of Chemistry, 2003:353.

由麦芽、啤酒花和水酿造而成，它是荷兰人的天然饮料；最近，它在英国广泛饮用，给英国人的健康带来危害……这种饮料是寒性饮料，但它却使人肥胖，产生啤酒肚，就像荷兰人的脸和肚子一样。"① 安德鲁在区分麦酒和啤酒的时候，将之视为英国人同荷兰人的区别，表现出了当时英国人不断增强的民族意识。这种观念对英国人产生的影响持续了一个多世纪。总而言之，英国人对外来啤酒的排斥，一方面体现了对传统麦酒和民族利益的保护，另一方面也展现了以麦酒为依托的民族意识和情感。

同法国和大陆国家在饮食上的差异也体现除了英国人民族自豪感。都铎时期是英国民族意识不断升华的时期，战争、宗教改革和经济斗争等不断强化着英国人的国家民族意识感和爱国情怀。这种爱国情怀同英国人在饮食方面表现出的优越感是紧密相连的。都铎时期出现的喜剧《伽马的缝纫针》中引用了一首赞美麦酒的歌谣：

肉，只能吃一点点，

肚子，确实不舒服。

可是啊，如果有酒肯定没问题，

哪怕和修行者一起喝。

我赤露上身，你不用担心，

我绝对不会感到寒冷。

因为我体内充满了美味酒，

陈酿美味的麦芽酒，我喝得很开心。②

这首歌谣表现出了英国人饮用麦酒的优越感。麦酒由谷物酿造而成，海量的麦酒需要数量庞大的谷物才能生产出来，而英国普通人能够常年饮用麦酒，显示了英国人的富有。几个世纪以来，英国人只要有可能，就不肯喝白水，他们以啤酒和麦酒的形式喝掉了自己所产谷物的一半。③ 英国很少发生饥荒，除 1315—1319 年的饥荒外，英国几乎没有出现过全国性的饥荒，而在欧洲大陆饥荒一直持续到 18 世纪后半叶。④ 难怪哈里森在《描述

---

① Bickerdyke, J. The Curiosities of Ale and Beer: An Entertaining History [M]. London: Swan Sonnenschein & Co.,1889:6.

② 饭田草 . 你所不了解的英国——酒吧和啤酒的国度 [M]. 田静，译 . 北京：新世界出版社，2013:39.

③ 艾伦·麦克法兰 . 现代世界的诞生 [M]. 管可秾，译 . 上海：上海人民出版社，2013:86—87.

④ 艾伦·麦克法兰 . 现代世界的诞生 [M]. 管可秾，译 . 上海：上海人民出版社，2013:87.

英国》中记载,"我们的餐桌比其他国家的更丰盛,从远古以来,我们就是这种习惯。"①18世纪,法国的索绪尔同样这样描写英国,"每逢星期日,他们的炉前必有一块上好的牛肉,一年到头地窖里必有一桶麦芽酒",英国人"喜欢吃肉而不喜欢吃面包,有些人对面包不屑一顾"。② 这些描述印证了英国的富有,这和法国人的生活形成了鲜明的对比。法国的索绪尔在感叹英国人生活富庶的同时,提到"我国农民食用的粗粝黑面包他们闻所未闻。"③ 爱默生也提到英国人吃香的、喝辣的,这和大陆人的生活形成了鲜明的对比。"英国人饮食充足,而且富有营养……牛肉、羊肉、小麦面包以及麦芽酒是高级劳动工人的寻常食物;良好的饮食是英国百姓的民族自豪感的主要资本。在英国人的漫画中,法国人的形象总是饥肠辘辘的穷人。"④16和17世纪以来,英国啤酒消费总量和人均消费量的大幅提高,反映了英国社会物质生活水平的提高;而日常生活饮酒所带来满足感,又上升为英国民族的自豪感。

这种民族自豪感还在当时的民歌和艺术作品中得到了充分的展现。17世纪中期的民谣《值得我花钱的好麦酒》中有这样一段:

然而葡萄酒从不能让我
欢欣鼓舞获得荣誉感,
莱茵河的葡萄酒或是麝香葡萄酒,
甜兮兮的马姆齐酒太让人生厌,
不,还是给我一杯大麦汁
那才是非常健康的饮料
……
当加那利白葡萄酒在口中燃烧
它不会治愈任何伤痛但却摧毁了理性
激发谩骂和诅咒,
让人分离时心情沉重,
囊中羞涩,
……

---

① Harrison, William. Elizabethan England: From a "A Description of England" [M]. Withington, Lothrop (eds.). London: Walter Scott, 1876:84.

② 艾伦·麦克法兰. 现代世界的诞生 [M]. 管可秾, 译. 上海:上海人民出版社, 2013:85.

③ 同上。

④ Emerson, R. W. English Traits [M]. Boston: Fields, Osgood, & CO., 1869:74.

为了安全起见，我还是满足于

饮用优质冒泡的麦酒，

饱饮之后

我便觉得自己最幸福。

18世纪，诗人卢克布卡在《忽布园》中也提到啤酒比葡萄酒更能给人灵感。"只要有它给我灵感就足够了"，"啤酒花在我的酒杯里，除了能使啤酒保持鲜美，更赐予我激情和灵感"。就连莎士比亚的戏剧《亨利五世》中的法国元帅也不禁发出感叹，"战神啊，他们到底从哪儿来的这一副气概？他们那边的气候不是笼罩着一片迷雾，又阴冷、又昏沉吗？阳光又是那么暗淡，仿佛紧皱着眉头，在鄙夷他们，不叫他们的果实成长。难道是，那些泛着泡沫的白水——那种给累垮的驽马当药喝的东西——他们的'大麦汤'会把人的冷血激发到这种不顾一切的沸腾地步？而咱们奔流的热血，有美酒来鼓舞，倒竟像是冻结了似的？"[①] 这些文学作品都将葡萄酒和啤酒加以对比，用以表达啤酒比葡萄酒更适合英国人，因为啤酒更能给他们以健康、力量、灵感和幸福感。

英国人对啤酒的喜爱，明显带着对葡萄酒的偏见，尤其是当廉价的袋酒在英国大行其道时。16世纪英国诗人约翰·泰勒曾经这样表达对袋酒的偏见：

酒神广受敬畏和崇拜，

我们在被西班牙人和法国人同化；

与此同时，高贵的本土麦酒和啤酒，

则就像古老的年鉴一样过时。

因此人们消耗了他们的信誉和财富，

在相互干杯时咽下了疾病，

直到邪恶葡萄的怒气，

爬上他们的大脑，使人变成了猿。[②]

英国人对葡萄酒的偏见，实际上是他们对法国人和西班牙人的偏见，是英国人表达爱国情感的一种形式。尤其16世纪以来，英国同法国之间对抗出现不断强化趋势，英国人的爱国热情也不断高涨，大量以饮食为题材的讽刺作品不断涌现，攻击法国以激起英国国民的爱国心。18世纪的英国流行的一首民谣中写道，忠诚爱国的不列颠人，手拿啤酒就足以将法国佬打败，

---

① 威廉·莎士比亚. 莎士比亚历史剧选 [M]. 朱生豪、吴兴华、方平，译. 南昌：江西教育出版社，2016:387–388.

② Bickerdyke, J. The Curiosities of Ale and Beer: An Entertaining History [M]. London: Swan Sonnenschein & Co.,1889:7.

"小口呲吸着红酒的国家,一定会被击退;痛饮啤酒的不列颠人,永远不会失败",因为法国人喝着用半熟葡萄酿造的葡萄酒,因此身体瘦弱、脸色苍白,而英国人喝着啤酒花催熟的麦酒,个个面色红润、身体健壮。[①] 18世纪英国市面出现的大量讽刺漫画也以啤酒为介质来攻击法国。其中具有代表性的是《礼节》和《快乐的晚餐》。《礼节》中画着两个背对背坐着的人,一个英国人,一个法国人,相互对视着。英国人是典型的身材魁梧的"约翰牛"形象,他手中端着冒泡的啤酒杯,凳子下卧着的喇叭狗对着法国人狂吠,旁边的墙上挂着大块的牛肉;而身材瘦弱的法国人这边,墙上挂着的则是青蛙——他被约翰牛讽刺为"吃青蛙的家伙"。同样地,托马斯·罗兰森的《快乐的晚餐》表达了相同的主题。画中相貌堂堂的"约翰牛"对餐桌上摆放的葡萄酒置之不理,手中高举着溢满泡沫的啤酒;餐桌上放着大块牛肉,佣人端着盛满布丁的盘子。从这两幅画中可以看出,在18世纪啤酒和牛肉已经成为英国人饮食文化的代表了。英国人普遍认为啤酒和牛肉造就了英国人强健的体魄,英法饮食文化的对比,展现了作为英国人的优越感和自豪感,表现了当时英国人的爱国热情。

在英国民族国家形成过程中,其独特的饮食文化成为他们表达爱国热情的重要介质。各种依托啤酒表达爱国之情的文学和艺术作品,主要从两个方面来加以表达了人们的爱国情怀。一方面通过啤酒和牛肉等丰富的餐桌食品,同法国人的餐桌食品加以对比,充分展现英国人在饮食方面富有,进而表明英国普通百姓的普遍富有和英国国力的强盛,增强国民在对外战争中的必胜信心。另一方面,表现在英国人对啤酒物质属性的肯定。当时的英国人普遍认为,啤酒是英国人的天然饮料;啤酒具有丰富的营养物质,饮用啤酒对身体健康有利;啤酒同牛肉一起赋予了英国人强健的体魄;大量地饮用啤酒是英国人表现男子汉气概和在对外斗争中必胜信心的重要方式。对来自法国和西班牙等地葡萄酒的攻击,则是对啤酒物质属性的映衬,虽然这些攻击具有狭隘的民族主义情结,但在国家民族之间出现激烈对抗之时,这些攻击显然能够进一步激发本国国民的民族自豪感和爱国热情。

总之,英国的啤酒生产和啤酒消费形成了各种文化现象,啤酒文化也成了英国民族文化和民族意识的重要组成部分。就啤酒的生产文化而言,从中世纪至近代早期,英国社会的各个阶层广泛地参与到啤酒的酿造活动之中,为啤酒酿造文化贡献了自己的力量。由于不同的地理文化特点,啤酒酿

---

① 饭田草.你所不了解的英国——酒吧和啤酒的国度[M].田静,译.北京:新世界出版社,2013:119–120.

造原料、原料的加工方式、添加物的选取以及水源等因素,导致各地酿造出色泽、口味各异的啤酒种类,丰富了啤酒文化。各地丰富多彩的啤酒酿造文化,即是英国社会啤酒酿造具有深厚群众基础的明证。

就消费文化而言,自盎格鲁－撒克逊时期流传下来的各种干杯礼仪,日益成为上至王室、下到平民百姓日常和宴会饮酒的核心礼仪。干杯习俗表达了饮酒者相互之间良好的祝愿,推动了中世纪晚期近代早期英国社会广泛流行的娱乐性饮酒活动。近代早期英国的圈地运动和商品经济的繁荣,导致社会人口流动频繁,地方社区人们之间关系的维护不能再依靠亲属关系,而越来越依赖平等的邻里关系,以及不同社会等级、财富和权利人们之间的庇护和委托关系。在一个动态的社会中要维系这些关系,人们需要通过面对面的交流不断地重申这些关系之间的情感力量。英国各地啤酒馆里流行的娱乐性饮酒活动,在流动社会环境中帮助不同等级的人们重温社区认同感,激起了人们之间的亲密感。通过对当时啤酒馆流行的“饮酒文学”的解读可以发现,大量饮酒和无拘束的花钱是这类文学表现出好朋友的两个重要特征。在酒会上大量饮酒是睦邻友好的核心,只有大量饮酒才能表现出勇敢的秉性和积极的群体意识,同时大量饮酒并不代表无节制的饮酒和醉酒,而是不能超越身体极限的饮酒。这种思想既强调了积极参与睦邻活动,又推崇适当的节制。好伙伴的另一个特征是慷慨的花销。它表达了娱乐性饮酒参与者以现在为中心的时间观,崇尚及时享受当前的快乐,将现实的快乐最大化;同时,他们还认为拒绝无拘束的花销,就是拒绝社交活动,是非人性的野蛮行为;拒绝在酒会中慷慨花销的吝啬之徒,在现实生活中对公共事业也会表现出吝啬,而且他们通常是懒惰之徒;酒会中的慷慨之士,在现实生活中通常是成功人士,因为他们坚信通过自己的辛勤劳动能够承担酒馆的花销。这一思想表明,娱乐性饮酒是一种处于吝啬和肆意挥霍之间的自由表达方式。总之,娱乐性饮酒是近代早期英国社区居民维系新型社区关系的积极方式,它表现出了一些共同社会意义和价值观。

14世纪至16世纪见证了英国民族国家意识萌芽、发展和形成。这一时期,英国在军事上经历着百年战争的煎熬,在宗教上试图摆脱罗马天主教会对国内事务的干涉,在经济上竭力争取摆脱国外商人对该国的控制,从而实现经济独立,要想取得这些斗争的胜利,需要强大的凝聚力和自信心;而啤酒馆里和各种酒会上,酒友们在大量饮酒中所体现的勇敢、刚毅和团体凝聚力,以及在慷慨消费中所展现对自己实力的信心,并由此发展成对英国富强国力的信心,表现出了当时社会大众的普遍价值观,这种价值观正是英国在民族国家形成过程中争取民族利益所需的精神力量,因此很快融入民族文化之中,成为英国民族文化的重要组成部分。

结　语

位于欧洲西部的不列颠岛,独特的气候和自然土壤条件,限制了葡萄在岛上的广泛种植和普及,却适合谷物的生长,这也决定了英国酿造的酒类主要是以谷物为原料的啤酒。越来越多的考古发现,不列颠岛的啤酒酿造史大约可追溯至新石器时期。进入中世纪以后,啤酒在人们的日常生活中逐渐普及。

从中世纪早期起,啤酒就已被视为日常饮食必需品了。在那个物资匮乏的时代,葡萄酒超出了大部分人购买能力,牛奶要用来制作奶酪,大自然的水源通常携带大量致命病菌,廉价的啤酒便成了人们生活饮料的不二选择。然而,盎格鲁－撒克逊时期,由于农业生产力低下,谷物产量不高,人们的饮食依然以面包为主,对大部分人而言,经常性的啤酒消费仍然是一种奢侈。农民酿造的啤酒,大多作为实物地租上交领主。这一时期啤酒的消费群体,主要是各级领主和宗教机构。在酿酒方面,修道院和贵族家庭在酿酒原料、工具和技能方面享有绝对优势,成为当时最主要的啤酒生产者。

诺曼征服以后,英国封建生产关系最终确立,农业生产力得到不断发展。土地拓荒运动的广泛开展,扩大了农业耕种面积;先进农业生产工具的使用和三圃制逐渐推广,提高了农作物产出比。谷物耕种面积的扩大和农业生产率的提高,提高了谷物的总产量,这为酿酒业的发展提供了前提条件。从 12 世纪起,普通家庭的酿酒频率越来越高,越来越多的家庭妇女(麦酒妻)利用家庭盈余的谷物和简单的家用工具,酿造啤酒,供家庭日常生活饮用。同时,随着全国商路的重启,城市和农村的商品经济快速发展起来。13 世纪时,以家庭为基础的商业酿酒在英国各地广泛出现。为了规范商业酿酒市场,国王亨利三世制定了英国第一部全国性的《面包和啤酒法令》,对啤酒的生产和消费加以规范,并引入验酒官制度对酿酒商业行为进行监督和管理。该法令的制定和实施反映了 13 世纪英国商业酿酒行为非常普遍的现象。根据执行《啤酒法令》的法庭档案记录显示,很多村庄的大部分家庭都从事过商业酿酒。就啤酒的消费量而言,社会上层和宗教机构的啤酒消费量一直较高,修道士的人均日啤酒供应量达到 1 加仑。在农村,富裕的农民家庭已经能够获得稳定的日常啤酒供应。总的看来,这一时期英国社会日益形成全民生产和消费啤酒的场景,啤酒的生产和消费越来越成为人们日常生活的重要内容。

推动啤酒生产和消费大发展的重要事件,是 14 世纪中期流行于整个欧洲的黑死病。黑死病对英国社会造成了深远影响,同时也影响了啤酒产业的发展。瘟疫导致人口急剧下降,进一步瓦解了封建庄园经济,农业生产中开始出现资本主义经营方式;新的生产方式极大地解放了劳动生产力,更加先进的生产工具和技术得以运用,农作物产量进一步提高,使酿酒谷物的供应更加充足,这为啤酒酿造业的发展提供了前提。黑死病导致劳动力短缺,反过来促进了劳动工人工资普遍上涨,社会整体物质生活水平上升,人们的饮食结构更趋优化,啤酒在饮食中比例进一步提高。而瘟疫导致的疾病和死亡,促使人们更加注重饮食安全,人们越来越意识到啤酒比自然水更加安全,而选择在日常生活饮用啤酒。啤酒消费量提高刺激了酿酒行业快速发展。黑死病后,专业酿酒作坊快速发展,它们修建更大的专业化生产厂房、购入更大的酿酒工具、使用更先进的酿酒技术、雇佣更多的工人,从而提高了酿酒效率。专业化的酿酒作坊逐渐替代家庭为基础的商业酿酒,成为啤酒的主要供应者。

啤酒消费量增长的同时,啤酒馆也在全国各地急剧增加。啤酒馆是除家庭以外最主要的啤酒消费场所,它出现的最初目的是为过往商客提供饮食和住宿服务。中世纪晚期至近代早期英国的一系列事件,促进了人员和商品的流动,刺激了啤酒馆的快速增加。首先,黑死病后封建生产关系的瓦解,解放了束缚在土地上的农民,农业人口流动增加;其次,14 世纪之后的圈地运动和国内外战争等,将大量无地农民送上流亡之路;此外,中世纪晚期和近代早期,商品经济的发展并最终形成以伦敦为中心的全国市场体系,也加速了人员和商品的流动。贫困人口增多是啤酒馆增加的另一原因。瘟疫、战争、自然灾害以及圈地运动等导致各地出现大量的贫困人口,为了生计他们不得不选择从事就业门槛很低的酒馆业,而且许多无家可归的人依赖啤酒馆提供基本的饮食和住宿服务。16 世纪的宗教改革,使长期聚集在教堂周围的世俗活动转移到啤酒馆中,于是啤酒日益成为社区的经济中心、社交中心和娱乐中心。

全民参与的啤酒生产和消费对英国社会发展产生了深远影响。酿酒业的发展促进了农业生产进一步商业化,酿酒谷物和啤酒花种植面积不断扩大,同时还带动了附属产业的进一步发展。以娱乐性饮酒为主的各种酒会,在英国基层社区里形成了一系列互惠互利的救助体系,维护了社区的团结稳定。中世纪晚期至近代早期,啤酒馆里的娱乐性饮酒,继承了盎格鲁撒克逊时期流传下来的饮酒习俗,并赋予其新的意义和价值。人们通过大量的饮酒和无拘束的花销,表达了酒神追随者所应有的勇敢、刚毅以及团体凝聚力,同时展现了英国的富有和国力的强盛:在英国人眼中,仅仅饮酒他们就花费掉一半谷物,而小口抿着葡萄酒的法国人,却总是看起来饥肠辘辘。英国人在酒会和啤酒馆干杯时所展现的自信心和社会价值观,正是民族国家形成时期其在对外战争、宗教改革以及争取经济独立过程中所需的精神食粮和文化价值,于是在英国民族国家意识形成过程中,啤酒文化融入其中,成为英国民族文化的重要组成部分。从这些意义上说,对英国啤酒生产、啤酒消费和啤酒文化进行研究,可以使我们透过这些现象看到英国经济发展、社会进步、民族成长的艰辛历程。

参考文献

一手材料：

[1] *Close Rolls of the Reign of Edward Ⅲ* [Z]. London: Mackie and Co. Ld., 1898.

[2] *Statutes of the Realm*[Z]. 王国法令

[3] *Victoria History of the County in England* [Z]. 维多利亚郡史

[4] http://ebba.english.ucsb.edu/ 英国民谣档案

[5] http://eebo.chadwyck.com/ 英国早期文献在线

英文：

[1]Abraham–Thisse, S. The Hanse and France [A]. In A.d' Haenens (eds.). Europe of the North Sea and the Baltic: the World of the Hanse [C]. Antwerp: Fonds Mercator, 1984.

[2]Achilleos, Stella. 'Drinking and Good Fellowship': Alehouse Communities and the Anxiety of Social Dislocation in Broadside Ballads of the 1620s and 1630s. https://extra.shu.ac.uk/emls/journal/index.php/emls/article/download/122/108

[3] Anbrey, J. Remaines of Gentilisme and Judaisme [M]. London: W. Satchell, Peyton, 1881.

[4] Anderson, Robert. Ballads in the Cumberland dialect. With notes descriptive of the manners and customs of the Cumberland peasantry, a glossary of local words, and a life of the author [M]. Alnwick: W. Davison, 1840.

[5] Anon. A Timely Warning to Drunkards: Or the Drunkards Looking–Glass in Which is Set Forth the Great and Beastly Sin of Drunkenness: with One and Twenty Examples of Gods Judgments Upon Several Drundards [Z]. London: J. Coniers, 1673.

[6] Archer, Ian. The Pursuit of Stability: Social Relations in Elizabethan London [M]. Cambridge: Cambridge University Press, 1991.

[7] Bamforth, C. W. Beer: Tap into the Art and Science of Brewing [M]. Oxford University Press, 2003.

[8] Bamforth, Charles. Grape vs. Grain: A Historical, Technological, and Social Comparison of Wine and Beer [M]. Cambridge: Cambridge University press, 2008.

[9] Barnes, Milton. The Fyrst boke of the Introduction of Knowledge Made by Andrew Borde, of Physycke Doctor: A Compendyous Regyment; Or, a Dyetary of Helth Made in Mountpyllier [M]. London: Kegal Paul, Trench, Trubner & CO., Limited, 1870.

[10] Behre, Karl—Ernst. The history of beer additives in Europe—a review [J]. *Vegetation History and Archaeobotany*, 1999, 8(1/2):35—48.

[11] Bennett, H. S. Life on the English Manor: a study of peasant conditions, 1150—1400 [M]. Cambridge: Cambridge University Press, 1962.

[12]. Bennett, J. M. The ties that bind: peasant marriages and families in late medieval England [J]. *Journal of Interdisciplinary History*, 1984, (15): 111—129.

[13] Bennett, J. M. Women in the Medieval England Countryside [M]. New York & Oxford: Oxford University Press, 1987.

[14] Bennett, J. M. Misogyny, Popular Culture, and Women's Work [J]. *History Workshop*, 1991, 31 (1): 166 - 188.

[15] Bennett, Judith M. Conviviality and Charity in Medieval and Early Modern England [J]. *Past and Present*, 1992, 134(1):19 - 41.

[16] Bennett, Judith M. Conviviality and Charity in Medieval and Early Modern England: Reply [J]. Past and Present, 1997 (154): 235—242.

[17] Bennett, J. M. Ale, Beer, and Brewsters in England [M]. Oxford: Oxford University Press, 1996.

[18] Bickerdyke, J. The Curiosities of Ale and Beer: An Entertaining History [M]. London: Swan Sonnenschein & Co., 1889.

[19] Bickley, F. B. (eds.). The Little Red Book of Bristol, 2 vols [M]. Bristol: W. Crofton Hemmons, 1900.

[20] Birley, R. Vindolanda: A Roman Frontier Post on Hadrian's wall [M]. London: Thames and Hudson, 1977.

[21] Bonser, W. The Medical Background of Anglo—Saxon England [M]. London: Wellcome Historical Medical Library, 1963.

[22] Bowman, A. K. and J. D. Thomas (eds.). The vindolanda Writing—Tablets (Tabulae Vindolandenses II) [M]. London: British Museum Press, 1994.

[23] Braidwood, R. J. Symposium: Did Man Once Live by Beer Alone? [J]. *American Anthropologist,* 1953, 55 (4):15–526.

[24] Brand, John. Observations on the Popular Antiquities of Great Britain (vol. I) [M]. London: Henry G. Bohn, 1813.

[25] Brand, John. Observations on the Popular Antiquities of Great Britain (vol. II) [M]. London: Henry G. Bohn, 1813.

[26] Braudel, Fernand. Civilization and Capitalism 15th— 18th Century, Volume II, The Wheels of Commerce [M]. Reynolds, Sian, Trans. London: William Collins Sons & Co Ltd, 1983.

[27] Brennan,Thomas. Pubic Drinking and Popular Culture in Eighteenth–Century Paris [M]. Princeton: Princeton University Press, 1988.

[28] Brown, James R. The Landscape of Drink: Inns, Taverns and Alehouses in Early Modern Southampton [D]. Department of History University of Warwick, 2007.

[29] Buhner, S. H. Sacred and Herbal Healing Beers: The Secrets of Ancient Fermentation [M]. Boulder& Colorado: Brewers Publications, 1998.

[30] Burnett, John. Liquid Pleasures: A Social History of Drinks in Modern Britian [M]. London and New York: Routledge, 1999.

[31] Campbell, B. et al. A medieval capital and Its Grain Supply: Agrarian Production and Distribution in the London Region c 1300 [M]. London: London University Press, 1993.

[32] Capp, Bernard. The World of John Taylor the Water–Poet [M]. Oxford: Oxford University Press, 1994.

[33] Carew, Richard. The Survey of Cornwall [M]. Halliday, F. E. (eds.). London: Andrew Melrose, 1953.

[34] Carlin, Martha and Joel T. Rosenthal (eds.). Food and Eating in Medieval Europe [C]. London: The Hambledon Press, 1998.

[35] Carpenter, John & Richard Whitington. Liber Albus: the White Books of the City of London [M]. Cambridge: Richard Griffin and Company, 1861.

[36] Carver, E. The Visibility of Imported Wine and its Associated Accoutrements in Later Iron Age Britain [M]. Oxford: Oxford University Press, 2001.

[37] Chadwick, D. Social Life in the Days of Piers Plowman [M]. Cambridge: Cambridge University Press, 1922.

[38] Chaucer, G. The Canterbury Tales rev. edn [M]. N. Coghill, (trans.).

Harmondsworth: Penguin, 1977.

[39] Clark, Beverley. Misogyny in the Western Philosophical Tradition—A Reade [M]. London: Macmillan Press Ltd., 1999.

[40] Clark, Peter. The alehouse and the alternative society [A]. In Donald Pennington and Keith Thomas, (eds.). Puritans and Revolutionaries [C]. Oxford: Oxford press,1978.

[41] Clark, Peter. The English Alehouse: a social history 1200—1830 [M]. London: Longman Group Limited, 1983.

[42] Clinch, George. English Hops: A History of Cultivations and Preparation for the Market from the Earliest Times [M]. London: Mccorquodale & Co. Ltd., 1919.

[43] Cogan, Thomas. The Haven of Health [M]. London: Henrie Midleton for William Norton, 1584.

[44] Corran, H. S. A History of Brewing [M]. Newton Abbot: David & Charles, 1975.

[45] Darvill, T. Prehistoric Britain [M]. London: Routledge, 2010.

[46] Davies, C. S. L. Provisions for Armies, 1509—1550: A Study in the Effectiveness of Early Tudor Government [J]. *The Economic History Review*, New Series, 1964, 17(2):234–248.

[47] Dekker, Thomas. English Villanies Seven Severall Times Prest to Death [M]. London: Printed by M. Parsons,1638.

[48] Denny, Mark. Froth!: The Science of Beer [M]. London: The Johns Hopkins University Press, 2009.

[49] Keene, Derek. Issues of water in medieval London to c. 1300 [J]. *Urban History*, 2001, 28 (2):161–179.

[50] Dionne, Craig & Steve Mentz. Rogues and Early Modern English Culture [M]. Michigan: The University of Michigan Press, 2004.

[51] Dudley, R. Evolutionary Origins of Human Alcoholism in Primate Frugivory [J]. *Quarterly Review of Biology*, 2000, 75 (1):3–15.

[52] Dyer, Christopher. Changes in Diet in the Late Middle Ages: the Case of Harvest Workers [J]. *Agricultural history Review*, 1988, 36(1):21–37.

[53] Dyer, Christopher. Standards of Living in the Later Middle Ages: Social Change in England c. 1200—1520 [M]. Cambridge: Cambridge University Press, 1989.

[54] Dyer, Christopher. Everyday Life in Medieval England [M]. London:

Cambridge University Press, 2000.

[55] Eden, Frederick Morton. The State of the Poor, or a History of the Laboring Classes in England, vol 1 [M]. London: J. Davis, 1797.

[56] Ellis, William. The London and Country Brewer⋯ By a Person Formerly Concerned in a Common Brewhouse at London [M]. London: printed for J. and J. Fox,1736.

[57] Emerson, R. W. English Traits [M]. Boston: Fields, Osgood, & CO., 1869.

[58] Farmer, D. L. Prices and Wages [A]. In Edward Miller, The Agrarian History of England and Wales 1348—1500, vol. III [C]. Cambridge: Cambridge University Press, 1991.

[59] Fell, C. Old English beor [J]. *Leeds Studies in English,* New Series, 1975(8):76–95.

[60] Finberg, H. P. R. The Early Charters of Wessex [M]. Leicester: Leicester University Press, 1964.

[61] Fischler, C. Food, Self and Identity [J]. *Social Science Information,* 1988, 27(2): 275–292.

[62] Forest, J. The History of Morris Dancing, 1458—1750 [M]. Cambridge: Cambridge University Press, 1999.

[63] Frank, S. & Meltzer A. Saints of Suds ("When The Saints Go Malting In"). http://www.beerhistory.com/library/holdings/patron_saints.shtml.

[64] French, R. Valpy. History of Toasting, or Drinking of Healths in England [M]. London: National Temperance Publication Depot, 1881.

[65] French, Richard Valpy. Nineteen Centuries of Drink in England (second edition) [M]. London: National Temperance Publication Depot, 1890.

[66] Frey, D. A. Review: Bacchus and Civic Order: The Culture of Drink in Early Modern Germany. By B. Ann Tlusty [J]. *Journal of Social History,* 2003, 36(4):1110–1112.

[67] Fullbrook–Leggatt, L.E.W.O. The water supplies of the abbey of St Peter and the priory of the Grey Friars, Gloucester, from Robinswood Hill [J]. *Transactions of the Bristol and Gloucestershire Archaeological Society,* 1968 (87):111–118.

[68] Furnivall, Frederick J. (eds.). Phillip Stubbes's Anatomy of the Abuses in England in Shakspere's Youth, (Part I) [M]. London: N. Trubner & CO., 1877—1879.

[69] Galloway, J. A. London's Grain Supply: Changes in Production, Distribution and Consumption during the Fourteen Century [J]. *Franco-British Studies*, 1995 (20):1–15.

[70] Galloway, James A. Driven by Drink? Ale Consumption and the Agrarian Economy of the London Region, c. 1300—1400 [A]. In Carlin, Martha and Joel T. Rosenthal (eds.). Food and Eating in Medieval Europe [C]. London: The Hambledon Press, 1998.

[71] Gastineau, C. F. W. & J. Darby and T. B. Turner, Fermented food beverages in nutrition [M]. New York: Academic Press, 1979.

[72] Gibson, A. J. S. and T. C. Smout. Prices, Food and Wages in Scotland, 1550—1780 [M]. Cambridge: Cambridge University Press, 2007.

[73] Gillis, John R. For Better, For Worse, British Marriages, 1600 to the Present [M]. Oxford: Oxford University Press, 1985.

[74] Gough, Richard. The History of Myddle [M]. Hey, David (eds). Harmondsworth: Penguin, 1981.

[75] Gower, John. The complete works of John Gower [M]. Macauley, G. C. (eds.). Oxford: The Clarendon Press, 1899.

[76] Gowing, Hunter and Rubin (eds). Love Friendship and Faith in Europe, 1300—1800 [C]. New York: Palgrave Macmillan, 2005.

[77] Gras, N. S. B. The Early English Customs System: a Documentary Study of the Institutional and Economic History of the Customs from the Thirteenth to the Sixteenth Century, Cambridge [M]. Massachusetts: Harvard University Press,1918.

[78] Gross, Emanuel. Hops in Their Botanic, Agricultural and Technical Aspect and as an Article of Commerce [M]. London: Scott, Greenwood and Co., 1900.

[79] Grube, F. W. Cereal Foods of the Anglo–Saxons [J]. *Philological Quarterly*, 1934 (13):140–158.

[80] Hagen, A. A Second Handbook of Anglo–Saxon Food and Drink: Production and Distribution [M]. Norfolk: Anglo–Saxon Books, 1995.

[81] Haggarty, A. Machrie Moor, Arran: recent excavations at two stone circles [J]. *Proceedings of the Society of Antiquaries of Scotland*, 1991 (121):51–94.

[82] Hailwood, Mark. Alehouses and Good Fellowship in Early Modern England [M]. Woodbridge: The Boydell Press, 2014.

[83] Hallam, H. E. (eds.). The Agrarian History of England and Wales, Volum II (1042–1350) [C]. New York: Cambridge University Press, 1988.

[84] Hamilton, A. Marriage rites, customs, and ceremonies of all nations of the universe [M]. London: J. Robins, 1824.

[85] Hanawalt, Barbara A. The Ties that bound: Peasant Families in Medieval England [M]. New York: Oxford University Press, 1986.

[86] Hanford, James Holly. Wine, Beere, Ale, and Tobacco: A Seventeenth Century Interlude [J]. *Studies in Philology*, 1915, 12 (1):1–54.

[87] Hansen, Roger D. Water–related Infrastructure in Medieval London. http://waterhistory.org/histories/london/london.pdf.

[88] Hardy, Thomas Duffus. Syllabus of the Documents relating of England and Other Kingdoms contained in the collection known as "Rymer's Federa", Vol. 1 [M]. London: Longmans, Green, & Co., 1869.

[89] Harris, M. D. (eds.). Coventry Leet Book [M]. London: Kegan Paul, Trench, Trubner & CO., Limited, 1907.

[90] Harris, T. (eds.). Popular Culture in England, c. 1500—1850 [M]. Basingstoke: Macmillian Press Ltd., 1995.

[91] Harrison, John and members of the Durden Park Beer Club. Old British Beers and How to Make Them, Second edition [M]. London: The Durden Park Beer Circle, 1991.

[92] Harrison, William. Elizabethan England: From a "A Description of England" [M]. Withington, Lothrop (eds.). London: Walter Scott, 1876.

[93] Harrison, William. Harrison's Description of England in Shakspere's Youth [M]. Furnivall, F. J. (eds.). London: N. Trubner & Co., 1877.

[94] Harvey, B. Living and Dying in England, 1100—1540: the monastic experience [M]. Oxford: Oxford University Press, 1993.

[95] Hassall, W. O. (eds.). The Holkham bible book [M]. London: The Dropmore Press, 1954.

[96] Hieronymus, Stan. For the Love of Hops: the Practical Guide to Aroma, Bitterness, and the Culture of Hops [M]. Boulder: Brewers Publications, 2012.

[97] Hindle, Steve. On the Parish? The Micro–politics of Poor Relief in Rural England c. 1550—1750 [M]. Oxford: Oxford University Press, 2004.

[98] Hockey, S. F. (eds.). Account book of Beaulieu Abbey, Camden Fourth Series 16 [M]. London: Royal Historical Society, 1975.

[99] Holt, Mack P. (eds.). Alcohol: A Social and Cultural History [M]. New

York: Berg, 2006.

[100] Hornsey, I. S. A History of Beer and Brewing [M]. Cambridge: The Royal Society of Chemistry, 2003.

[101] Houlbrooke, Ralph. The Making of Marriage in Mid−Tudor England: Evidence from the Records of Matrimonial Contract Litigation [J]. *Journal of Family History*, 1985, 10(4): 339–352.

[102] Houston, R. A. Bride Ales and Penny Weddings: Recreations, Reciprocity, and Regions in Britain from the Sixteenth to the Nineteenth Century [M]. Oxford: Oxford University Press, 2014.

[103] Hughes, P. L. and J. E. Larkin (eds.). Stuart Royal Proclamations [M]. Oxford: Oxford University Press, 1973.

[104] Hutton, Ronald. The Rise and Fall of Merry England: The Ritual Year, 1400–1700 [M]. Oxford: Oxford Press, 1994.

[105] Hutton, R. The Stations of the Sun: a history of the ritual year in Britain [M]. Oxford: Oxford University Press, 1996.

[106] Jackson, M. Beer [M]. London: Dorling Kindersley, 2007.

[107] James, M. K. Studies in the Medieval Wine Trade [M]. E.M. Veale, (eds). Oxford: Clarendon Press, 1971.

[108] Jewell, Helen M. Women at the Courts of the Manor of Wakefield, 1348–1350 [J]. *Northern History*, 1990, 26 (1):59–81.

[109] Joffe, Alexander H. Alcohol and Social Complexity in Ancient Western Asia [J]. *Current Anthropology,* 1998, 39 (3):297–322.

[110] Johnson, Lynn. Friendship, Coercion, and Interest: Debating the Foundations of Justice in Early Modern England [J]. *Journal of Early Modern History*, 2004, 8(1):46–64.

[111] Jordan, W. K. The Charities of Rural England 1480—1660 [M]. London: G. Allen & Unwin, 1961.

[112] Kallen, Stuart A. Medieval Food and Customs [M]. San Diego: Reference Point Press, 2015.

[113] Katz, Solomon H. & M. M. Voigt, Bread and Beer: The early Use of Cereals in the Human Diet [J]. Expedition, 1986, 28 (2): 23–35.

[114] Kilby, Ken. Coopers and Coopering [M]. Princes Risborough: Shire Publications Ltd, 2004.

[115] King, Frank A. Beer has a history [M]. London: Hutchinson's Scientific and Technical Publications, 1947.

[116] Knowles, D. The Monastic Order in England [M]. Cambridge: Cambridge University Press, 1949.

[117] Kumin, Beat. Drinking Matters: Public houses and Social Exchange in Early Modern Central Europe [M]. Houndmills: Palgrave Macmillan, 2007.

[118] Lee, John S. Piped water supplies managed by civic bodies in medieval English towns [J]. Urban History, 2014, 41(3): 369–393.

[119] Leighton, W. A. Early chronicles of Shrewsbury, 1372—1603 [J]. *Transactions of the Shropshire Archaeological and Natural History Soc.*, 1880 (3):239–352.

[120] Lemon, Rebecca. Compulsory Conviviality in Early Modern England [J]. *English Literary Renaissance*, 2013, 43(3): 381–414.

[121] Lewis, David. 'For the poor to drink and the rich to dress their meat': the first London water conduit [J].*Transactions of the London and Middlesex Archaeological Society,* 2004 (55):39–68.

[122] Loftus, W. R. The Maltster: A Compendious Treatise on the Art of Malting in All Its Branches [M]. London: W. R. Loftus, 1876.

[123] Lowe, Roger. The diary of Roger Lowe, of Ashton–in–Makerfield, Lancashire, 1663—1674 [Z]. Sachse, William L. (eds.). New Haven: Yale University Press, 1938.

[124] Maitland, F. W. Domesday Book and Beyond [M]. Cambridge: Cambridge University Press, 1921.

[125] Mandley, J. G. de T. (eds.). The Portmote or Court Leet Records of the Borough or Town and Royal Manor of Salford from the year 1579 to the year 1669 inclusive, vol. 1 [M]. Manchester: the Chetham Society, 1902.

[126] Marchant, W. T. In Praise of Ale [M]. London: George Redway, York Street, Covent Garden,1888.

[127] Marsh, John B. Hops and Hopping [M]. London: Simpkin, Marshall, Hamilton, Kent & CO., Limited, 1892.

[128] Martin, A. Lynn. Drinking and Alehouses in the Diary of an English Mercer's Apprentice, 1663—1674 [A]. In Holt, Mack P. (eds.). Alcohol: A Social and Cultural History [C]. Oxford: Berg, 2006.

[129] Martin, A. Lynn. Alcohol, Sex, and Gender in Late Medieval and Early Modern Europe [M]. Hampshere: Palgrave, 2001.

[130] Martin, A. Lynn. Alcohol, Violence, and Disorder in Traditional Europe [M]. Kirksville: Truman State University Press, 2009.

[131]Maskell, Henry P. & Edward W. Gregory. Old Country Inns [M]. London: Sir Isaac Pitman & Sons, Ltd, 1910.

[132]Mathias, Peter. Agriculture and the Brewing and Distilling Industries in the Eighteenth Century [J]. *Economic History Review*, 1952, 5(2): 249–257.

[133]Mathias, Peter. The Brewing Industry in England 1700–1830 [M]. Cambridge: Cambridge University Press, 1956.

[134]Mcgovern, P. E. Uncorking the Past [M]. Berkeley and Los Angeles: University of California press, 2009.

[135]Mclntosh, M. K. Controlling Misbehavior in England, 1370—1600 [M]. Cambridge: Cambridge University Press, 1998.

[136]Mcshane, Angela. The Extraordinary Case of the Blood–Drinking and Flesh–Eating Cavaliers [A]. In Mcshane, Angela and Garthine Walker (eds.). The Extraordinary and the Everyday in Early Modern England [C]. Basingstoke: Palgrave Macmillan, 2010.

[137]Mendelson, Oscar A. Drinking with Pepys [M]. London: Macmillan, 1963.

[138]Miller, Edward (eds.). The Agrarian History of England and Wales 1348–1500, vol. III [C]. Cambridge: Cambridge University Press, 2011.

[139]Moisa, Maria. Debate: Conviviality and Charity in Medieval and Early Modern England [J]. *Past and Present*, 1997, 154(1): 223–234.

[140]Monckton, H. A. A History of the English Ale and Beer [M]. London: The Bodley Head, 1966.

[141]Morewood, Samuel. A philosophical and statistical history of the inventions and customs of ancient and modern nations in the manufacture and use of inebriating liquors [M]. Dublin: W. Curry and W. Carson, 1838.

[142]Mosher, R. Radical Brewing [M]. Boulder: Brewers publications, 2004.

[143]Muldrew, Craig. Food, Energy and the Creation of Industriousness: Work and Material Culture in Agrarian England, 1550—1780 [M]. Cambridge: Cambridge University Press, 2011.

[144]Munro, A. M. (eds.). *Records of Old Aberdeen, 1498-1903 (Vol. II)* [M]. Aberdeen: Aberdeen New Spalding Club, 1899–1909.

[145]Myatt–Price, Evelyn M. A Tally of Ale [J]. *Journal of the Royal Statistical Society*, Series A (General), 1960,123 (1):62–67.

[146] Nelson, Max. The Barbarian's Beverage [M]. London: Taylor & Francis e–library, 2004.

[147]O' Callaghan, Michelle. Tavern Societies, the Inns of Court, and the Culture of Conviviality in Early Seventeenth-Century London [A]. In Smyth, Adam (eds.). A Pleasing Sinne: Drink and Conviviality in Seventeenth-Century England [C]. Cambridge: Cambridge University Press, 2004.

[148]Overton, Mark. Agricultural Revolution in England: The Transformation of the Agrarian Economy 1500—1850 [M]. Cambridge: Cambridge University Press, 1996.

[149]Owen, C. C. The History of Brewing in Burton upon Trent [J]. *J. Inst. Brew.*, 1987, (93):37–41.

[150]Parfitt, G. and R. Houlbrooke (eds.). The Courtship Narrative of Leonard Wheatcroft, Derbyshire Yeoman [M]. Reading: Whiteknights, 1986.

[151]Patterson, Mark & Nancy Hoalst-Pullen (eds.). The Geography of Beer: Regions, Environment, and Societies [C]. New York: Springer, 2014.

[152]Pennington, Donald and Keith Thomas (eds.). Puritans and Revolutionaries [C]. Oxford: Oxford press,1978.

[153]Piggott, S. L. 'Wood and the wheelwright' in The Celtic World [A]. In M.J. Green (eds.).The Celtic World [C]. London: Routledge, 1995.

[154]Henri, Pirenne. Economic and Social History of Medieval Europe [M]. New York: Harcourt, Brace and Company, 1937.

[155]Pliny T E . The natural history of Pliny[M]. Let Me Print, 2012.

[156]Porritt, Edward. Five Centuries of Liquor Legislation in England [J]. Political Science Quarterly, 1895, 10(4): 615–635.

[157] Postles, David. Brewing and the Peasant Economy: Some Manors in Late Medieval Devon [J]. *Rural History,* 1992, 3 (02): 133–144.

[158] Pound, N. J. G. A History of the English Parish: the culture of religion from Augustine to Victoria [M]. Cambridge: Cambridge University Press, 2000.

[159] Prestwich, Michael. Victualling Estimates for English Garrisons in Scotland during the Early Fourteenth Century [J]. *The English Historical Review*, 1967, 82(324): 536–543.

[160] Ralelais, Francois. The Histories of Gargantua and Pantagruel [M]. Cohen, J. M. (trans.). Harmondsworth: Penguin, 1955.

[161] Rawlidge, Richard. A Monster Late Found Out and Discovered [Z]. Amsterdam, 1628.

[162] Renfew, J. Food and Cooking in Prehistoric Britain [M]. London: English Heritage, 1985.

[163] Rhys, Ernest (eds.). Piers Plowman——the Vision of a People's Christ by William Langland. A version for the Modern Reader by Arthur Burrell [M]. London & Toronto: J. M. Dent & Sons Ltd., 1912.

[164] Riley H. T. (eds.). Memorials of London and London Life in the 13th, 14th and 15th Centuries.http://www.british-history.ac.uk/no-series/memorials-london-life/pp71-80.

[165] Rogers, James E. Thorold. A History of Agriculture and Prices in England, Vol. Vi 1583—1702 [M]. Oxford: Oxford University Press Warehouse, 1866.

[166] Rollison, David. Exploding England: The Dialectics of Mobility and Settlement in Early Modern England [J]. *Social History*, 1999, 24(1):1-15.

[167] Ross, C. D. the Household Accounts of Elizabeth Berkeley, Countess of Warwick, 1420—1421 [J]. *Transactions of the Bristol and Gloucestershire Archaeological Society*, 1951, (70):81-105.

[168] Rutledge E. Immigration and Population Growth in Early-Fourteenth Century Norwich: Evidence from the Tithing Roll [J]. *Urban History* , 1988 (15:)15-30.

[169] Salter, Rev. H. E. (eds.). Mediaeval Archives of the University of Oxford (Vol II) [M]. Oxford: Oxford University Press, 1922.

[170] Sambrook, Pamela. Country House Brewing in England, 1500-1900 [M]. London and Rio Grande: The Hambledon Press, 1996.

[171] Salem, F. W. Beer, Its History and Its Economic value as a National Beverage [M]. Hartford, Connecticut: F. W. Salem & Company, 1880.

[172] Salzman, L. F. English Industries of the Middle ages, New edition, enlarged and illustrated [M]. London: H. Pardes, 1964.

[173] Sawyer, P. H. (eds.). Anglo-Saxon Charters: an Annotated List and Bibliography [M]. London: Royal Historical Society, 1968.

[174] Scholliers, Peter. Food, Drink and Identity: Cooking, Eating and Drinking in Europe Since the Middle Ages [M]. Oxford: Berg, 2001.

[175]Scodel, Joshua. Excess and the Mean in Early Modern English Literature [M]. Princeton: Princeton University Press, 2002.

[176] Scot, Reynolde. A Perfite Platforme of a hoppe Garden [M]. London: Henrie, 1574.

[177] Scully, Terence. The Art of Cookery in the Middle Ages [M]. Woodbridge: Boydell and Brewer, 1995.

[178] Selden, John. The Table-Talk of John Selden (Third Edition) [M]. London: John Russell Smith, 1860.

[179] Sharpe, J. A. Early Modern England: A Social History 1550—1750 [M]. New York: Arnold, 1987.

[180] Sharpe, Reginald R. (eds.). Calendar of Letter-books of the City of London, Letter-book H [M]. London: John Edward Francis, 1907.

[181] Shepard, Alexandra. 'Swil-bols and Tos-pots': Drink Culture and Male Bonding in England, c 1560— 1640 [A]. In Gowing, Hunter and Rubin (eds). Love Friendship and Faith in Europe, 1300— 1800 [C]. New York: Palgrave Macmillan, 2005.

[182] Sim, Alison. Pleasures and Pastimes in Tudor England [M]. Stroud: the History Press, 2011.

[183] Simmonds, P. L. Hops: Their Cultivation, Commerce and Uses in Various Countries [M]. London: E. & F. N. Spon, 1877.

[184] Simon, Andre L. The History of Wine Trade in England, Volume I [M]. London: Wyman & Sons, Ltd, 1906.

[185] Simon, Andre L. Wine and the Wine Trade [M]. London: Sir Isaac Pitman & Sons, Ltd., 1921.

[186] Slavin, P. Bread and Ale for the Brethren: The Provisioning of Norwich Cathedral Priory, 1260— 1536 [M]. Hertfordshire: University of Hertfordshire Press, 2012.

[187] Smith, Joshua Toulmmin (eds.). *English Gilds* [M]. London: N. Trubner & co., 1870.

[188] Smyth, Adam (eds.). A Pleasing Sinne: Drink and Conviviality in Seventeenth-Century England [C]. Cambridge: Cambridge University Press, 2004.

[189] Stanes, Robin. The Old Farm: A History of Farming life in the West Country [M]. Exeter: Devon Books, 1990.

[190] Steele, M. IPA Brewing Techniques, Recipes and the Evolution of India Pale Ale [M]. Boulder: Brewers Publications, 2012.

[191] Stika, Hans- Peter. Beer in Prehistoric Europe. https://www.researchgate.net/publication/265414678.

[192] Stopes, H. Malt and Malting [M]. London: F. W. Lyon, 1885.

[193] Stratton, Rev. J. Y. Hops and Hop-pickers [M]. London: Society for Promoting Christian Knowledge, 1883.

[194] Stubbs, W. (eds.). Chronicles of Reigns of Edward I and Edward II, 1,

Annales Londonienses and Annales Paulini [M]. London: Longman Co., 1882.

[195] Suggett, R. Festivals and Social Structure in Early Modern Wales [J]. *Past and Present,* 1996, 152(1): 79—112.

[196] Supple, Barry E. Book Reviews: The Brewing Industry in England, 1700–1830 [J]. *Business History Review*, 1959, 33(4): 591—596.

[197] Sunderland, David. Social Capital, Trust and the Industrial Revolution, 1780–1880 [M]. London: Routledge, 2007.

[198] Thomas, Diana W. Deregulation despite Transitional Gains: The Brewers Guild of Cologne 1461 [J]. *Public Choice,* 2009, (140) 3/4: 329—340.

[199] Tlusty, B. Ann. Bacchus and Civic Order [M]. Charlottesville and London: University Press of Virginia, 2001.

[200] Ewert, Ulf Christian. Water, Public Hygiene and Fire Control in Medieval Towns: Facing Collective Goods Problems while Ensuring the Quality of Life [J]. *Historical Social Research*, 2007, 32(4):222–251.

[201] Underdown, David. Revel, Riot and Rebellion: Popular Politics and Culture in England 1603—1660 [M]. Oxford: Oxford University Press, 2005.

[202] Unger, R. W. Technical Change in the Brewing Industry in Germany, the Low Countries and England in the Late Middle Ages [J]. *Journal of European Economic History*, 1992. 21(2): 281–314.

[203] Unger, R. W. A history of brewing in Holland 900—1900. Economy, technology and the state [M]. Leiden: Brill, 2001.

[204] Unger, R. W. Beer in the Middle Ages and the Renaissance [M]. Philadelphia: University of Pennsylvania Press, 2004.

[205] Unwin, T. Wine and the Vine: An Historical Geography of Viticulture and the Wine Trade [M]. London: Routledge, 1996.

[206] Vaux, J. E. Church Folklore: a record of some post–reformation usages in the English church, now mostly obsolete [M]. London: G. Farran, 1894.

[207] Webb, Rev John (eds.). A Roll of the Household Expenses of Richard de Swinfield, Bishop of Hereford, During Part of the Years 1289 and 1290 [M]. London: J. B. Nichols and Sons, Printers, 1855.

[208] Wickham–Jones, C. Rhum: Mesolithic and Later Sites at Kinloch excavations 1984—1986 [M]. Edinburgh: Society of Antiquaries of Scotland, 1990.

[209] Westcote, T. *A View of Devonshire in MDCXXX* [M]. Exeter: W. Robert, 1845.

[210] Williams, E. Dating the introduction of food production into Britain and Ireland [J]. *Antiquity*, 1989, (63): 411–648.

[211] Wilson, D. Gay. Plant Remains from the Graveney Boat and the Early History of Humulus lupulus L. in W. Europe [J]. *New Phytologist*, 1975, 75(3):627–648.

[212]Winchester, A. J. and M. Wane (eds.). Thomas Denton, A Perambulation of Cumberland, 1687–1688 [M]. Woodbridge: the Boydell Press, 2003.

[213] Withington, Phil. The Politics of Commonwealth: Citizens and Freemen in Early Modern England [M]. Cambridge: Cambridge University Press, 2005.

[214] Withington, Phil. Company and sociability in Early Modern England [J]. *Social History,* 2007, 32(3):291–307.

[215] Woolgar, C. M.&D. Serjeantson &T. Waldron. Food in Medieval England [M]. Oxford: Oxford University Press, 2006.

[216] Wrightson, Keith. Alehouses, Order, and Reformation in Rural England, 1590–1660 [A]. In Yeo, E. & S. Yeo (eds.). Popular Culture and Class Conflict 1590–1914 [C]. Brighton: Harvester Press, 1981.

[217] Wrightson, Keith. English Society 1580—1680 [M]. London: Taylor & Francis e–Library, 2005.

[218] Wurzbach, Natascha. The Rise of the English Ballad [M]. Cambridge: Cambridge University Press, 1990.

[219] Xiang, Rong. The Staffordshire Justices and Their Sessions (1603—1642) [D]. University of Birmingham, 1996.

[220] Yeo, E. and S. Yeo (eds.). Popular Culture and Class Conflict 1590—1914 [C]. Brighton: Harvester Press, 1981.

中文：

[1]艾伦·麦克法兰.现代世界的诞生 [M].管可秾,译.上海:上海人民出版社,2013.

[2]饭田草.你所不了解的英国——酒吧和啤酒的国度 [M].田静,译.北京:新世界出版社,2013.

[3]费尔南德·莫塞.英语简史 [M].水天同等,译.北京:外语教学与研究出版社,1990.

[4]亨利斯·坦利·贝内特.英国庄园生活:1150—1400 年农民生活状况研究 [M].龙秀清、孙立田、赵文君,译.上海:上海人民出版社,2005.

[5]姜守明.从民族国家走向帝国之路 [M].南京:南京师范大学出版社,

2000.

[6] 姜守明.民族国家形成时期英国殖民扩张特点探析 [J]. 世界历史,2004 (02)：78–87.

[7] 杰弗雷·乔叟.坎特伯雷故事集 [M].方重,译.上海：上海译文出版社,1993.

[8] 卡洛·M.齐波拉.欧洲经济史,第一卷 [M].北京：商务印书馆,1988.

[9] 克里斯托弗·戴尔.转型的时代：中世纪晚期英国的经济与社会 [M].莫玉梅,译.北京：社会科学文献出版社,2010.

[10] 肯尼斯·摩根.牛津英国通史 [M].王觉非等,译.北京：商务印书馆,1993.

[11] 兰迪·穆沙.啤酒圣经：世界最伟大饮品的专业指南 [M].高宏、王志欣,译.北京：机械工业出版社,2018.

[12] 刘景华.近代欧洲早期农业革命考察 [J].史学集刊,2006(2):60–66.

[13] 刘景华、宋峻.汉萨商人在英国的活动及其对英国社会的影响 [J].广州大学学报, 2008(11):86–92.

[14] 刘景华.外来移民和外国商人：英国崛起的外来因素 [J].历史研究,2010 (01)：138–159.

[15] 刘景华.人类六千年 (上)[M].北京：中国青年出版社,2017.

[16] 诺尔曼·庞兹.中世纪的城市 [M].刘景华、孙继静,译.北京：商务印书馆,2014.

[17] 钱乘旦.世界近现代史的主线是现代化 [J].历史教学,2001(2)：5–10.

[18] 钱乘旦、许洁明.英国通史 [M].上海：上海社会科学院出版社,2002.

[19] 塔西佗.阿古利可拉传日耳曼尼亚志 [M].马雍,傅正元,译.北京：商务印书馆,1959.

[20] 汤普逊.中世纪经济社会史,上册 [M].耿淡如,译.北京：商务印书馆,1997.

[21] 威廉·莎士比亚.莎士比亚历史剧选 [M].朱生豪,吴兴华,方平,译.南昌：江西教育出版社,2016.

[22] 向荣.啤酒馆问题与近代早期英国文化和价值观念的冲突 [J].世界历史,2005(5)：23–32.

[23] 休·约翰逊.葡萄酒的故事 [M].程芸,译.北京：中信出版社,2017.

[24] 徐浩 . 中世纪西欧工业生产中的妇女群体——纺纱女、酿酒女及其他 [J]. 史学月刊,2013(03)：67-77.

[25] 许志强 . 近代早期英国民族国家意识的产生与发展 [J]. 齐齐哈尔大学学报 (哲学社会科学版),2015(10)：83-85.

[26] 岳蓉 . 英国民族国家的形成研究评述 [J]. 史学月刊,2002(8)：5-12.

[27] 詹姆斯·W. 汤普逊 . 中世纪晚期欧洲经济社会史 [M]. 徐家玲等,译 . 北京：商务印书馆,1996.

后　记

　　对历史学科的浓厚兴趣始于高中时期,作为文科生,历史一直是我最擅长、最喜爱的科目之一。五年前当我决定要继续攻读学位时,我毫不犹豫地选择了世界史学科。两年备考和转战考场的经历虽然辛苦,但我对历史学的兴趣却在与日俱增。2015 年 6 月,我如愿以偿地收到了天津师范大学历史文化学院的博士录取通知书,两年来的辛劳和压抑瞬刻间烟消云散。但我深知,这才是万里长征的第一步,未来的学术之路还长,我必须始终以饱满的热情来面对博士期间的各种困难和挫折。如今,在我整理完博士论文的最后一部分时,博士学习的四年时间也已如白驹过隙般一晃而过。回想过去,往事历历在目,千言万语涌上心头,但最多的却是感激。

　　首先要感激的是我的学业导师刘景华教授。刘老师看起来比较严肃,但却是个热心肠的人,每当我遇到困难,总能在他那里得到帮助。尤其是在学业上,在我苦苦搜寻合适的选题时,刘老师教导我要沉住气,多读经典著作,多读大家的著作,勤思考。在我不知如何书写论文之时,刘老师鼓励我在广泛阅读的基础上多动手写作,写作时要牢记问题意识,还经常向我们传授写作技巧和方法。在我博士论文书写难以取得突破时,刘老师只需只言片语便能让人跳出思维藩篱,找到新的突破点。每次同刘老师谈话,他总能滔滔不绝地为我们讲解一两个小时,为我们的学习和生活指点迷津。没有刘老师四年间的谆谆教导,很难想象我作为一个跨专业的学子能在四年间达到博士毕业所需的各项要求,顺利完成毕业论文的写作。

　　其次,要感谢我的家人和朋友。父母、妻子和女儿是我不断向前的动力源泉。家人的支持和鼓励永远是我求学之路上的精神慰藉,为了这些爱我的人,在学术之路上我必当竭尽所能。朋友的支持也是我不断前行的重要保障,青岛理工大学的同事莫玉梅老师在我学习过程中经常给我建议和指导,在此表示感谢!

　　最后,我要感谢天津师范大学历史文化学院的各位老师在学习和生活中给予我的帮助;感谢青岛理工大学外语学院的各位领导和同事对我个人的支持和关心。